세종대왕의 혁신 리더십

King Sejong the Great's Inovation Leadership

오 기 수(okyes@kimpo.ac.kr)

오기수박사는 현재 김포대학교 세무회계정보과의 교수로 재직하고 있습니다. 그는 "세종대왕의 조세사상과 공법 연구"와 "『경국대전』 호전에 규정된 세종대왕의 공법에 관한 연구"라는 논문을 통하여 세종대왕의 업적 중 '공법(貢法)'의 가치를 재평가하였습니다. 세종대왕 관련 저서로는 《세종대왕의 조세정책》이 있으며, 이 책을 통하여 세종대왕이 일생동안 혼신을 다하여 이룩한 업적이 '공법'임을 이야기하고 있습니다. 그는 세종대왕의 업적 중 '훈민정음' 만큼 우리가 꼭 기억하고 알아야 할 세계적인 가치가 있는 또 하나의 문화유산이 '공법'이라고 강조하였습니다. 공법은 세종대왕이 만든 조선 600년의 기본 조세법입니다. 세종대왕은 공법의 입법과정에서 '위대한 리더십'을 발휘하셨습니다.

저자는 이외에 《조선시대의 조세법》을 저술하고, "『조선경국전』의 조세개념과 조세제도에 관한 연구" 등 많은 조선시대 조세관련 연구를 하였습니다.

세종대왕의 혁신 리더십

발행일 ┃ 2013년 10월 28일
저 자 ┃ 오 기 수
발행인 ┃ 허 병 관
발행처 ┃ 도서출판 어울림
주 소 ┃ 서울시 영등포구 양평동3가 14번지 이노플렉스 707호
등 록 ┃ 제 2-4071 호
전 화 ┃ 02) 2232-8607, 8602
팩 스 ┃ 02) 2232-8608

ISBN 978-89-6239-349-1   03300

http://www.aubook.co.kr
파본은 구입하신 서점이나 출판사에서 교환해 드립니다.

값 25,000원

세종대왕의 혁신리더십

세종대왕의 인문학을 통하여 치열한 경쟁적인 우리들의 삶에 성공적인
토대를 마련할 수 있는 17가지의 리더십을 〈세종실록〉에서 찾는다.

오기수 저

도서출판
어울림
www.aubook.co.kr

프롤로그

'세종대왕은 세계 최고의 혁신가이다.'라는 말에 대해서 이견이 없을 것이다. '훈민정음'을 창제한 사실만으로도 이러한 평가는 가능하다. 하지만 세종대왕의 혁신은 여기에서 끝나지 않는다. 세종대왕의 업적은 천문·과학·군사·농업·의학·음악·조세 등 미치지 않는 분야가 없을 정도이다. 이러한 업적은 세종대왕의 완벽하고 다양한 리더십이 결합되어 이룩된 것이다. 한마디로 세종대왕은 혁신 리더십을 발휘하여 백성을 감동시키는 프로젝트를 하나씩 실천하여, 나라의 국운을 세우고 백성을 행복하게 하였다.

세종대왕의 백성을 감동시키는 혁신 프로젝트의 주제는 '안민(安民)'이었다. '백성의 편안'을 최고 정치목표로 하는 혁신 프로젝트는 세 가지 방향에서 이루어졌다. 조선의 하늘과 땅, 그리고 백성을 자주적이고 과학적으로 다스려 유토피아를 건설하는 것이다. 우리 땅을 알고, 우리 하늘을 알고, 우리 백성을 바로 세우는 혁신으로 백성을 행복하게 하였다.

세종대왕은 이 모든 혁신을 성공적으로 이루었다. 이에 대해 이이는 《율곡전서》에서 "통서(統緒: 한 갈래로 이어온 계통)를 이은 임금 중에 세종대왕이 계시는데, 세종대왕 같은 성인은 전조에 없으셨다. 나라를 안정시켜 비가 오고 개는 것이 때에 알맞았고, 유교를 숭상하고 도를 중하게 여겨 인재를 양육하였고, 예악을 제정하여 후손에 법을 보였다. 우리나라의 정치가 세종대왕에서 융성하여 오늘에까지 뻗쳐와서 유택(遺澤: 후세까지 남아 있는 은혜)이 끊이지 않았으니, 우리나라 만년의 복은 세종대왕에서 처음 기틀이 잡힌 것이다."라고 하였다. 이이는 세종대왕을 성군 중의 성군으로 우리나라의 복의 근원이 되는 기틀을 잡은 임금으로 높이 칭송한 것이다.

이러한 혁신 프로젝트의 성공은 세종대왕의 위대한 리더십의 결과이다. 세종대왕은 우리가 상상할 수 없을 정도의 복합적인 리더십을 가지고, 권력과 부를 가진 소수의 양반으로부터 아무런 힘이 없는 다수의 백성을 보호하기 위하여 혁신을 하였다. 세종대왕의 리더십은 보는 사람에 따라 다양한 모습으로 비쳐질 수 있다. 이 책은 이러한 세종대왕의 리더십을 실질적이고 다양한 측면에서 주제별로 현대적으로 분석하여 해석함으로써, 복잡하고 경쟁적인 우리들의 삶을 성공으로 이끌고자 한다.

이 책 '세종대왕의 혁신 리더십'은 5부로 나누어 구성되어 있다. 제1부는 '세종대왕은 백성의 안민을 위해 혁신하였다.'로 세종대왕이 누구를 위해 무엇을 혁신하였는가에 대해서 서론적으로 살펴보았다.

모든 리더는 조직의 발전과 유지를 위해서 이러한 핵심적인 문제에 직면하며, 이를 해결하기 위한 목표를 설정해야 한다. 세종대왕은 백성의 안민을 위하여 《훈민정음》 및 《공법》과 같은 위대하고 실용적이며 현실적인 혁신 프로젝트를 구체적으로 설정하여 완성하였다.

그리고 제2부부터는 본론적으로 세종대왕의 리더십을 유형별로 살펴보았다. 세종대왕이 조선을 혁신하면서 발휘한 리더십을 구체화시켜 총 17가지로 나누어 사례별로 살펴본 것이다. 이러한 리더십의 유형과 분류는 학리적이라기보다는 저자의 주관과 독자들의 편의를 위해서이다. 우리가 세종대왕의 인문학으로부터 느끼고 얻고자한 점을 강조하면서, 경쟁적인 우리의 삶에 응용할 수 있는 리더십의 유형으로 분류하여 제시하고자 하였다. 지금 리더이거나 유능한 리더가 되기를 희망하는 사람들이 이러한 리더십의 제목만을 보고도, 스스로 고개를 끄덕일 수 있는 세종대왕의 살아있는 리더십 이야기를 구체적으로 보여주기 위해서이다.

먼저 제2부는 '혁신의 기본은 지적인 리더의 포용과 청렴이다.'라고 하여, 세종대왕이 나라를 경영하고 이끌면서 그 많은 업적을 이루어 내기 위한 리더로서의 자질에는 어떠한 것이 있는지를 살펴보았다. 여기에는 지적 리더십, 포용의 리더십, 청렴 리더십, 강한 리더십, 겸손의 리더십이 있다. 이러한 리더십은 현대의 리더들이 좀 더 나은 리더가 되기 위하여 스스로 갖추어야할 덕목이라 할 수 있으며, 한 인간의 됨됨이라고 말할 수 있다.

제3부는 '내부적 혁신은 구현하여 소통과 위임으로 하라.'로 리더가 조직내의 구성원들을 이끌기 위한 리더십을 살펴보았다. 조직을

잘 이끌기 위해서는 현명한 인재가 필요하며, 그 인재를 등용하여 적재적소에 배치하여 일하게 하고, 그들과 소통하며, 합의되지 않은 의사결정을 위해서는 타협하여야 한다. 그리고 조직의 체계화를 위해서는 위임이 필요하다. 여기서 살펴볼 리더십은 구현의 리더십, 소통의 리더십, 타협의 리더십, 위임의 리더십이다. 구현이란 어진 인재를 구하는 것이다.

제4부는 '외부적 혁신은 민주적이고 과학·창조적으로 하라.'의 제목으로 조직의 성공을 위해서 조직 밖에 있는 사람들의 만족을 위한 리더십의 유형을 들었다. 조직의 창밖에 있는 사람들의 마음을 움직일 수 있는 리더십이라 할 수 있다. 여기에는 민주적 리더십, 과학적 리더십, 창조적 리더십, 법치 리더십이 있다. 물론 이러한 리더십은 조직안에서도 당연히 필요하다. 하지만 조직이나 기업이 좀 더 발전적으로 넓은 세계를 지향하기 위해서는 많은 사람들이 다 같이 만족할 수 있는 민주적이고 과학적인 리더십이 발휘되어야 한다는 점을 강조한 것이다.

제5부는 '감동의 혁신은 나눔과 섬김의 리더십에 있다.'로 조직과 관련된 모든 구성원이 함께 공감하면서 감동할 수 있는 리더십을 살펴보았다. 여기에는 나눔의 리더십, 공평 리더십, 섬김의 리더십, 덕치 리더십을 들었다. 이러한 리더십은 대부분 이타적인 것들로 조직의 현실적인 목표를 넘어서 보다 큰 이상적인 목적을 달성케 하는 것이다. 우리들의 삶의 가치를 실현시키는 리더십이다. 나만이 존재하고 나만을 위한 리더십이 아니라, 우리 모두가 어울리는 공동체적 리더십으로 세종대왕이 강조하여 실천해 보인 리더십이다.

이 책의 특징은 세종대왕의 업적 중 최고의 가치가 있음에도 불구하고 그동안 우리가 등한시한 '공법(貢法)'을 입법하기 위한 리더십을 드려낸 점이다. 세종대왕이 재위기간 동안 가장 혼신을 다한 정책이 공법의 입법이다. 세종대왕은 재위 25년 동안 '백성을 위한 편리하고 공평한 공법'을 만들기 위하여 자신이 가지고 있는 모든 리더십을 발휘하였다. 그래서 세종대왕의 최고의 리더십은 공법을 입법하는 과정에 가장 잘 나타나 있다고 하여도 지나친 말은 아니다. 그것은 그 당시 조세만큼 중요한 정책은 없었으며, 조세는 백성의 삶과 죽음을 좌우할 만큼 가장 큰 영향을 주었기 때문에 세종대왕이 혼신을 다한 것이다.

이 책은 세종대왕이 어떠한 리더십을 발휘하여 그 많고 훌륭한 업적과 문화적 유산을 탄생시킬 수 있었는지를 《세종실록》을 중심으로 살펴보았다. 세종대왕은 위대한 성왕이므로 발휘한 모든 리더십이 최고로 훌륭하다는 당위적인 사고에서 벗어나, 《세종실록》 등에 있는 내용을 중심으로 세종대왕이 펼친 다양한 혁신 리더십을 구체적으로 살펴봄으로써 현대를 살아가는 우리들에게 리더십의 나침판이 되도록 하였다.

끝으로 이 책의 출간을 허락하여 준 도서출판 어울림의 허병관 사장, 그리고 출판되도록 수고해 주신 편집부 여러분들께 깊은 감사드린다. 그리고 30년 동안 늘 기도로 동행해 준 아내 손점례 권사에게 고마움을 전하면서, 이 책을 보는 모든 분들에게 하나님의 은총이 함께 하길 기원한다.

2013년 10월 9일 저자 씀
한글날 공휴일 재지정기념일

목 차

제1부

세종대왕은
백성의 안민을 위해
혁신하였다.

- 민본의 안민을 위한 혁신 -
- 조세는 안민의 처음과 끝 -

1
진정한 민본은
안민에 있다.

민본인 백성의 삶의 질을 높이다.

세종대왕의 민본정치는 안민이다.

세종대왕은 "백성은 나라의 근본이다."라고 말하여, 민본(民本)을 정치의 최고이념으로 하였다. 나라를 다스리는 사람은 백성이 나라의 근본임을 알아 백성을 두려워하고, 백성을 공경하며, 백성을 편안하게 하여 민심을 얻는 것이 바른 정치라고 한 말이다.

> 「백성이란 것은 나라의 근본이요[民惟邦本(민유방본)], 백성은 먹는 것을 하늘과 같이 우러러보는 것이다[食爲民天(식위민천)].」
>
> 《세종실록》 01/02/12

세종대왕이 "백성은 나라의 근본이다."라고 한 뜻은 백성이 양반과 치자(治者)의 군림 대상도 아니고, 수탈의 대상도 아니며, 또한 노예처럼 부리는 대상이 아니라, 그들이 넉넉하고 장수하도록 돌보는 대상으로 여긴 것이다. 여기서 "백성이 나라의 근본이다."란 말은 '민유방본(民惟邦本)'으로 《서경》 하서(夏書)에서 유래된 말이다.

> "백성은 가까이 하되,
> 얕잡아보아서는 안된다.
> 백성이 나라의 근본이니[民惟邦本(민유방본)],
> 근본이 견고해야 나라가 편안하다."
>
> 《서경》 하서(夏書)

맹자는 "백성이 귀하고, 사직(社稷: 국가)이 그 다음이며, 임금은 가볍다."고 하여 민본을 말하였다. 그래서 맹자는 천자(天子)의 자리는 하늘과 백성이 내린 것이라고 하여, 백성이 모든 정치적 행위의 주체임을 말하였다. 백성을 정치적 대상으로 여긴 것이다. 백성이 없으면 국가는 없고 정치적 목적 또한 실현되지 않는다는 말이다. 따라서 민본사상은 유교정치의 핵심으로 왕도정치의 이상이 되었다.

이러한 민본정치의 궁극적인 목적은 백성을 안민하게 하는 것이다. 그래서 세종대왕은 정치의 핵심은 '백성을 편안하게 하는 것'이라고 늘 말하였다. 안민을 실현하여 백성을 편안하게 하고자 한 것이다.

> 「왕은 이렇듯 말하노라. 제왕들의 백성을 다스리는 길은 비록 같다 하나, 정치를 하는 방법은 하나가 아니다. 중요한 것은 모두 인륜(人倫)을 두텁게 하여 풍속이 되게 하고, 외적을 막고, 백성을 편안하게 할 뿐이다.」
>
> 《세종실록》18/04/09

세종대왕은 백성의 안민을 위해서 어느 하나 소홀히 하는 것이 없었다. 세종대왕은 구휼할 때에도 신원을 묻지 말고 오는 대로 마음을 다해서 구휼하고, 호적에 빠진 사람들도 역시 신원과 이유를 묻지 말고 그들이 고하는 바에 따라서 모두 다 구휼하게 하였으며, 후일 구제가 끝난 뒤에는 이름을 기록한 장부 일체를 모두 태워 없애 인심을 편안하게 하라고 하였다. 굶주린 백성들이 자신들의 신원과 사는 고장이 탈로나 불이익을 당할까봐 구호소에 오지 않아, 먹지 못하여 죽는 것을 막기 위한 배려이다. 백성의 마음을 헤아린 것이다.

「호조에 전지하기를, 지금 서울 밖에 비록 구호소를 많이 설치하여 주린 백성을 구제하고 있으나, 그러나 이 일을 담당하는 관리들이 반드시 신원을 물어 지나온 내력을 조사하기 때문에, 어리석은 백성들이 혹 그 이름이 장부에 오르는 것을 싫어하고, 혹은 본 고장으로 돌아가기를 싫어하여 모두 구호소를 피하고, 대개는 지나가는 길을 깊숙하고 후미진 곳으로 잡아서 얻어먹지도 못하고, 제때에 마시고 먹지 못하여 도로에서 죽는 자가 대단히 많고, 또 각 고을의 호적에 빠진 사람이 또한 관가에서 이름을 알까 두려워하여, 관에 나가서 구제를 받지 않고 굶주림을 참다가 죽게 되는 자 또한 많다. 백성들이 많이 죽는 이유가 곧 이 때문이니, 이제부터는 무릇 구호소에 이르는 자는 해당 관리 등이 그 지나온 내력과 신원을 묻지 말고 오는 대로 마음을 다해서 구휼하고, 호적에 빠진 사람들도 역시 신원과 이유를 묻지 말고 그 고하는 바에 따라서 모두 다 구휼하여 주고,

후일 구제가 끝난 뒤에는 이름을 기록한 장부를 일체 모두 태
워 없애 인심을 편안하게 하라. 급히 수령들로 하여금 이 뜻을
경내에 통고하게 하여, 외따로 떨어진 구석진 마을과의 백성들
까지도 고루 알지 못하는 사람이 없도록 해서 마음대로 왕래하
게 하라.」

《세종실록》19/01/11

세종대왕은 백성을 옥죄려는 것이 아니라 그들의 마음을 헤아려
편안하게 살게 하는 안민을 실천한 것이다. 그것이 백성의 마음을 얻
는 방법이다. 조선의 설계자인 정도전은 《조선경국전》에서 "백성의
마음을 얻는 방법은 낙생(樂生)에 있다."고 했다. 즉 백성이 행복하게
살 수 있도록 북돋우어야 한다는 것이다. 민본을 위한 안민(安民) 정
치를 해야 천하를 얻을 수 있다는 말이다.

안민의 근원은 먹을 것이다.

예나 지금이나 나라를 책임지는 지도자의 고민은 한결 같다. '부강
(富强)한 나라'를 만드는 것이다. 나라의 근본인 백성이 풍요롭게 살
아갈 수 있도록 '부(富)'를 충분히 만들고, 외적의 침입을 막기 위해
국방을 튼튼히 하여 '강(强)'한 나라로 만드는 일이다. 그 중 백성들
의 삶에 있어서 가장 중요한 것은 의식(衣食)이다. 그래서 정도전은

《조선경국전》에서 "농사와 양잠은 의식의 근본이므로 왕도정치에서 가장 먼저이며, 의식이 풍족하여 지면 사람들이 염치를 알게 되고 예의를 알아 태평성대가 이루어진다."고 하였다.

> "농사와 양잠은 의식의 근본이니,
> 왕도정치의 우선이 되는 것이다[王政之所先(왕정지소선)]."
>
> 《조선경국전》 부전

세종대왕이 추구한 정치가 어떤 것인지가 다음 글에 집약되어 있다. 나라는 백성을 근본으로 삼고, 그 근본인 백성을 살리는 것을 천명으로 삼아, 먹는 것을 넉넉하게 하는 것을 왕의 정치에서 가장 먼저 힘써야 한다는 것이다.

> 「나라는 백성으로 근본을 삼고, 백성은 먹는 것으로 하늘을 삼는 것인데, 농사하는 것은 옷과 먹는 것의 근원으로서 왕의 정치에서 먼저 힘써야 할 것이다. 오직 그것은 백성을 살리는 천명에 관계되는 까닭에, 천하의 지극한 노고로 직무를 수행하게 하는 것이다.」
>
> 《세종실록》 26/윤7/25

세종대왕 역시 농사는 옷과 먹을 것의 근원으로서 왕의 정치에서 가장 먼저 힘써야 할 것이라고 하였다. 또 농사는 백성을 살리는 천명에 관계되는 것이라 하였다. 농사가 천하의 사람들이 살아가는 근

김홍도의「점심」 먹는 기쁨이 묻어나는 그림이다. 세종대왕이 "백성은 먹는 것으로 하늘을 삼는다."고 한 말을 엿볼 수 있다. 반찬은 보이지 않지만 큰 밥그릇에 밥먹는 모습이 행복하게 보인다.

본이라는 '농자천하지대본(農者天下之大本)'을 말한 것이다.

그래서 세종대왕은 자기와 함께하는 신료들에게 농사에 힘쓸 것을 강조하였다. 세종대왕은 "농사의 넉넉한 곡식으로 어버이를 섬기고, 자녀를 길러서 나의 백성의 생명이 장수하게 하고, 우리나라의 근본인 백성을 견고하게 한다면, 집집마다 넉넉하고 사람마다 풍족하며, 예의를 지켜 서로 겸양하는 풍속이 일어나서, 시대는 평화롭고 해마다 풍년이 들어 함께 태평시대의 즐거움을 누릴 수 있다."라고 하였다. 풍년든 태평성대(太平聖代)가 민본정치의 이상임을 말한 것이다.

「누구든 나와 함께 착한 정치를 같이 하려는 자들은 나의 위임한 뜻을 본받고, 선대왕의 백성에게 두텁게 하신 법을 준수하며, 선현들이 농사를 가르치고 공부한 규범을 보고, 널리 그 지방의 풍토에 마땅한 것을 물으며, 농서를 참고하여 시기에 앞서서 미리 조치하되, 너무 이르게도 말고 너무 늦게도 하지 말라. 더구나 다른 부역을 일으켜서 그들의 농사 시기를 빼앗을 수도 있는 것이니, 각각 자신의 마음을 다하여 백성들이 근본을 힘쓰도록 인도하라. 밭에 일하여 농사를 힘써서, 우러러 어버이를 섬기고, 굽어 자녀를 길러서 나의 백성의 생명이 장수하게 하고, 그리하여 나라의 근본을 견고하게 한다면, 거의 집집마다 넉넉하고 사람마다 풍족하며, 예의를 지켜 서로 겸양하는 풍속이 일어나서, 시대는 평화롭고 해마다 풍년은 들어 함께 태평시대의 즐거움을 누릴 수 있을 것이다.」

《세종실록》26/윤7/25

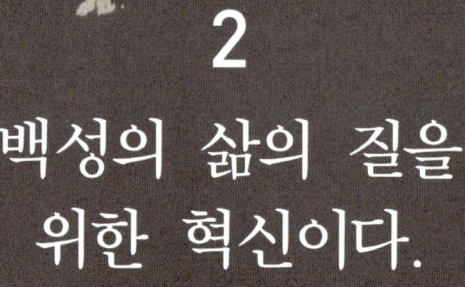

2

백성의 삶의 질을
위한 혁신이다.

하늘 · 땅 · 백성을
바로 세우는 혁신하다.

땅의 것을 바로 세우다.

　세종대왕의 정치목표는 오르지 백성의 편안이며, 백성이 편안하기 위해서 가장 중요한 것은 백성의 먹을 곡식이었다. 그래서 세종대왕은 늘 "먹을 것은 백성의 하늘이다."라고 강조하였다. 백성의 먹을 곡식이 넉넉해지는 방법은 크게 두 가지이다. 첫째 땅에서 더 많은 곡식을 거두는 것이며, 둘째 백성이 거둔 곡식을 '백성의 것'으로 지켜주는 것이다.

　세종대왕은 먼저 땅에서 더 많은 곡식을 거두기 위해 혁신하였다. 《농사직설》을 편찬케 하고 '수차'를 보급시켰다. 곡식을 더 많이 거두기 위해서는 우리 땅의 토질을 알아야 하고, 생산된 것이 무엇인지를 알아야 하며, 곡식의 재배방법을 알아야 했다. 이를 위해서 세종대왕은 '정초'에게 명하여 전국 각지의 우수 농법을 모아 《농사직설》을 편찬하게 하고, 보급하게 함으로써 보다 많은 곡물을 생산하

《농사직설(農事直說)》 전국의 우수 농법을 보급하여 백성을 넉넉하게 하는 혁신의 책이다.

게 하였다.

《농사직설》의 서문에는 재위 11년(1429)에 세종대왕이 여러 도의 감사에게 주·현의 나이 많은 농부들을 방문하게 하여, 농토의 시험한 효험을 갖추어 아뢰게 한 후 이를 모아 책으로 편찬하게 하였음을 말하고 있다. 그 목적은 다음과 같이 백성의 살림을 넉넉하게 하기 위한 것이다.

「우리 주상 전하께서는 현명한 군주로 정사에 힘을 써 더욱 백성들에 관한 일에 마음을 두셨다. 우리나라 동서남북의 풍토가 같지 아니하여 곡식을 심고 가꾸는 법이 각기 다르게 있어, 옛 글과 다 같을 수 없다 하여, 여러 도의 감사에게 명하여 주·현의 나이가 많은 농부들을 방문하게 하여, 농토의 이미 시험한 효험에 따라 갖추어 아뢰게 하시고, 또 정초와 변효문과 더불어 책이나 서류를 참고하여 그 중복된 것을 버리고 그 필요한 것만 뽑아서 찬집하여 한 편을 만들고 제목을 《농사직설》이라고 하였다. 농사 외에는 다른 설명은 섞지 아니하고 간략하고 바른 것에 힘을 써서, 시골의 백성들에게도 환히 쉽사리 알도록 하였다. 이미 위에 바쳐 주자소에 내려서 약간의 책을 인쇄하여 장차 서울과 지방에 반포하여 백성을 인도하여 살림을 넉넉하게 해서, 집집마다 넉넉하고 사람마다 풍족하게 이르도록 할 것이다.」

《세종실록》11/05/16

조선의 풍토는 중국의 것과 달라 우리나라에 적합한 농업기술도 다를 수밖에 없어, 이미 보급된 중국의 농서를 그대로 활용하는 데에는 한계가 있었다. 그렇기 때문에 세종대왕은 우리나라의 삼남지방에서 이루어지고 있는 우수 농업기술을 채록하고 정리하여 보급하게 한 것이다. 《농사직설》은 우리 풍토에 맞는 자주적인 농업기술의 발전을 실현한 것이다.

세종대왕은 "혹시나 농사에 이로울 만한 것은 마음을 다하여 연구하여 거론하지 않은 것이 없다.(《세종실록》26/윤07/25)"고 할 정도로 독자적인 농법의 혁신을 중시하였다. 그것은 농법을 개량하여 식량이 풍부해지면 자연스럽게 어버이를 섬기고, 자녀를 길러서 백성의 생명이 장수하게 되기 때문이다. 그리하면 나라의 근본인 백성의 삶은 견고해지고 예의를 지켜 서로 겸양하는 풍속이 일어나 태평시대의 즐거움을 누릴 수 있다.

세종대왕은 농사에 긴요한 각종 과학기구들을 발명하여 보급하였는데, 그 중 계속되는 가뭄을 극복하기 위하여 수차를 보급하였다.

'수차'는 통신사 박서생이 일본을 다녀와 그 모형을 만들어 바치면서 세종대왕이 그 보급을 명하였다. 세종대왕은 수차의 제조와 관리를 수령의 인사고과에 반영할 만큼 중시하였다.

> 「각도의 감사로 하여금 수차를 설치할 만한 장소를 조사하여 지금 반포한 수차의 모양에 따라 제조하게 하고, 감사가 수시로 이를 고찰하여 매양 인사고과를 평가할 때마다 그의 근면과 태만도 아울러 기록하여 관직을 올리고 내리는 증빙으로 삼도록 하라.」
>
> 《세종실록》12/09/27

하지만 땅의 것을 바로 세우는 무엇보다도 중요한 일은 백성이 거둔 곡식을 '백성의 것'으로 지켜주는 것이다. 백성이 거둔 곡식을 지켜주는 것은 땅에서 더 많이 거두는 것보다 더 중요했다. 백성이 고생하여 거둔 곡식이 아무리 많다고 하여도 백성들의 손에 들어갈 수 없다면 아무런 소용이 없다. 힘없는 백성들이 거둔 곡식을 빼앗기지 않도록 지켜주는 것이 중요하다. 그래서 세종대왕은 조세제도를 혁신하였다. 세종대왕은 "백성을 편안하게 함을 근본으로 삼는다."라고 하면서 그 요체로 '조세'를 가볍게 할 것을 강조하였다.

> 「임금의 정치는, 백성을 편안하게 함을 근본으로 삼는 것이며 [以安民爲本(이안민위본)], 백성을 편안하게 하는 요체는 부역을 가볍게 하고 조세를 적게 하는 일에 지나지 않는 것이다.」
>
> 《세종실록》26/07/09

기존의 조세제도인 '답험손실법'은 관리들의 부정부패를 양산하였기 때문이다. 그래서 세종대왕은 조세의 혁신을 가장 중요한 정책으로 여겨 일생의 대업으로 삼았다. 조세의 문제가 내부적인 상황이라면 외부에서는 외적들의 침입에 따른 곡식의 약탈이다. 나라 밖 북쪽에서는 오랑캐가 백성들의 곡식을 약탈하고, 남쪽에서는 왜구들이 약탈해 갔다. 이 문제를 해결하기 위해 왜구의 소굴인 대마도를 정벌하게 하고, 북쪽의 여진족을 몰아내고 4군과 6진을 설치하였다. 이 모든 혁신은 백성이 거두는 곡식을 지키기 위한 것이다.

세종대왕은 백성이 더 많은 곡식을 거두도록 혁신하고, 그 거둔 백성의 곡식을 지켜주기 위해 혁신하였다.

하늘의 것을 바로 세우다.

농법을 혁신하여 더 많이 거둘 수 있는 방법을 안다 하여도 하늘의 때를 알지 못하면 추수할 곡식은 없다. 때를 알아 씨를 뿌려야 하고, 때에 따라 적당한 비가 내려야만 곡식은 풍성해진나. 하늘의 때를 일지 못하면 모든 것이 허사가 되어 백성은 굶주린다. 그래서 예로부터 '천문'을 아는 것은 하늘을 공경하고, 백성을 위한 정치를 행하는 치자의 업이며, 그것을 통해 지지를 얻어내고자 하는 고도의 정치적 행위였다.

세종대왕은 천문학을 통하여 우리 하늘의 때를 알기 위해 혁신하였다. 우리 하늘을 알기 위해 먼저 천문대를 만들고, 우리 때를 알기 위해 책력을 만들었다. 이를 위해 세종대왕은 재위 7년 서운관의 인원을 직제와 임무에 따라 대폭 늘리었다. 그 결과 세종대왕 때의 서운관은 그 규모나 업무 내용에 있어서 명나라의 '흠천감(欽天監)'과는 비교할 수 없을 정도의 천문기관으로 발전되었다. 당시 세종시대의 천문대는 15세기에 있어 전 세계적인 규모와 권위를 가졌을 정도였다.

세종대왕은 재위 14년(1432)에 목조로 된 간의(簡儀)를 만들고, 그 다음 해에 경복궁 경회루 주위에 간의대를 건설하고 '간의'와 '혼천의' 등을 설치하였다. 그리고 세종대왕은 세자와 함께 매일 간의대에 올라가서 정초 등과 함께 천문 제도를 의논할 만큼 천문학에 관심이 많았다. 하늘의 것을 바로 세우기 위해서이다.

「세자에게 명하여 이천과 더불어 그 제도를 질문하고 세자가 들어와 아뢰라고 하니, 세자가 간의대에 이르러 정초·이천·정인지·김빈 등으로 더불어 간의와 혼천의의 제도를 묻고, 이에 김빈과 내시 최습에게 명하여 밤에 간의대에 숙직하면서 해와 달과 별들을 참고해 실험하여 그 잘되고 잘못된 점을 상고하게 하고, 인하여 김빈에게 옷을 하사하니 밤에 숙직하기 때문이었다. 이로부터 임금과 세자가 매일 간의대에 이르러서 정초 등과 함께 그 제도를 의논해 정하였다.」

《세종실록》15/08/11

'간의'란 그전까지 여러 가지 복잡한 모양으로 발달되어 왔던 동양

「혼천의」 천체의 운행과 그 위치를 측
정하던 천문 관측기로 세종대왕이 우리
의 때를 알기 위해 만든 것이다.

의 천체위치 관측기구를 보다 간편하게 개량하여 만든 것이다. 세종
대왕은 이를 국산화하기 위해 정인지와 정초 등을 불러 조사 연구하
게 한 뒤, 그 결과를 바탕으로 먼저 나무로 간의를 만들어 실험한 다
음 세종 19년 구리를 녹여 청동제 간의를 만들게 하였다. 간의로 시
각을 알고, 밤에는 중성(中星: 해가 질 때와 돋을 때 하늘 정남쪽에 보이
는 별)을 정했다. '혼천의'는 천체의 운행과 그 위치를 측정하던 천문
관측기로 아침·저녁 및 밤중의 중성, 천체의 적도 좌표·황도 경도
및 지평 좌표를 관측하고 일월성신의 운행을 추적하는 데 쓰였다.

이 모든 천문 기구는 우리나라의 때를 알기 위한 것이다. 그 당시 일
식과 월식 현상 또한 하늘이 주는 것이며, 가뭄과 홍수, 태풍, 지진 등
재해도 하늘이 주는 것으로 여겼다. 그래서 비가 오지 않으면 하늘을
향해 기우제를 지냈고, 일식과 월식이 생겨도 하늘에 제사를 지냈다.

천문과학적인 지식이 부족한 것이다. 더욱이 중국의 천문에 의존하여 온 우리나라는 바른 때를 알기 어려웠다.

그래서 세종대왕은 세종 16년 해시계인 '앙부일구'를 만들어 백성이 많이 다니는 혜정교와 종묘 앞에 설치하였는데, 글자를 모르는 사람들이 알아볼 수 있도록 눈금 위에 각 시를 상징하는 12지신의 동물인형을 그려 넣어 시간을 확인할 수 있게 하였다. 이 앙부일구는 공중시계로 백성을 근본에 두는 개방적 사고에서 나온 혁신의 산물이다.

「처음으로 앙부일구를 혜정교와 종묘 앞에 설치하여 해 그림자를 관측하였다.」

《세종실록》 16/10/02

세종대왕은 이러한 천문기구를 만들어 우리 하늘을 관측하게 한 다음 우리의 책력을 만들도록 하였다. 조선 초기에는 명나라와 사대

(事大)관계를 맺고, 천자가 만든 역서를 받아서 사용하였다. 중국에서 받아오는 역법서들은 오랜 전통과 우수한 학자들의 연구로 이루어진 산물이기는 하지만, 황해를 건너거나 요동을 거쳐서 가지고 오기 때문에 많은 시간이 걸렸으며, 너무나 많은 비용이 들었다. 또한 중국에서 받아온 역법서는 두 나라의 지역적 차이로 인하여 오차가 있었다. 우리의 때를 정확하게 알 수가 없었던 것이다.

이러한 문제를 해결하기 위해 세종대왕은 역법의 교정을 위하여 문자를 해득하고 한자에 능통한 자를 택하여 중국으로 유학을 보내어 산법을 습득하여 오게 하였다. 역계산이 지금처럼 아무나 할 수 있는 일이 아니였기 때문이다.

「지난 경자년에 성산군 이직이 역법의 교정을 건의한 지 이미 12년이 되었거니와, 만약 정밀 정확하게 교정하지 못하여 후세들의 조롱을 사게 된다면, 하지 않는 것만도 못할 것이니 마땅히 심력을 다하여 정밀히 교정해야 될 것이다. 우리나라 사람으로서 산수에 밝아서 방원법(方圓法)을 상세하게 아는 자가 드물 것이니, 내가 문자를 해득하고 한자에 능통한 자를 택하여 중국으로 보내어 산법을 습득케 하려고 하는데 어떤가.」

《세종실록》 13/03/02

그 결과 세종대왕은 재위 14년(1432)에 정인지 등에게 명하여 수시력을 참고한 《칠정산》 '내편'을 짓게 하였다. 《칠정산》 내편은 세종 24년(1442)에 완성되었으니 10년이란 긴 시간이 걸린 것이다. 그리고 이순지와 김담 등에게 명하여 아라비아의 회회력(回回曆)을 참고하고 조사하여 '외편'을 만들게 하였다. 《칠정산》 외편은 세종 26년(1444)에 완성되었다. 《칠정산》은 해와 달, 수성, 금성, 목성, 토성의 운행을 계산하는 '일곱 천체의 운행 계산법'이다. '역' 대신 '산'이 붙은 것은 천자가 만든 역서에만 역을 붙일 수 있었기 때문이다. 《칠정산》은 한양의 일출·일몰 시간을 기준으로 우리 풍토에 맞는 역법을 개발한 것이다.

우리 때를 알아야 농사를 잘 지을 수 있다는 것은 평범한 진리이다. 하지만 세종대왕이 천문과학 기술을 혁신하기 전까지는 우리의 때를 바르게 알지 못한 것이다.

백성을 바로 세우다.

세종대왕은 백성을 바로 세우기 위하여 크게 두 가지를 혁신하였다. 하나는 백성의 몸을 건강하게 하는 것이며, 다른 하나는 백성의 혼을 일깨우는 것이다. 세종대왕은 백성의 몸을 건강하게 보존하기 위하여 《향약집성방(鄕藥集成方)》을 편찬케 하였다. 《향약집성방》은 세종 13년(1431) 가을에 집현전 직제학 유효통, 전의감정 노중례, 동부정 박윤덕에게 명하여 1년여에 걸친 작업 끝에 세종 15년(1433) 6월에 완성되었다. 세종대왕이 《향약집성방》을 편찬케 한 이유는 우리나라에서 나는 약재를 이용하여 백성의 몸을 건강하게 만들기 위한 것이다. 그동안 의학이 발달되지 못하여 우리나라에서 나는 약재를 시기에 맞추어 채취하지 못하고, 가까운 것을 소홀히 하고 먼 것을 구하여, 사람이 병들면 반드시 중국의 얻기 어려운 약을 구하니 약을 구하지 못한 백성은 병으로 고통을 당하였다. 때문에 세종대왕은 우리나라 산과 바다에서 나는 약재를 생산하여 무릇 민생을 다스려 병을 치료하게 하고자 하였다.

《향약집성방》의 서문에는 다음과 같이 세종대왕을 칭송하면서, "지금부터 이 장서로 인하여 약을 먹어 효력을 얻고, 앓는 사람이 일어나고 일찍 죽는 것이 변하여 수명을 얻고"라고 하여, 백성이 건강하고 장수하기를 바랐다.

「이제 우리 주상 전하께서 거룩한 덕으로 지극히 훌륭한 정치를 일으켜 위(位)를 지키고 정령(신령한 기운)을 내는데 오로지 이 도의 큰 것에 따르고 있거니와, 의약으로 백성을 구제하는 일에까지 이와 같이 힘을 쓰니, 인정(仁政)의 본말(本末)과 크고 작은 것을 남김 없이 다한 것이라 하겠다. 또 옛 임금이 혹은 몸소 약을 조제하고, 혹은 수염을 잘라 약에 타서 은혜가 한 사람에게 미친 것도 후세에서 오히려 칭찬하는데, 한 번 의서를 편찬하여 널리 치료하는 방법을 보이고 역조 창생에게 은혜를 주고 만세에 덕택을 베푸는 것과 어찌 같으리오. 그 규모와 시설은 실로 천태만상이다. 지금부터 이 장서로 인하어 약을 먹어 효력을 얻고, 앓는 사람이 일어나고 일찍 죽는 것이 변하여 수명을 얻고 무궁토록 생기를 얻게 하는 것이 어찌 성조의 어진 마음과 어진 정치에서 나온 바를 알지 못하리오.」

《세종실록》15/06/11

세종대왕은 백성의 혼을 일깨우는 혁신은 언어라고 생각하였다. 민본을 민본답게 만들기 위해서는 백성이 자기의 뜻을 바로 펼칠 수 있어야 한다. 그래서 세종대왕은 '훈민정음'을 창제한 것이다. 훈민정음의 창제는 민본정치의 결정체이다. 세종대왕이 훈민정음을 창제한 것은 나라의 근본인 백성들이 어려운 한자를 깨닫지 못하고, 백성들이 자신들의 뜻을 바로 전하지 못한 것을 안타깝게 생각하여 만든 것이다. 백성을 바로 세우기 위해서이다.

「나랏말이 중국과 달라 한자와 서로 통하지 아니하므로, 우매한 백성들이 말하고 싶은 것이 있어도 마침내 제 뜻을 잘 표현하지 못하는 사람이 많다. 내 이를 딱하게 여기어 새로 28자를 만들었으니, 사람들로 하여금 쉬 익히어 날마다 쓰는 데 편하게 할 뿐이다.」

《세종실록》28/09/29

인간의 의사표현은 언어를 통하여 전달된다. 이 언어에는 사회적 요인뿐만 아니라 심리적·생리적 또는 물리적 요인 등이 복잡하게 얽혀 있다. 그래서 언어가 통일되지 않고서는 백성들의 의사표현은 잘 전달될 수 없다. 세종대왕은 그 결과로 억울한 옥사도 발생할 수 있다고 하였다. 세종대왕은 일찍이 한자로 적힌 형법을 읽지 못하여 죄를 범하는 것을 막기 위하여, 이두문자로 형법을 번역하여서 민간에게 반포하고자 하였다. 백성에게 법을 알지 못하게 하고 죄를 범하게 하는 것이 옳지 않다고 생각한 것이다. 하지만 세종대왕의 이러한 깊은 뜻을 신하들은 알지 못하였다.

> 「비록 사리를 아는 사람이라 할지라도, 형법에 의거하여 판단이
> 내린 뒤에야 죄의 경중을 알게 되거늘, 하물며 어리석은 백성이
> 야 어찌 범죄한 바가 크고 작음을 알아서 스스로 고치겠는가.
> 비록 백성들로 하여금 다 형법을 알게 할 수는 없을지나, 따로
> 이 큰 죄의 조항만이라도 뽑아 적고, 이를 이두문자로 번역하여
> 서 민간에게 반포하여 보여, 어리석은 백성들로 하여금 범죄를
> 피할 줄 알게 함이 어떻겠는가.」

《세종실록》14/11/07

그래서 이조판서 허조는 "신은 폐단이 일어나지 않을까 두렵습니
다. 간악한 백성이 진실로 율문[법]을 알게 되오면, 죄의 크고 작은
것을 헤아려서 두려워하고 꺼리는 바가 없이 법을 제 마음대로 농간
하는 무리가 이로부터 일어날 것입니다."라는 허무맹랑한 말로 답하
였다. 이 말은 훗날 최만리가 훈민정음을 반대하면서 한 "언문으로써
옥사를 공평하게 할 수 없다."는 말과 비슷하다. 신하들은 백성들이
진정한 민본이 되는 것을 꺼려했던 것이다. 백성들이 깨달아 정신이
바로 서는 것을 두려워한 것이다. 하지만 세종대왕의 생각은 달랐다.
그래서 훈민정음을 통하여 백성을 바로 세우려는 혁신을 한 것이다.

3
조세는 안민의 으뜸이다.

조세는 백성의 먹을 것에서 취한다.

가혹한 정치는 호랑이보다 무섭다.

공자는 "가혹한 정치는 호랑이보다 무섭다."라고 하였다. 어느 날 공자가 제자들과 태산 근처를 지날 때 한 여인이 무덤 앞에서 슬피 울고 있었다. 공자는 제자 자로에게 그 까닭을 알아오도록 하였다.

자로가 그 여인에게 슬피 우는 이유를 물었다.
여인은 "몇 년 전에는 시아버님이 호랑이한테 화를 당하셨습니다. 작년에는 남편이 그랬는데, 이번에는 자식마저 그렇게 죽었습니다."라고 하였다
자로가 또 물어 그럼 왜 이곳을 떠나지 않습니까? 하니,
여인이 대답하기를 "이곳은 가혹한 정치가 없으니까요.
자로가 이 말을 공자에게 전하니,
공자는 제자들에게 "가혹한 정치는 호랑이보다 더 무섭다[苛政

猛於虎也(가정맹어호야)].”는 것을 명심해라 하였다.

《예기》 단궁하

이를 가정맹어호(苛政猛於虎)라고 한다. 가혹하게 조세를 거두거나 백성의 재물을 억지로 빼앗는 정치를 말한다. 그래서 맹자는 조세를 박하게 거두면 백성이 부유해진다고 하였다.

> “세금을 적게 거두어들이면[薄其稅斂(박기세렴)],
> 백성은 부유해진다[民可使富也(민가사부야)].”

《맹자》 진심장구상/23장

조세는 국가를 경영하는데 절대적으로 필요한 것이다. 정도전은 《조선경국전》에 조세를 부과하는 이유에 대해서 다음과 같이 말하고 있다. 국가가 조세를 받는 근거를 제시한 것이다. 통치자가 법을 만들고 치안하는데 전념하기 위해서는 농사를 지으면서 다스릴 수 없기 때문에 백성이 조세를 부담해야 한다는 것이다.

> “옛날 성인(聖人)이 조세법을 만든 것은 다만 백성으로부터 수취하여 자기를 봉양하자는 것은 아니었다. 백성들이 서로 모여 살게 되면 음식과 의복에 대한 물욕 때문에 외부에서 공격하고, 남녀에 대한 정욕 때문에 내부에서 공격한다. 미움[醜(추)]이 있으니 서로 다투게 되고, 힘으로 겨루니 싸우게 되어 서로 죽이기까지 하는 것이다. 통치자는 법을 가지고 그들을 다스려서 다

투는 자와 싸우는 자를 평화롭게 해 주어야만 민생이 편안해지
는 것이다. 그러나 그 일은 농사를 지으면서 병행할 수 없는 것
이므로 백성은 10분의 1을 세로 바쳐서 통치자를 봉양하는 것
이다."

《조선경국전》 상/부전/부세

이러한 조세가 민심을 잃게 되면 나라는 쇄락하게 된다. 조세가 민
심을 잃게 되는 이유는 가렴주구 때문이다. 가렴주구는 왕이 자기의
배를 채우기 위하여 직접 하는 경우는 드물다. 대부분 조세의 징수를
담당하는 관리들이 자신들의 욕심을 채우기 위해서 부정부패를 저질
러 생긴 것이다.

조세의 혁신은 안민의 첩경이다.

고려말은 전쟁이 계속되고 홍수와 가뭄이 연이어 일어나서 백성들
의 얼굴에는 핏기가 없었고, 들판에는 굶어 죽은 시체가 나뒹굴고 있
었다. 벼슬자리에 있는 자들은 탐오하여 공전과 사전을 빼앗아 겸병
(兼倂)하여서 한 집이 가진 기름진 옥토가 몇 고을에 걸치게 되었다.
더욱이 한 토지의 땅 주인이 2~3명씩 되어 제각각 조세를 징수하는
폐단이 발생하여 민심을 잃었다. 때문에 고려말에는 조세의 문란이
극에 달하였다. 백성들은 토지를 경작하여 적으면 그 수확의 절반,

많으면 8, 9할을 조세로 징수당하니, 해를 넘기지 못하여 식량이 떨어져 유량민이 온 나라에 넘쳐났다. 그래서 정권을 장악한 이성계는 공양왕 3년 5월에 도평의사사에서 왕에게 청하여 조세법을 '답험손실법'으로 개혁하도록 하였다. 조세법을 혁신한 것이다. 그 답험손실법의 내용은 다음과 같다.

> "10분의 비율로 계산하여 수확량의 감소가 만일 1할이면 조세 1할을 감해 주고, 감소된 수확량이 2할이면 2할의 조세를 감해 준다. 이러한 기준에 따라서 조세를 감해 주되 수확량의 감소가 8할에 이르면 그 조세를 전부 감해 주기로 하며, 답험을 그 고을의 수령이 자세히 검사하여 손실(損實)을 정하여 감사에게 보고하고, 감사는 위관을 파견하여 다시 심사하여 산정하고, 감사의 수령관이 또 한번 심사하여 만일 답험이 사실과 같지 않으면 그렇게 한 관원에게 죄를 주게 하고, 각 관리가 받은 과전(科田)의 손실은 그 밭주인으로 하여금 자신이 직접 심사하여 조세를 받도록 한다."

《고려사》 식화1/전제/답험손실

그 후 태조는 조선을 건국한 다음에도 답험손실법을 기본으로 하여 조세를 징수하게 하였다. 하지만 답험손실법은 이론적으로는 좋은 법이지만 현실적이지는 못하였다. 조세를 징수하는 관리들의 재량권이 너무 많아 부정부패가 끊이지 않았다. 그래서 세종대왕은 조세의 징수를 철저히 관리하게 하였다. 조세를 핑계로 백성의 식량을 수탈하는 부정부패가 일어나지 않도록 한 것이다. 그러나 답험손실법에서 부정이 발생하지 않도록 하는 것은 '고양이에게 생선을 맡기는 격'이었다. 관리의 재량권이 큰 답험손실법으로 공평과세를 기대하는 것은 애시 당초 어려웠다. 이에 세종대왕은 답험손실법을 '공법'으로 바꾸는 혁신을 단행하고자 하였다. 세종대왕은 백성이 풍요롭고 편안한 삶을 위한 첩경이 조세의 혁신이라고 생각한 것이다.

하지만 조세의 문제는 치국의 요체이기 때문에 소홀히 결정할 수 없었다. 또한 대부분의 토지를 소유하고 있는 정치 세력인 양반관리들의 동의를 얻어야 했고, 정치에 참여할 수 없지만 조세의 부담자인 백성의 뜻을 살펴서 그들을 편하게 해주어야 했기 때문에 쉽지가 않은 문제였다. 그러나 세종대왕은 조세로 백성들이 고통당하는 것을 절대로 용납할 수 없었다. 그래서 기존의 답험손실법과는 완전히 다른 공법을 입법하여 조세제도를 혁신하고자 한 것이다.

「답험」 관리들이 논밭에 나가 조세를 거두기 위해 직접 벼 수확량을 조사하고 있는 모습이다. 이러한 답험을 통하여 공평하고 적정한 조세를 거둔다는 것은 어려웠다.

그 결과 태평성대(太平聖代)를 이룩하였다. 조선 중기의 문인인 최립이 쓴 시문집인 《간이집》에는 "세종대왕은 세상에서 보기 드물게 인자하고도 명철한 자질을 소유하여, 장구한 세월 동안 태평시대를 구가하게 했던 임금으로 일컬어지고 있다."라고 하여, 인자하고 명철한 세종대왕이 태평시대를 구가하였음을 말하고 있다. 태평성대가 무엇인가? 어질고 착한 임금이 다스리는 태평한 세상이다.

세종대왕은 왕좌에 오르면서부터 민본인 백성들의 안민을 위해서 혁신을 구체적으로 계획하고 실천하였다. 혁신의 대상은 하늘과 땅의 것, 그리고 백성을 바로 세우는 것이었다. 세종대왕은 그 중에서도 땅에서 거두는 조세를 혼신을 다하여 바로 세우고자 하였다. 조세의 법과 제도를 바꾸고 정비하는 일이 다른 것을 혁신하는 것보다 백성을 편하게 할 수 있는 지름길이라고 본 것이다. 그래서 세종대왕은 혁신 리더십을 발휘하여 공법을 입법한 것이다.

25년 만에 조세법의 혁신을 이룩하다.

원래 고대 중국에서 실시한 '공법'은 여러 해의 평균 수확량을 비교하여 전답에서 매년 일정하게 조세를 징수하는 세법이다. 세종대왕은 이러한 공법(貢法)으로 조세제도를 혁신하고자 한지 25년만에 '중국식 공법'과 다른 '조선식 공법'을 입법하여 시행하였다. 다음은 세종 21년에 한 말인데 공법의 완성은 이보다 5년 후인 세종 26년에

「세종대왕」 세종대왕은 무려 25년 이상 공법의 입법에 뜻을 두고 혼신을 다하여, 15년간 조정의 대신 등과 대화를 통한 민주적인 논의 및 타협과 양보, 백성에게 직접적인 여론조사와 시범실시를 통한 의견수렴을 하여 전분6등법과 연분9등법을 기본적으로 한 조세법을 만들었다.

이루어졌다.

> 「내가 공법을 행하고자 한 것이 이제 20여 년이고, 대신들과 모의(謀議)한 것도 이미 6년이있다.」
>
> 《세종실록》21/05/04

《세종실록》에 따르면 세종 9년에 공법 문제를 과거시험에 내었고, 세종 10년에 황희와 논의를 시작하였으며, 세종 12년에 백성에 대한 여론조사를 시행하였고, 세종 20년에 경상·전라 양도에 시범실시를 하여 세종 26년에 입법하였으니, 적어도 15년 이상 오랜 시간에 걸쳐서 조정 대신과 논의하여 공법을 완성한 것이다. 역사상 15~25년 이상이 걸려 만든 법이나 세법이 있을까? 세상 어느 나라에도 없다. 그러면 세계의 유명한 문화유산 중 25년 이상 걸려 만든 것이 어느 것일까?

'쿠푸왕의 피라미드'는 세계 최대의 건축물이자 세계 7대 불가사의 중 하나로, 세상에서 가장 큰 피라미드이다. 쿠푸왕은 이집트 제4왕조의 2대 왕이다. 쿠푸 왕의 피라미드는 밑변이 230m, 높이 144.6m로 용적이 대략 260만㎥라는 규모를 자랑하고 있다. 이 피라미드는 1개의 무게가 2.5t이나 되는 거대한 돌을 자그마치 230만 개나 쌓아 올려 지었는데, 10만 명의 노동자가 10~20년간에 걸쳐서 완성시켰다고 한다. 이처럼 거대한 피라미드를 건설하는데 걸리는 시간이 세종

「쿠푸왕의 피라미드」 세종대왕이 '공법'을 완성하는데 걸린 시간이 이 피라미드를 만드는 기간보가 더 길었다.

대왕이 공법을 입법하는데 소요된 것이다.

세종대왕은 왜 25년 동안 공법을 만들고자 하였으며, 15년 이상 무엇 때문에 조정 대신들과 공법을 논의하고, 백성의 여론을 조사하였을까? 이렇게 만들어진 공법은 왜 《경국대전》에 실렸을까?

세종대왕은 조세를 징수할 때 관리들의 재량권이 없는 부정부패가 발생할 수 없는 공평한 법을 만들어, 백성을 후(厚)하고 편안하게 하고 싶었다. 《세종실록》에는 관리들의 재량권 남용에 따른 그 당시의 조세 폐단을 다음과 같이 생생하게 적고 있다. 조세법이 부실하여 관리들이 술과 음식을 받아먹고서 마음대로 조세를 조작하는 폐단이 난무한 것이다.

「따라다니는 하인들의 접대 비용이 모두 민간에서 나오게 되는데, 그들이 밭 사이의 길을 달리면서 백성의 살림집을 소란하게 하매, 그 전답을 경작하는 사람은 술과 음식을 싸가지고 여러 날 동안 기다려 영접하면서 다투어 후하게 먹여 간청하여 후하게 보아주기를 바라고자 하니, 명목 없는 비용이 일정한 조세의 수량에 가깝게 되어, 관청과 민간에 이롭지도 못하고, 여러 해 동안의 큰 폐단이 되었다.」

《세종실록》 18/10/05

힘없는 백성들은 고생하여 지은 농사 대부분을 조세와 소작료로 빼앗기고 나면 배고픔만 남을 뿐이었다. 그래서 세종대왕은 관리들이 답험하지 않고도 세금을 걷을 수 있는 공법을 만들어 백성들을 넉넉하게 하고, 조세를 징수하는 절차도 간편하게 하고자 하였다.

> 「임금이 말하기를, 만약 이 공법을 세우게 된다면, 반드시 백성
> 들은 넉넉하게 되고, 나라의 조세 거두는 일은 간편하게 될 것
> 이다.」
>
> 《세종실록》 11/11/16

　그러나 조세의 혁신은 쉽지가 않았다. 권력을 가진 양반 관리들이 조세를 핑계로 자기 욕심을 채우려 했기 때문이다. 정치세력을 가진 양반 관리들은 보수적으로 기존의 답험손실법을 고집하였다. 답험손실법은 관리들이 직접 들에 나아가 수확량을 조사하고, 평년보다 수확량이 줄어들면 조세를 그만큼 감하여 징수하는 재량권이 많은 세법이다. 때문에 청렴한 관리들 조차 전답에서 일일이 수확량을 조사하여 공평한 세금을 거두는 것은 어려운 일이었다. 뿐만 아니라 대부분의 토지를 소유한 양반 지주들은 권력과 인맥을 통하여 평소보다 조세를 적게 낼 수 있는데, 매년 일정액의 조세를 납부하는 것이 마음에 들지 않았다. 그래서 조정의 양반 관리들은 조세제도를 재량권이 없는 공법으로 혁신하는 것을 반대하였다.

　그 결과 세종대왕이 공법으로 조세제도를 혁신하는데 25년 이상이 걸린 것이다. 이 과정에서 세종대왕의 다양하고 훌륭한 리더십이 발휘되었다. 밖으로는 자신들의 뜻조차 표현할 수 없는 힘없는 백성들을 세법 개정에 참여시키면서, 안으로는 정치 세력인 조정의 신하들을 아우르면서, 그 긴 시간 동안 조세의 혁신을 위하여 한 발짝씩 앞

으로 나아가는 세종대왕의 리더십은 현대를 살아가는 우리에게도 많은 메시지를 던지고 있다.

세종대왕이 입법한 공법(貢法)은 훈민정음의 창제에 못지 않게 백성을 나라의 근본으로 생각하고, 그 백성을 사랑하는 민본정신에서 완성되었다. 조선시대를 통틀어 백성에게 가장 큰 고통을 주고, 고난에 빠뜨리게 하는 것이 바로 조세였기 때문이다.

재위 10년 어느 정도 정치적 경험을 쌓은 세종대왕은 황희와 조세법을 답험손실법에서 공법으로 바꾸는 것을 논의하였다. 하지만 조세법의 혁신은 만만치 않았다. 여진족을 물리쳐 4군 6진을 설치하는 것보다, 대마도를 정벌하는 것보다 훨씬 어려운 일이었다. 조정 대신들의 반대가 너무 커 세종 26년에야 실현되었다. 세종대왕은 조세문제는 제도만 바꾸면 손쉽게 해결될 수 있으리라고 생각하였겠지만 그것은 착각인 것이다. 하지만 세종대왕은 백성들에게 불편이 없는 공법을 만들기 위해서 그 정도는 감수했다. 그리고 공법을 입법하는 과정에서 세종대왕은 최고의 리더십을 발휘하였다.

제2부

혁신의 기본은
지적인 리더의
포용과 청렴이다.

- 리더가 가장 먼저 갖추어야 할 리더십 -
- 수신(修身)하여만 얻을 수 있는 리너십 -

1
지적 리더십

지식은 수신의 첫 관문이다.

세종대왕은 호학의 군주이다.

지적 리더십이란 지식의 힘에 기초하여 조직을 이끄는 것을 말한다. 미래학자이자 현대 경영이론의 창시자인 '피터 드러커'는 자본주의시대 이후에 오는 사회는 '지식사회'로 지식이 유일한 생산수단이 되며, 자본주의 사회의 원동력이었던 전통적인 생산요소 즉 토지, 노동, 자본은 이제 경제발전에 오히려 제약이 된다고 하였다. 그는 지식사회에서는 지식이 없으면 국가든, 사회든, 개인이든 망할 수밖에 없다고 하였다. 지식의 중요성을 말한 것이다. 이 지식은 현대에서만 존재한 것은 아니다. 지식은 인류문명이 시작되면서부터 형성되어 사람들의 삶을 풍요롭게 하였다.

때문에 리더는 조직의 미래와 풍요를 위해서 자신의 지식기반을 다져야 한다. 지식을 가진 리더는 권위를 가질 수 있다. 물론 리더의 권위가 지식에서만 나오는 것은 아니다. 리더의 신분이나 지위, 리더의 인격 등 다양한 분야에서 나올 수 있다. 하지만 지식만큼 많은 사람들이 공감하는 리더십이 발휘되지 못한다.

15세기 조선이라는 작은 나라의 왕으로서 세계적인 문화유산을 창조한 세종대왕의 리더십은 그가 가지고 있는 박학다식(博學多識)한 지식에서 출발한다. 세종대왕의 방대한 학습량과 호학의 태도는 즉위할 때에 불과 22세였던 청년 군주가 경험 많고 연로한 신하들을 리드할 수 있는 강력한 힘이 되었다. 세종대왕의 탁월한 지적 리더십은 신하들의 존경심을 이끌어 냈으며, 또한 그의 논리력에 필적할 만한 신하가 드물 정도였다.

태종이 양녕대군을 폐하고 충녕대군을 세자로 책봉할 때 어진 임금이 될 수 있는 조건으로 '호학불권(好學不倦) 종야독서(終夜讀書)'를 들었는데, 이는 학문을 게을리 하지 않고 밤을 새워 책을 읽었다는 뜻이다. 호학을 통한 지식의 충전이다.

「태종이 말하기를, 충녕대군이 천성이 총민하고 학문을 게을리 하지 않아, 비록 몹시 춥고 더운 날씨라도 밤을 새워 글을 읽고, 또 정치에 대한 대체(大體)를 알아, 매양 국가에 큰 일이 생겼을 때에는 의견을 내되, 모두 범상한 소견이 의외로 뛰어나며, 또 그 아들 중에 장차 크게 될 수 있는 자격을 지닌 자가 있으니, 내 이제 충녕으로서 세자를 삼고자 하노라.」

《세종실록》 총서

세종대왕은 어릴적부터 학문을 좋아하고 게을리 하지 않아서 경미한 병환이 있을 때에도 오히려 독서를 그치지 아니하므로, 태종은 환관을 시켜서 그 서책을 다 가져다가 감추게 할 정도였다. 그뿐 아니다. 즉위한 이후에도 손에서 책을 놓지 않아 경서에 널리 통하였고, 심지어는 중국과의 외교문서에 이르기까지 보지 않은 서책이 없었다. 세종대왕은 "내가 궁중에 있으면서 손을 거두고 한가롭게 앉아 있을 때는 없었다."라고 할 정도였다. 세종대왕은 조선의 대표적인 호학 군주이다.

「즉위하심에 이르러서는 손에서 책을 놓지 않아, 비록 수라를 들 때에도 반드시 책을 펼쳐 좌우에 놓았으며, 혹은 밤중이 되도록 힘써 보시고, 싫어하지 않으셨다. 일찍이 근신에게 말하기를, "내가 궁중에 있으면서 손을 거두고 한가롭게 앉아 있을 때는 없다." 하셨으니, 이러하시기 때문에 경서에 널리 통하시었고, 심지어는 본국 역대의 사대문적(事大文籍; 중국과의 외교문서)에 이르기까지 보시지 않은 것이 없었고, 또 근신들에게 말하기를, "내가 서적을 본 뒤에는 잊어버리는 것은 없었다."라고 하셨다.」

《세종실록》05/12/23

세종대왕이 어진 임금이 될 수 있는 첫 번째의 자질이 호학(好學)으로 인한 지식의 축적임을 알 수 있다. 세종대왕은 리더의 첫 번째 자질을 갖춘 것이다.

경연을 통하여 학문에 득했다.

  세종대왕은 왕에 오른 후에도 경연과 집현전을 통해 다양한 지식을 축적하였다. 세종대왕은 경연을 거른 적이 거의 없었다. 세종대왕 재임기간 중 총 1,898회의 경연을 실시하였는데 월평균 5회에 해당한다. 조선시대 다른 임금들의 경연 횟수와 비교하면 태조의 23회(월평균 0.2회), 태종의 80회(월평균 0.4회)에 비해 월등히 많은 것이다. 더욱이 이전까지는 형식적으로 행해졌던 경연을 세종대왕이 활성화시켰으며, 후대의 성종과 영조 때도 활발하게 경연이 진행될 수 있는 계기를 만들었다.

  세종 5년 《통감강목(通鑑綱目)》의 강독을 끝내고 나서 임금이 동지경연사 윤회에게 한 말에서, 세종대왕이 얼마나 책 읽기를 좋아하였으며 학문에 정진하였는지를 알 수 있다. 한 책을 20~30번씩 읽은 경우도 있었다. 천부적인 지적 리더십의 소유자라 할 것이다.

> 「진서산(眞西山: 서산은 진덕수의 호)이 말하기를, '《통감강목》은 권수가 많아서, 임금은 다 보기가 쉽지 않다.' 하더니, 내가 경자년(1420, 세종 2년)부터 강독을 시작하여 지금까지 이르렀는데, 그 사이에 다른 책은 혹은 30여 번을 읽은 것도 있고, 혹은 20여 번을 읽은 것도 있기는 하나, 참으로 다 보기는 어려운 책이라.」
>
> 《세종실록》 05/12/23

경연에 나아가 의심되고 어려운 곳이 있으면 경연관에게 서슴지 않고 물었다. 세종대왕은 어설픈 지식을 가지고 다 아는 것처럼 말하는 자를 이른바 '용류(庸流)'라 하였다. 특별한 재능이 없는 자라는 뜻이다. 학문에 능한 세종대왕이지만 배움에 있어서는 항상 겸손한 자세로 임한 것이다.

「이 말은 의심할 만하나 강론을 하지 아니하는 것이 옳다. 대개 그 의심할 만한 것을 알고 더욱 연구하면 거의 얻음이 있을 것이다. 무릇 배우는 자들이 스스로 모른다고 하는 자는 옳다 하겠지만, 스스로 알지 못하는 것이 없다고 하는 자는 이른바 '용류(庸流)'인 것이니, 그대들은 그 알지 못하는 것을 혐의쩍게 여기지 말라.」

《세종실록》14/12/22

경연에서는 자연스럽게 토론이 이루어 졌다. 그래서 신하들이 다음과 같이 세종대왕을 토론을 즐기는 군주라고 부를 정도였다. 세종대왕은 토론을 의견 수렴의 방편으로 적극 활용하는 열정을 보였다. 토론은 체계성과 협동을 기반으로 하여, 함께 생각을 모아가는 소통의 과정으로 리더의 지적 능력, 영감, 창의성, 상호작용성 그리고 권한 위임 등을 엿볼 수 있다.

「몸을 다스리시되 항상 조심하시고 삼가심을 잊지 아니하심에 이르시고, 덕(德)이 비록 성하시나 더욱 토론을 즐겨하시고[尤

樂於討論(우악어토론)], 열성(列聖)의 아름다운 법을 본받으시어 만대에 길이 힘입을 것을 넓히려 생각하셨나이다.」

《세종실록》16/04/11

세종대왕은 대화와 토론 또는 회의 등에서 자신의 논리를 전개할 경우 학문적 지식을 바탕으로 한 과거 또는 유교 경전 속의 사례를 들어 말하는 경우가 많았는데, 이러한 사례는 매우 강력한 의사 전달의 방법이 되었다. 특히 정책토론을 할 때에는 결정할 사안이 앞으로 가져올 이익이나 불이익을 미리 충분히 검토해야 했는데, 과거의 유사한 사례를 들어 살펴본다면 실패의 위험을 낮출 수 있었다.

세종대왕은 학문을 함에 있어서 중요한 점은 '마음에 있는 공부'라 하였다. 학문은 마음을 바르게 하는 수신의 근본으로, 책 내용을 글귀로만 풀이하는 것은 학문에 도움이 되지 않는다고 하였다. 학문의 자세가 바로 서야만 유익하다는 말이다.

「동지경연 이지강이 《대학연의(大學衍義)》를 강론하고 또 아뢰기를, "임금의 학문은 마음을 바르게 하는 것이 근본이 되옵나니, 마음이 바른 연후에야 백관이 바르게 되고, 백관이 바른 연후에야 만민이 바르게 되옵는데, 마음을 바르게 하는 요지는 오로지 이 책에 있사옵니다." 하매,

임금이 말하기를,

"그러나 경서를 글귀로만 풀이하는 것은 학문에 도움이 없으니, 반드시 마음의 공부가 있어야만 이에 유익할 것이다." 하였다.」

《세종실록》즉위/10/12

세종대왕은 최고의 조세 전문가이다.

세종대왕의 지적 리더십은 조세 혁신을 논할 때에도 유감없이 발휘되었다. 세종대왕의 조세에 대한 지식은 어느 신하들보다도 많았다. 세종대왕의 공법에 대한 지식을 알 수 있는 부분은 세종 9년(1427) 문과의 과거시험 책문에서 살펴볼 수 있다. 세종대왕은 고대 중국에서 이루어진 조세제도의 역사와 그 장단점 등에 대해서 먼저 설명하고, 그 당시 조선의 조세제도와 법의 문제점을 지적하면서, 공법으로 혁신할 경우 야기될 수 있는 문제점을 예견하였다. 세종대왕의 이러한 학문적 지식이 서책을 통하여 공부하였음 또한 말하고 있다.《세종실록》에 있는 그 내용은 다음과 같다.

■ 고대 중국의 조세제도
「예로부터 제왕이 정치를 함에는 반드시 일대의 제도를 마련하는 것이니, 서책에 살펴보면 이를 알 수 있다. 조세의 법은 어느 시대에 시작되었는가. 중국 하후씨는 공법으로 하고, 은나라는 조법(공전을 8가구가 공동경작하게 하여, 그 수확량을 조세로 내게하는 세법)으로 하고, 주나라는 철법(풍흉을 고려하여 수확량의 10분의 1을 징수하는 세법)으로 한 것이 겨우 전기에 나타나 있는데, 이 삼대의 법을 오늘날에도 시행할 수 있겠는가. 진(秦)나라가 정전제를 폐지하고 한나라에서 그대로 따랐으나, 태평성대를 이룩한 한나라 황제인 문제와 경제의 다스림은 거의 삼대에 가깝게 되고, 신나라의 왕망은 예 정전제도를 회복하였으나, 백성들이 근심하고 원망하였으니, 그 까닭은 무엇인가.」

■ 당나라의 조세제도

「당나라의 조(租)·용(庸)·조(調)는 어느 대에 법을 취하였는가.
백성이 이에 힘입어 풍요롭고 넉넉하였으므로, 선대의 유학자
가 고대의 정치에 가깝다고 하였으니, 그것도 또한 뒷세상에 시
행할 만한 것인가. 명나라에서 문득 옛날 제도를 따라 하후씨의
공법을 채택하였다 해서, 어찌 그것이 행하기가 편리하고 쉽다
고만 할 것인가.」

■ 답험손실법의 문제점

「조세제도는 해마다 조정의 신하를 뽑아서 여러 도에 나누어
보내어, 손실을 실지로 조사하여 적중을 얻기를 기하였다. 간혹
사자로 간 사람이 나의 뜻에 부합되지 않고, 백성의 고통을 구
휼하지 아니하여, 나는 매우 이를 못 마땅하게 여겼다. 의논하
는 사람들은 한갓 "주·군만 시끄럽게 할 뿐이므로 감사에게
위임하는 것만 같지 못하였다."라고 하지마는, 또 감사는 사무
가 번잡하여 겸무할 여가가 없을 것이므로, 이 두 가지가 서로
허물이 되어 그 제도를 취하지 못했으니, 생각하건대 별도로 행
할 만한 법이 있겠는가. 손실을 실지로 조사하는 일도 구차스러
이 사랑하고 미워하는 감정 여하에 따라, 올리고 내림이 자기
손에 달리게 되면, 백성이 그 해를 입을 것이니, 이 폐단을 구제
하고자 한다면 마땅히 공법과 조법에서 이를 구해야 될 것이다.」

이인문의 「도봉원장」 세종대왕은 그림처럼 우리나라의 산천이 험준하고 고원과 습지가 꼬불꼬불하여 조세법을 시행하기 어렵다고 하였다.

■ 공법시행의 문제점

「조법은 반드시 정전제를 행한 후에야 시행되므로, 역대의 중국에서도 오히려 또한 시행되지 않았는데, 하물며 우리나라는 산천이 험준하고 고원과 습지가 꼬불꼬불하여 시행되지 못할 것이 명백하였다. 공법은 하나라의 책에 기재되어 있고, 비록 주나라에서도 또한 조법이 있어서 일부 지방에는 공법을 사용하였다고 하나, 다만 그것이 여러 해의 중간을 비교하여 일정한 것을 삼음으로써 좋지 못하였다고 이르는데, 공법을 사용하면서 이른바 좋지 못한 점을 고치려고 한다면, 그 방법은 어떻게 해야 하겠는가.」

《세종실록》09/03/16

이처럼 세종대왕은 그 당시 조세에 대한 최고의 지식을 가지고 조세제도를 혁신하고자 하였다. 세종대왕의 조세에 대한 전문지식을 입증할 수 있는 기사는 이외에도 《세종실록》의 여러 곳에서 볼 수 있다. 그 중 다음 기사는 세종대왕이 정확한 수학적 조세지식을 가지고 있었으며, 백성들을 위해 얼마나 실질적인 정책을 실시하였는 지를 알 수 있다. 조정 관리들은 단순히 밭 1부[負(부): 1결의 100분의1]에 조세가 콩 3되라는 것만 알고 있었지 소출이 얼마인지를 알지 못하였다. 하지만 세종대왕은 세율이 10분의 1이므로 밭 1부에 생산되는 콩은 3말이라고 계산하였다. 따라서 행차로 피해를 입은 농민에게 조정 대신들은 1부에 콩 3되씩 보상하면 된다고 하였지만, 세종대왕은 1부에 수확량의 절반인 1말 5되씩 손실을 보상하라고 명하였다.

「호조에서 아뢰기를, "헌릉(조선 태종과 그의 비 원경왕후의 능) 길가에 밟아서 손해를 입힌 밭은 1부 되는 땅에 콩 3되씩 물어주기를 청합니다." 하니,

임금이 말하기를, "그건 너무 적지 않으냐. 1부에 3되라는 것은 어떻게 계산하는 것이냐." 하니, 좌우에 있는 사람이 말하기를, "이것은 조세를 받는 숫자입니다."라고 하매,

임금이 말하기를, "실제로 밭 1부에서 소출은 얼마나 되는가." 하니,

좌우에 있는 사람이 대답하지 못하였다.

임금이 말하기를, "우리나라의 조세법은 철법이라, 소출의 10분의 1을 취하는 것인즉, 1부에서 소출은 3말이 되었기 때문이다.

그런즉 이번에 길을 닦을 때에, 밭에는 모두 푸른 싹이었으므로 손실을 분간할 수는 없으나, 매 1부에서 실제 수확량을 3말로 쳐서 그의 절반인 1말 5되를 주라."고 하였다.」

중요한 것은 세종대왕은 이처럼 조세에 대한 많은 지식을 가지고 있었지만, 25년 동안 단 한번도 독단적인 공법안을 제시하지 않았다는 것이다. 자신의 의견을 내세우지 않고 항상 조정 대신들이 공법안을 논의하여 제시하도록 하였다. 소통되지 않는 지식, 확장되지 않는 지식은 단편으로 끝나고 자신만의 만족에 그친다는 것을 안 것이다. 세종대왕은 이러한 지식을 국가 경영과 백성들의 행복에 쓰고자 최선을 하였다.

실용을 중시한 천문과학자이다.

세종대왕은 경서를 깊이 연구하는 것은 '실용하기 위한 것이다'라고 하였다. 실용이란 학문을 실생활에 적용하는 것이다. 실학을 중시한 것이다. 우리나라에서 실학은 17세기 중엽부터 19세기 초반까지 조선후기 사회에서 나타났던 새로운 사상으로, 당시 사회 문제의 해결을 위해 성리학의 관념성과 경직성을 비판하여 경세치용(經世致用: 학문은 실제 사회에 이바지 되어야 한다)과 이용후생(利用厚生: 기구를 편리하게 쓰고 먹을 것과 입을 것을 넉넉하게 하여 백성의 생활을 나아지게 한다), 실사구시(實事求是: 사실에 토대를 두어 진리를 탐구하는 일)의 학문 태도를 강조했다. 공리공론만 일삼는 전통적인 유학을 갱신하고자 한 학문인데, 세종대왕은 훨씬 이전에 실학을 강조한 것이다. 세종대왕은 자신이 경서와 사서(史書)를 널리 찾아 읽었으나, 실지의 일에 당면하면 어찌할 바를 모르는 것은 실용에 능하지 못하기 때문이라고 하였다.

「경서(經書)를 깊이 연구하는 것은 실용하기 위한 것이다. 바야흐로 경서와 사서(史書)를 깊이 연구하여 다스리는 도리를 차례로 살펴보면, 그것이 보여 주는 나라 다스리는 일은 손을 뒤집는 것과 같이 쉽다. 그러나 실지의 일에 당면하면 어찌할 바를 모를 것이 있는 것이다. 내가 비록 경서와 사서를 널리 찾아 읽었으나, 오히려 아직 능하지 못하니, 이와 무엇이 다르겠는가.」

《세종실록》 07/12/08

세종대왕의 이러한 실용정신이 '훈민정음'을 창제하고, 수많은 과학적 유산을 남긴 것이다. 여기에는 세종대왕의 천재성이 함께 작용하였다. 세종대왕은 서적을 한번만 보고도 모두 기억할 뿐만 아니라, 많은 신하들의 성명·내력·세계(世系) 등 사소한 것이라도 한번 들으면 잊지 않았다. 한번 그 얼굴을 보면 비록 여러 해를 만나지 못했더라도 다시 볼 때에 반드시 아무개라고 이름을 불렀을 정도로 천재적인 두뇌를 가지고 있었다.

「사물의 정밀하고, 꼼꼼하지 못하고 간략하고, 아름답고, 추악한 것에 이르러서도 한번 눈으로 보면 반드시 그 미세한 차를 정밀히 분별하셨고, 성음(聲音)의 청탁과 높고 낮음도 한번 귀에 들어가면 그 원리를 심찰하시었으니, 그 총명과 예지(睿智)가 이와 같으시었다.」

《세종실록》05/12/23

세종대왕의 호학(好學)적 지식, 실용적인 정신, 부지런한 성품, 그리고 천재적인 과학적 기질이 융합하여 백성을 위한 문화적 부흥을 이룩한 것이다. 《연려실기술》에는 "임금이 여러 의상(儀象: 천문 관측기기)을 만들었으니, 대소 간의대·흠경각·혼상·앙부일구·일성정시규표·자격루 등이 모두 극도로 정교하였는데, 이것이 모두 임금의 재량에서 나왔다."고 하였다. 그리고 "여러 기술자 중에 임금의 뜻을 헤아리는 자가 없었는데, 다만 호군 장영실이 임금의 지혜를 받들어서 기교한 방법을 운용하여 임금의 뜻과 맞지 않는 것이 없었으므로 세종대왕이 매우 중히 여겼다. 사람들은 모두 박연과 장영실은 임금의 훌륭한 제작을 위하여 시대에 응해서 난 인재라 하였다."고 기록하고 있다. 제작된 과학 기구들이 모두 세종대왕의 지식에서 나왔음을 말하고 있다.

다음은 세종대왕이 좌우 신하들에게 이른 말인데, 세종대왕이 천문과 역법에도 깊은 지식을 가지고 있었음을 볼 수 있다.

「천문은 어림잡아 계산하는 일이란 전심전력해야만 그 묘한 이치를 구할 수 있을 것이다. 일식·월식과 별의 변화, 그 운행의 횟수가 본시 약간의 순서가 틀리고 앞뒤가 서로 맞지 않음이 있는 것인데, … 중국과 같이 천문을 자세히 관찰하여 수시로 이를 바로잡아도 오히려 또 이와 같은 일이 있었거늘, 하물며 우리나라이겠는가. 그러기 때문에 옛날에는 책력을 만들되 착오가 있으면 반드시 죽이고 용서하지 않는 법이 있었다. 내가 일식·월식 때마다 그 시각과 휴복(虧復: 기울고 겹침)의 분수를 모두 기록하지 않아서 뒤에 상고할 길이 없으니, 이제부터 일식·월식의 시각과 분수가 비록 천체의 운행을 관측한 숫자와 맞지 않더라도 서운관으로 하여금 모두 기록하여 바치게 하여 뒷날 고찰에 대비토록 하라.」

《세종실록》 12/08/03

여기서 세종대왕은 "내가 일식·월식 때마다 그 시각과 기울고 겹침의 분수를 모두 기록하지 않아서 뒤에 상고할 길이 없으니"라고 하여, 일식·월식이 일어날 때에도 이를 직접 관측하였음을 알 수 있다.

2

포용의 리더십

포용하는 자는 천하를 얻을 수 있다.

포용은 리더의 덕목이다.

중국의 《전국책(戰國策)》에는 사람을 가리지 말고 포용하라는 뜻의 다음과 같은 구절이 있다.

태산은 흙을 사양하지 않고[泰山不讓土壤(태산부양토양)],
큰 강과 바다는 물줄기를 가리지 않는다[河海不擇細流(하해부택세류)].

《전국책(戰國策)》 진책편

이는 다른 생각을 가진 사람이라도 받아들여야만 큰일을 할 수 있다는 경구로, 리더라면 반드시 모든 사람을 포용할 수 있는 넓고 큰 마음이 필요하다는 말이다. 리더는 라이벌(rival)이라도 그 능력을 활용할 수 있다면 포용해야 한다. 단지 안에 독을 담고 있으면 누구도 해를 당하지 않지만, 단지가 깨어지면 리더뿐만 아니라 많은 사람이

해를 당할 수 있기 때문이다. 백성을 위한 군주라면 자신의 힘으로 독을 가진 자를 거두어 백성들을 편안케 하는 것이 포용이다.

당나라 현종을 보좌한 명신인 한휴(韓休)는 현종에게 잘못이 있으면 서슴없이 직간했다. 현종은 한휴의 직간을 참으로 무서워했다. 일례로 현종은 자신이 베푼 연회가 도가 지나쳤다는 생각이 들면 "한휴가 알면 어쩌지!" 라고 걱정을 할 정도였다. 그래서 현종은 한휴로 인해 늘 마음이 편치 못했다. 어느 날 한휴를 시기한 한 신하가 "한휴가 재상이 된 뒤 폐하가 매우 수척해지셨습니다. 왜 그를 내치지 않으십니까?"라고 물었다. 현종은 "한휴 덕분에 나는 야위었으나 천하는 살찌지 않았는가."라고 답하였다. 당 현종은 리더가 가질 수 있는 포용의 덕목을 가진 것이다.

세종대왕 역시 직언한 신하를 포용했다. 유교를 숭상하고 불교를 배척한 조선에서 세종대왕이 '홍천사 사리전'을 중수하라는 명을 내렸다. 하위지는 과거시험 답안에서 이를 막지 못한 대간(臺諫)들을 극렬하게 비판하였으며, 영의정 황희는 그의 과거시험 답안을 수석으로 올렸다. 사간원에서는 이 일로 황희를 국문하기를 요청하니, 세종대왕은 "하위지의 책문은 강직하게 해답을 쓰고, 조금도 꺼리어 감추고 숨김이 없으니 매우 취할 만한 것이다."라고 하면서 이를 따져 물리쳤다. 당 현종과 같은 포용의 리더십을 보인 것이다.

「대저 과거를 실시하여 대책을 시험하는 것은 그 직언을 구할 따름인데, 이제 하위지의 책문은 강직하게 해답을 쓰고, 조금도 꺼리어 감추고 숨김이 없으니 매우 취할 만한 것이다. 또 그의

논한 바는 무릇 간관(諫官)의 과실을 말한 것뿐인데, 경 등이 어찌 이것을 가지고 혐의한단 말인가.」

《세종실록》20/04/12

한 조직을 리더하면서 가장 필요한 것은 인재이다. 이왕이면 좋은 사람, 완벽한 사람, 그리고 내가 좋아할 만한 사람을 옆에 두고자 하는 바람이 있지만 그것이 그리 쉬운 일은 아니다. 오히려 싫어하는 사람이 더 많을 수도 있다. 이때마다 사람을 내치면 자기 곁에 남는 사람은 한 사람도 없게 된다. 산과 바다가 한줌의 흙과 한줄기의 물줄기를 품듯이, 큰 틀 안에서 개인의 역량이 발휘될 수 있도록 포용하는 것이 더 큰 조직, 탄탄한 조직을 만든다. 큰 조직의 리더로 성공하기 위해서는 사람도, 일도 가릴 것 없이 포용할 수 있어야 한다.

그래서 세종대왕은 임금으로서 포용하는 것이 아량이며, 꼴 베는 무지렁이의 말이라도 옳으면 채택하여야 한다고 하였다. 리더의 포용을 말한 것이다.

「임금으로서는 포용하는 것으로 아량을 삼는 것이어서, 비록 꼴 베는 사람의 말이라도 또한 반드시 들어 보아서 말한 바가 옳으면 채택하여 받아들이고, 비록 맞지 아니하더라도 또한 죄주지 않는 것이, 아래의 사정을 얻어 알고 자신의 총명을 넓히게 되는 것이다.」

《세종실록》15/07/27

세종대왕은 군왕으로서 이러한 포용의 리더십을 실천하였다. 노비 출신 장영실을 등용하여 과학적 재능을 발휘하게 한 일이나, 천인의 집에서 자란 최윤덕을 등용해서 압록강 유역의 영토를 개척하게 한 일 등은 포용이다. 세종대왕이 성군이 될 수 있었던 것은 바로 이 같이 넓은 포용의 리더십으로 많은 인재를 등용하고, 그들의 능력을 백분 발휘할 수 있도록 배려했기 때문이다.

황희는 세종대왕의 세자책봉을 반대한 자이다.

황희 정승은 세종대왕이 포용의 리더십을 발휘하여 조선 최고의 재상이 되게 한 사람이다. 황희는 태종이 양녕대군을 폐하고 충녕대군을 세자로 책봉하는 것을 결사적으로 반대한 사람이다. 그래서 태종은 대신들의 뜻에 못 이겨, 황희를 남원으로 유배 보냈다. 세종대왕이 즉위하고 난 다음에도 의정부를 비롯한 조정 신료들은 황희를 반역의 불충한 자라 하여 처벌할 것을 수없이 상소하고 주청하였다. 하지만 세종대왕은 저벌은 "이미 시행된 것이나."라고 밀하거나, 또는 "무릇 큰 일이 있으면, 반드시 부왕의 명을 받아서 했으니, 내 어찌 베고 죽이는 것을 마음대로 할 수 있으리오. 다시는 말하지 말라."고 하여 황희의 죄를 덮었다. 그리고 재위 4년 세종대왕은 그러한 황희를 한양으로 돌아오게 하고, 직첩을 돌려주도록 하였다. 그러자 사간원 지사간(知司諫) 허성 등은 황희에게 형에 처하여, 신하가 충성하지 못하고 정직하지 못한 자의 본으로 삼을 것을 주장하였다.

> 「황희는 일찍이 재상가 되어 반역의 죄를 거짓으로 가볍게 다루었고, 또 위에서 묻는 데 대하여 사실대로 대답하지 아니하였으니, 그가 충성하지 못하고 정직하지 못한 마음을 품어 말과 행동에 나타난 것이 명백합니다. 형(刑)에 처하지 않고 다만 한양 밖으로 내쫓기만 하여 그 목숨을 보전하게 하니, 온 나라 신민(臣民)이 실망하지 않는 이가 없었습니다. 지금 특별히 용서하여 한양으로 불러 돌아오게 하니, 다만 〈사람들의〉 보고 듣는 데만 놀라울 뿐 아니라 실로 종사의 큰 계책에 어긋남이 있습니다. 삼가 바라옵건대, 전하께서 황희를 형에 처하여 신하가 충성하지 못하고 정직하지 못한 자의 경계를 삼을 것입니다.」
>
> 《세종실록》 04/02/22

뿐만 아니라 황희는 서얼 출신으로 대사헌 시절 뇌물을 받아 당시의 사람들이 '황금 대사헌'이라고 하였으며, 박포의 아내를 간통하였으며, 정권을 잡은 여러 해 동안에 매관매직하여 뇌물을 받았다는 혐의가 있었으며, 박용의 아내로부터 말을 뇌물로 받았다는 혐의 등으로 탄핵을 받아 좌의정 자리를 사퇴하고자 하였지만 세종대왕은 이를 윤허하지 않았다(《세종실록》 10/06/25). 하지만 세종대왕은 그러한 황희를 불러 중용하고, 재임 기간동안 18년을 영의정 자리에 있게 하였다. 이것은 황희가 늘 세종대왕의 뜻을 쫓아 조정의 일을 처리하였기 때문만은 아니다. 오히려 그 반대의 경우로 세종대왕의 개혁 정치를 가로 막는 일이 많았다. 그래서 허균은 그를 두고 "임금의 뜻을 잘 맞추었으나 스스로 개혁을 도모하지 않았다."고 평가하였다. 그러면서 그는 '나라가 신뢰받고 지금까지 유지되었던 것'은 모두 세종대왕의 힘이라고 하였다. 세종대왕의 포용력을 높이 평가한 말이다.

> "저 황희와 허조는 유자(儒者)가 아니었고 재능 있는 신하도 아니었다. 오직 묵직하고 강직한 성품으로 임금이 잘못하는 일에까지 그냥 따르기만 하지는 않는 정도의 사람이었다. 세종 당시만 하더라도 국가의 윤곽이 완성되지 못하여 국사(國事)를 대부분 개혁할 수도 있었는데, 두 신하는 왕도(王道)로써 힘쓰지 않고 다만 너그럽게 진정시키는 것만을 최고로 여겼었다. … 그러나 나라가 신뢰받고 지금까지 유지되었던 것은 모두 세종대왕의 힘이었으며, 두 신하가 보좌의 역할을 했었노라고 말해진다."
>
> 《성소부부고》 문부8/논(論)

세종대왕과 황희 두 사람은 평생을 두고 공적으로는 군신의 관계였고 사적으로는 둘도 없는 친구의 관계였다고 한다. 그래서 황희는 세종대왕 밑에서 성군을 받드는 좋은 협조자로서 세종대왕의 빛나는 업적에 가담하지 않은 일이 없었다. 세종대왕이 훈민정음을 창제할 즈음 유생들의 강한 반대에 봉착했을 때도, 세종대왕이 불교를 신봉하자 집현전 학사들이 불같이 반대할 때도, 천첩 소생들에게 천역(賤役)을 면제할 때 양반계급의 반발에도 늘 세종대왕을 돕고, 세종대왕

「황희」 세종대왕은 자신의 세자책봉에 반대한 황희를 끝까지 포용하였다.

을 이해하고 감쌌다.

황희는 공법을 끝까지 반대한 자이다.

황희는 세종대왕이 가장 혼신을 다해 혁신하고자 한 공법에 대해서 처음부터 끝까지 반대한 사람이다. 《세종실록》에 따르면 세종대왕이 공법으로 개혁하고자 하여 첫 번째로 논의한 상대가 세종 10년에 좌의정 황희였다. 이때부터 황희는 세종대왕의 공법에 대해서 무려 15년 이상 끝까지 굽히지 않고 반대 의견을 내었다. 처음에 세종대왕은 황희에게 법을 경솔히 고칠 수 없지만 만약 공법으로 혁신하면 어떨지를 조심스럽게 다음과 같이 물었다.

「공법이 비록 아름답다고 하지만은, 답험손실법은 손해에 따라 손해를 보충하여 주게 되니, 조종께서 이미 이루어 놓으신 법을 경솔히 고칠 수 없는 것이다. 만약 공법을 한 번 시행하게 되면 풍년에는 많이 취하는 걱정은 비록 면할 수 있겠지마는, 흉년에는 반드시 근심과 원망을 피할 수 없을 것이니 어찌하면 옳겠는가?」

《세종실록》 10/01/16

하지만 황희는 답험손실법을 고집하면서, "이 일찍이 조계생에게서 들으니, '손해에 따라 손해를 보충해 주는 법을 시행하게 되어, 조세의 많고 적음이 한결같이 위관과 서원의 손에 달렸다면 대단히 공평하지 못하다.'고 하니, 신은 원컨대 공법을 본떠서 많고 적은 중간을 비교하여, 논밭 몇 부(負)에 쌀 몇 말의 수량을 미리 정하여, 추수기마다 각도의 각 고을로 하여금 농사의 풍흉을 살펴서 3등으로 나누어 아뢰게 하고, 이에 따라 조세를 징수하는 것이 옳을 것입니다." 라고 하여, 간단히 공법을 본떠서 수정할 것을 주장하였다.

그리고 2년 뒤 호조에서 공법에 대한 여러 의논을 임금에게 아뢸 때 좌의정 황희를 비롯한 의정부 소속 우의정 맹사성·찬성 허조·참찬 오승·이맹균 등은 합세하여, "답험손실법은 실로 고금을 참작한 만대라도 시행할 만한 좋은 법인지라 경솔히 고칠 수 없다."라고 하여 공법을 반대하였다.

「경전에 이르기를, '전지를 다스리는 데는 조법보다 더 좋은 것이 없으며, 공법보다 더 나쁜 것이 없다.'고 하였사오나, 우리 조선이 개국한 이래 조세를 거둘 적에 답험손실법을 제정하니, 이는 실로 고금을 참작한 만대라도 시행할 만한 좋은 법인지라 경솔히 고칠 수 없는 것입니다.」

《세종실록》12/08/10

결국 세종대왕은 반대한 황희 등의 의견에 따르라고 명하였다. 그 뒤 공법은 시행되지 못하였고 논의만 계속되었다. 세종 20년에는 그 동안 논의된 공법을 경상도와 전라도에 시범 실시하자는 방안으로 조정의 의견이 모아졌다. 하지만 황희 등은 공법의 시범실시를 먼저 강원도와 황해도에 시행하자고 주장하였다. 척박한 땅이 많은 강원도와 황해도 백성은 공법을 싫어하기 때문에 양도에 먼저 시범실시를 하여 의견을 물어야 한다는 것이다.

「경상·전라 양도의 인민들은 토지가 비옥하고도 풍요하여 공법을 편리하게 여기는 자가 많으나, 강원·황해의 인민들은 작년에 공법을 시행한다는 영을 듣고 이를 불편하게 여기는 자가 많았던 까닭에, 공법을 정하고도 시행하지 않았던 것입니다. 만일 이를 시험하시려면 먼저 강원·황해 양도에 시행하여서, 인민들이 즐겨 따르게 하면 하삼도에서 시행하여도 무엇이 어려울 게 있겠습니까. 다시 지방 인민에게 물어 볼 필요가 없는 것입니다.」

《세종실록》20/07/10

이 논의는 의견이 분분하여 이튿날까지 계속되었으며, 그 결과 조정에서는 전라도와 경상도에 공법을 시범실시 하는 것으로 결정하였다. 황희의 뜻이 관철되지 않은 것이다. 하지만 공법이 전라도와 경상도에 시범실시 된지 2년 후, 영의정이 된 황희는 또 다시 공법시행을 반대하면서 답험손실법으로 할 것을 주장하였다. 그 자리는 의정부에서 시범실시한 공법안의 개선책을 아뢸 때였다.

「공법을 시험한 지도 지금 3년인데, 그 도의 백성으로서 좋아함과 싫어함이 같지 않은 중에도 싫어하는 자가 많은 편이나 …. 지금 비록 상등도라 하더라도 모두 상등 조세를 거두는 것이 아니며, 각각 3등급으로 조세를 거두고 있는데 땅의 품질이 같지 않다는 말로써 핑계하는 것은, 감히 배척하는 말을 못하는 것뿐이고 바로 공법을 시행하지 않으려는 것입니다. 땅의 품질이 3등인 삼도의 백성도 오히려 싫어하니, 하물며 경험하지 못한 경기·강원·황해의 백성의 좋아하고 싫어할 것도 알 수 있습니다. 신은 그윽이 생각하건대, 이 법을 마침내는 시행하기가 어려울 것이니, 바라옵건대, 위관이 전답의 손실을 정확하게 조사하는 제도를 엄하게 하고, 인하여 조종 때부터 마련한 답험손실법의 《경제육전》대로 하는 것이 어떠합니까.」

《세종실록》22/07/13

황희 등의 반대로 공법은 또 다시 입법되지 못하였고, 15년이 넘게 논의만 계속되었다. 그 때마다 영의정인 황희는 한결같이 대다수의 조정 대신들의 찬성 의견과는 달리 반대하였다. 끝까지 공법을 반대한 황희 때문에 세종대왕 역시 다음과 같이 결단을 내리지 못할 만큼 힘이 들었다.

> 「내가 생각하건대, 공법을 혁파하고자 하는 것은 황희의 뜻인 고로, 황희에게 말하는 자는 다 불가하다고 한 것이요, 공법을 실행하고자 하는 것은 신개의 뜻인 고로, 신개에게 말하는 자는 다 가히 행할 것이라 하는 것이다. 황희와 신개의 두 의논이 같지 아니하므로 좇을 바를 알지 못하여, 나도 역시 결단할 것을 알지 못하겠다.」

《세종실록》25/07/15

세종대왕은 공법을 혁신의 대업으로 생각하였다. 그것은 오직 백성들의 넉넉함과 편의를 위해서였다. 하지만 황희는 이러한 세종대왕의 조세 혁신을 거의 15년 동안이나 일인지하만인지상(一人之下萬人之上)인 영의정 자리에 있으면서 앞장서서 반대하였다. 황희는 세종 13년부터 영의정에 올랐다. 하지만 세종대왕은 황희 정승의 반대 의견을 항상 더 좋은 공평한 공법안을 만드는 밑거름으로 삼았다. 황희를 혁신의 걸림돌이나 정적으로 보는 것이 아니라 반대를 포용하면서, 좀 더 나은 공법을 만들기 위하여 반대의 의견을 가진 동반자로서 포용한 것이다.

직언을 서슴지 않은 최만리를 포용하다.

세종대왕이 즉위하던 다음 해에 문과에 급제한 최만리는 오랜 기간을 집현전에서 학자적 관료로 근무하였고, 후에는 청백리에 선발되어 후세에까지 귀감으로 추앙받은 인물이 되었다. 세종 1년 문과에 급제한 최만리는 이듬해 집현전이 창립되면서 박사(정7품)를 제수 받았고, 7년이 지난 시점에도 집현전 응교(종4품)로 활동하였다. 이때 최만리는 현실 정치에 참여할 기회를 별로 가지지 못한 채 정책수립을 위한 기초적 학문연구와 경연 혹은 세자 교육에만 매진하였다. 최만리는 세종 13년에 전임 서연관 제도가 만들어져 세종 17년에 폐지될 때까지 세자 사부로만 전념하였고, 이어 집현전을 이끄는 부제학에 올라 10여년동안 있었으며, 세종 26년(1444) 훈민정음을 반대하는 '갑자상소'를 계기로 낙향할 때까지 집현전을 지켰다.

그는 모두 15차례의 상소를 올렸는데, 상소 내용이 대체로 예민한 정치·사회적 문제들이었다. 부정과 타협을 모르는 깨끗한 관원으로서 일관하였으며 진퇴가 뚜렷하였다. 그는 집현전의 실무책임자인 부제학으로서 14차례에 걸쳐 상소를 올렸다. 그 중 불교배척 상소가 6회, 첨사원 설치 반대상소가 3회로 그 대부분을 차지하고 있다. 그밖에 일본과의 교역에서 석류황(石硫黃: 유황)의 대가를 지나치게 후하게 지불한 것에 대한 책임추궁, 진사시에서 시(詩)의 출제법이 잘못됨을 지적한 것, 그리고 이적의 사형결정이 모호하다고 감형을 주장한 것과 사직상소 및 훈민정음 반대상소가 있다. 불교배척 상소는 흥천사의 사리각 중수 및 경찬회의 혁파를 청하는 것이었고, 첨사원 설치를 반대한 상소는 세종대왕이 건강상의 이유로 세자에게 섭정시키려 하려는 것을 적극적으로 반대한 것이었다. 더욱이 최만리는 흥천사의 사리탑 경찬회를 파하기를 청하는 상소에서 세종대왕이 혼신을 다해 혁신하고자 한 공법(貢法)을 '텅 빈 창고를 채우기 위한 것'이라고 폄하하였다.

> 「계축년(세종 15년)에 군사를 쓴 이후로 서북국경이 시끄럽고 어수선하온데, 더구나 성을 쌓는 일로 백성을 옮겨서 사망한 자가 퍽 많으므로, 그 팔을 분질러 도피하는 자까지 있사옵고, 인하여 수재와 한재로 창고가 비었으니, 비록 공법을 써서 채울지라도 백성의 생활이 한심스럽사오매, 나라가 무사하다고 이를 수 없사온데, 이즘은 야인들의 왕래가 예전에 비하여 갑절이 되오니, 사방의 오랑캐를 섬긴다고 한 말이 이미 실증되었습니다.」
>
> 《세종실록》 23/윤11/14

이에 세종대왕은 공법으로 창고를 채운다는 말을 강하게 부정하면서 "답험손실법이 적중하지 못하여 백성의 원망이 많기 때문에 공법을 시험하여. 답험손실법의 폐단을 없애고 민생을 편리하게 하고자 했을 뿐이다."라고 응대했다.

> 「이번 상소에 또 이르기를, '계축년에 군사를 쓴 이후로 창고가 비어서, 공법을 세워 채웠다.'고 하니, 너희들의 생각에는 내가 백성에게 많이 받아서 국가의 경비를 풍부하게 했다고 여기느

냐. 내가 답험손실법이 적중하지 못하여 백성의 원망이 많기 때
문에 '공법'을 시험하여 답험손실법의 폐단을 없애고 민생을 편
리하게 하고자 했을 뿐이다. 너희들은 근신인데도 아직 나의 뜻
을 모르니, 저 무지한 백성들이야 무엇이 괴이하겠느냐.」

《세종실록》23/윤11/14

최만리는 공법에 대해서 탐탁스럽게 생각하지 않아 반대 측에 있
었다. 이러한 최만리는 '훈민정음'의 창제에 대해서도 앞장서서 반대
하였다. 훈민정음 창제에 대하여 집현전 부제학 최만리 등은 6개조에
걸쳐 그 부당함을 주장하였다. 첫째 새로운 문자의 창제는 대국을 섬
기고 중화를 사모하는 데에 부끄러운 일이며, 둘째 글자를 만들어 쓰
는 것은 스스로 오랑캐가 되려는 일로 문명의 큰 잘못이며, 셋째 쉬
운 언문을 배워 입신한다면 어려운 한문을 배울 사람이 없어 학문에
방해됨이 있고 정치에 유익함이 없을 것이고, 넷째 옥송(獄訟)의 억울
함을 없앤다 하나 말과 글이 같은 중국에서도 억울하고 잘못된 옥사
는 많으니 언문으로써 옥사를 공평하게 한다는 것은 옳지 못하며, 다
섯째 풍속을 바꾸는 중요한 언문 제작이 국가의 급하고 부득이한 일
도 아닌데 소수에 의해 주도되어 의견수렴이 불충분하며, 여섯째 농
궁의 성학(聖學: 성인이 주창하고 가르치거나 닦아 높은 학문, 곧 유학)에
방해가 될 뿐이라는 것이다.

최만리를 비롯한 수구파 문신들이 훈민정음의 제정에 대하여 정면
으로 반기를 들고 일어선 것이다. 이같은 반대 이유는 한문에 익숙한
관료들의 피상적이고 고루한 견해일 뿐 훈민정음에 대한 구체적이고

실제적인 논의는 아니었다. 그들이 훈민정음의 제정에 반대한 근본 이유는 유교 입국의 국시에 비추어, 훈민정음의 보급으로 인하여 유교의 발전이 저해될까 두려워 한 것으로, 당시의 척불론과 근본적으로 상통하는 유교지상주의였다고 할 수 있다.

이에 세종대왕은 "언문은 백성을 편리하게 하려 한 것이다. 너희들의 말은 너무 지나침이 있다."고 하면서 설득하였다. 하지만 그들이 완강하니 너희들이 사리를 돌아보지 않고 말을 바꾸어 대답하니 "죄를 벗기 어렵다."고 하였다.

「내가 너희들을 부른 것은 처음부터 죄주려 한 것이 아니고, 다만 소(疏) 안에 한두 가지 말을 물으려 하였던 것인데, 너희들이 사리를 돌아보지 않고 말을 변하여 대답하니, 너희들의 죄는 벗기 어렵다.」

《세종실록》 26/02/20

이 일로 부제학 최만리는 의금부에 가두었다가 이튿날 석방되었는데, 김문은 처음에는 언문 만드는 일을 찬성해 놓고 뒤에 반대하였다고 하여 장형 100대를 때리도록 하였고, 정창손은 파직시켰다. 세종대왕은 훈민정음을 반대하는 글을 올린 사람들을 벌한 것이 아니라 말을 뒤집은 것에 대해서 처벌을 내린 것이다. 세종대왕이 건강까지 해칠 정도로 심혈을 기울인 국가 대사에 반대한 최만리를 벌하지 않은 것은 직언한 신하를 포용한 것이다. 포용의 리더십이다. 세종대왕은 "나의 잘못을 지적하여 말한 것은 비록 중도를 잃었더라도 또한 죄를 가하지 않았다."고 할 정도로 국사에 관한 직언에 대해서 포용하였다.

> 「내가 언로가 장차 막힐까 염려하여, 나의 잘못을 지적하여 말한 것은 비록 중도를 잃었더라도 또한 죄를 가하지 않았다. 그러므로, 내가 즉위한 이래로 일을 말한 것으로 죄를 당한 자는 적다. 간혹 있어도 또한 별다른 연고는 없었다. 지금 상소의 뜻은 내가 심히 아름답게 여긴다.」
>
> 《세종실록》28/06/18

당대 최고의 학자로 부정과 타협할 줄 모르는 깨끗한 관리이자 올곧은 선비로서 백성들로부터 존경은 받은 최만리를 세종대왕은 포용한 것이다.

3
청렴 리더십

윗물이 맑아야 아래 물도 맑다.

세종대왕은 청렴한 군주이다.

    송나라 포청천은 관직생활을 하는 동안 공평하고 사사로움이 없는 정치를 펼친 관리로 유명하다. 지방관으로 있을 때는 부당한 세금을 없애고 백성들의 억울한 사건을 명쾌하게 해결해 주었다. 판관이 되자 부패한 정치가들을 엄정하게 처벌하였으며, 높은 벼슬에 오른 뒤에도 소박하고 검소한 생활을 하여 청백리로 칭송되었다. 포청천이 이처럼 공정하게 법을 집행하며, 청렴하게 관직 생활을 할 수 있었던 것은 송나라 역사상 가장 어진 군주이자 너그럽고 신중하게 조정을 이끈 '인종'이 있었기에 가능한 일이었다. 그만큼 청렴한 관리가 나오려면 그 위에 있는 군주의 됨됨이도 당연히 중요하다.

    세종대왕은 그 누구보다도 청렴한 군주였다. 그래서 세종때에는 그 어느 때보다도 맹사성 등과 같은 유명한 청백리들이 많이 나왔다. 윗물이 맑아야 아랫물도 맑은 법이다. 《연려실기술》의 세종조고사본말

편에는 세종대왕의 청렴한 이야기가 다음과 같이 실려 있다. 세종대왕이 '짚으로 만든 별실'에서 거처한 사건이다.

> "세종대왕이 경회루 동편에 남는 재목으로 별실을 지었는데, 돌 층대를 쓰지 않고, 또 짚으로 지붕을 올려 되도록 검소하게 한 후 늘 이곳에서 거처하였다. 문 밖에 짚자리가 깔려 있음을 보고 물으시기를, "이건 누가 한 짓인가. 비록 작은 물건이라도 내 명령이 내리기 전에는 안에 들이지 말라."
>
> 《연려실기술》세종조고사본말

세종대왕은 항상 소갈증[당뇨병]으로 고생하였다. 대언(왕의 명령을 맡아보는 벼슬) 등이 아뢰기를, "의원의 말에 이는 먼저 음식물로 치료를 해야 하는데, 흰 수탉·누런 암탉·양 고기가 모두 갈증을 다스릴 수 있다 하니, 청컨대 유사로 하여금 날마다 들이도록 하소서." 하니, 세종대왕이 이르기를, "내 어찌 내 한 몸을 위해서 동물의 생명을 해치겠는가. 하물며 양이란 본국에서 나는 것이 아님에랴." 하였다. 대언 등이 다시금 아뢰기를, "관가에 기르는 양이 번식하니, 청컨대 한 번 드셔보소서." 하였으나, 임금은 끝내 허락하지 않았다. 이 두 이야기에서 세종대왕의 청렴한 삶을 짐작할 수가 있다. 짚자리까지도 사치로 여긴 것이다.

《세종실록》에는 강녕전의 돌 뜨던 군인 강인수가 돌에 맞아 죽은 사건이 있다. 이때 세종대왕은 비가 새는 강녕전의 수리 또한 사치스런 마음에서 생겨났다고 말하면서 "내가 매우 뉘우친다."고 하였다.

「내가 조종의 큰 업을 계승하여 이 궁궐에 편안하게 있게 되었기에, 무릇 내 몸을 위하는 일은 일체 끊어 버렸는데, 단지 강녕전이 좁고 비가 새기 때문에 잠깐 수리하고 곧 헤쳐 보내려던 것이, 이로 인한 공사가 지연되어 지금까지 끝나지 못하였다. 대저 세상이 태평하고 백성이 편안하면 사치스런 마음이 생겨서 집 짓고 수리하는 일이 일어나는 것이다. 이제 조종의 물려주신 계획으로 융성하고 태평함이 이만하게 되었으니, 마땅히 삼가고 조심하여 그대로 옛집에 있는 것이 옳겠거늘, 이에 좁고 비 샌다고 하여 수리하려다가 인명의 죽음을 보게 되었으니 뉘우친들 무슨 소용이 있겠는가.」

《세종실록》 15/09/18

여기서 세종대왕은 "무릇 내 몸을 위하는 일은 일체 끊어 버렸다."라고 할 정도로 청렴하였다. 세종대왕은 평소에도 모든 진기한 물건들을 좋아하지 않았기 때문에, 상림원(上林苑: 창덕궁 밖에 있던 임금의 정원)에 명하여 온갖 꽃과 새들을 모두 민간에게 나누어 주도록 하였다. 한번은 함길도 도절제사 하경복이 길들인 사슴을 바치고자 하니, 세종대왕이 이르기를 "이상한 새나 기이한 짐승은 옛 사람들이 경계한 바이니, 들이지 말라." 하였다.

세종대왕은 청탁에 대해서도 단호하였다. 정재륜이가 쓴 《공사견문록(公私見聞錄)》에 있는 말이다. 한 어린 궁녀가 후궁 중 가장 사랑을 받아 항상 좌우에서 모셨는데, 임금의 사랑을 믿고 작은 일을 청한 일이 있었다. 세종대왕이 하교하기를, "아녀자가 감히 간청하는 말을 하였으니 이는 내가 사랑을 보여서 그런 것이다. 이 계집이 어린데도 불구하고 이러하니 자라면 어떠할 것인가를 짐작하겠다." 하고는, 곧 물리쳐 멀리하여 다시는 가까이 하지 않았다.

조세 혁신의 목적은 청렴이다.

군주의 청렴 리더십은 첫째, 자신이 성품과 행실을 맑게 하여 탐욕이 없게 하는 것이며 둘째, 청렴한 관리를 등용하여 나라를 다스리게 하는 것이다. 이러한 측면이라면 단연코 세종대왕은 조선 최고의 청렴한 군주였다. 세종대왕은 황희, 맹사성, 최만리 등 청렴한 관리를 등용하여 가까이서 나라 일을 하게 하였다. 하지만 조정과 지방에는 수많은 관리가 있었다. 이들이 모두 청렴한 것은 아니었다. 그래서 세종대왕은 관리들에게 나라 일을 하면서 청렴할 것을 강조하였으며, 백성의 안민을 위해서 가장 청렴해야 할 부분이 조세라고 하였다.

조세의 부과가 공평하지 못하면 그 피해는 백성들이 입게 되고, 국가 재정도 열악해 질 수밖에 없다. 따라서 세종대왕은 조세의 부패를 척결하여 국가재정을 튼튼히 할뿐 아니라, 농민들에 대한 과세를 균등하게 함으로써 백성들의 삶을 평안하게 하려 하였다. 그래서 세종대왕은 중앙과 지방의 신료에게 틈나는 대로 조세에 관련된 총체적인 문제점을 지적하면서, 탐관오리(貪官汚吏)들을 단속하여 백성들을 편하게 살피라고 지시하였다.

윤두서의 「경답목우도」 비탈진 밭에서 밭갈이하는 모습이다. 조선시대는 이러한 밭에서도 조세를 거두었는데, 그 세액을 정하는 것이 쉽지가 않았다. 공평과세가 어려운 점이다.

「탐관오리들이 공물의 상납과 출장 중인 국내 관원의 접대와 관사의 수리 등의 일을 핑계하여, 법을 어기고 세금을 과중하게 징수하여, 백성에게 해를 끼쳤는데도, 감사가 사실을 조사하지 못하고 도리어 우수한 등급으로 평가한 것은, 무능한 사람을 물리치고 유능한 사람을 등용하는 뜻에 심히 어긋나니, 지금부터는 세밀히 살피고 단속하여 백성의 생활을 도와줄 것이다.」

《세종실록》즉위/11/03

하지만 조부인 태조가 만든 답험손실법은 매년 풍흉을 조사하여 수확량의 증감에 따라 관리들이 마음대로 세액을 정함으로써, 흉작으로 인한 농민의 고충을 덜어 줄 수 없었다. 그 뒤에 법 자체의 불합리성을 여러 차례에 걸쳐서 개정하였음에도 실제로는 별다른 효과를 거두지 못하고 오히려 농민의 부담만 가중시켰다. 다음과 같이 답험하는 아전들이 허실을 함부로 헤아리기 때문이다.

> 「추수기의 논밭을 심사할 때에는 으레 시골에 항시 거주하는 사람을 위관으로 삼게 되니, 거개 모두 자질구레하고 용렬하여 사물의 대체를 알지 못하고, 혹은 무지하고 몽매한 소견으로 그 허실(虛實)을 함부로 헤아리기도 하고, 혹은 사정을 끼고 다소를 가감하기도 합니다. 또 따라다니는 하인들의 접대비가 모두 민간에서 나오게 되는데, 그들이 밭 사이의 길을 달리면서 백성의 살림집을 소란하게 하매, 그 논밭을 경작하는 사람은 술과 음식을 싸가지고 여러 날 동안 기다려 영접하면서 다투어 후하게 먹여 간청하여 후하게 보아주기를 바라고자 하니, 명목 없는 비품이 일정한 조세의 수량에 가깝게 되어, 관청과 민간에 이롭지도 못하고, 여러 해 동안의 큰 폐단이 되었습니다.」
>
> 《세종실록》18/10/05

청렴한 관리라고 하여도 대부분 답험하는 전문 지식이 없어 조세의 징수가 바르지 못했는데, 청렴하지 못한 관리가 답험하여 조세를 거둘 때에는 백성의 고통은 하늘에 다을 정도였다. 그래서 세종대왕은 손실을 조사하는 경차관을 파견하면서 공평과세를 명하였고, 부정한 관리에 대해서는 엄중하게 논죄를 명할 만큼 조세의 부정부패를 척결하고자 하였다.

「여러 도에 손실을 조사하는 경차관을 나누어 보내고 명하기를, "관·민간에 폐단이 없도록 힘쓰라. 만일 공평하지 아니한 자가 있거든 법에 의하여 엄중하게 논죄하라." 하였다.」

《세종실록》 02/08/14

하지만 답험에 따른 폐단은 사라지지 않고 심해졌다. 어진 관리를 쓰는 것도 좋지만 법 자체에 문제가 있는 것이다. 그래서 세종대왕은 청렴할 수 없는 답험손실법을 폐지하고, 관리들의 재량권에 의한 비리가 발생할 수 없는 공법을 만들고자 한 것이다. 답험손실법은 사정에 따라 봐주고, 술과 고기로 접대 받는 비용이 많이 드는 폐단이 일어났기 때문이다.

「매양 벼농사를 답험할 때를 당하면, 혹은 조관(朝官)을 보내기도 하고, 혹은 감사에게 위임하기도 하며, 또 많은 전답을 기한 안에 모두 조사하여 끝마치고자 하므로, 고을에 늘 거주하는 벼슬아치로 위관을 삼았는데, 위관과 서원(書員) 등이 혹은 보는 바가 밝지 못하고 혹은 사정에 끌리어 늘리기도 하고 줄이기도 하며, 덜기도 하고 채우기도 하며, 또 마감할 때에 당하여는 문서가 복잡하고 많아, 관리들이 이루 다 살필 수가 없는 틈을 타서 간활한 아전들이 꾀를 부려서 뒤바꾸어 시행하게 되오매, 비단 경중이 적중하지 못할 뿐만 아니라, 그 접대하는 비용과 분주히 내왕하는 수고 등 폐단이 적지 않다.」

《세종실록》 12/03/05

그래서 세종대왕은 여러 해의 중간 수량을 참작하여 답험하지 않고 간편히 조세를 징수하는 공법을 시행하여, 답험손실법의 폐해를 영구히 없애고자 한 것이다.

맹사성은 조선 600년 청백리의 사표이다.

조선시대에는 부정부패를 근절하기 위해 청백리(淸白吏) 제도를 두었다. 청백리는 대신이나 대간 등의 추천을 받아 나라에서 공식적으로 인정한 청렴한 관리이다. 조선왕조 600년 동안 228명이 청백리로 선정되었다. 청백리들이 지켰던 공직윤리는 수기치인(修己治人: 내 몸을 닦아 남을 교화함)의 덕목이며, 청렴·근검·도덕·경효·인의 등을 매우 중요시했다. 이들은 국가에 대한 사명감, 충성심, 백성을 위한 봉사정신 등을 공직자의 윤리관으로 확립했다. 청백리 정신에서 가장 중요시한 것은 탐욕의 억제이다. 이러한 청백리 정신은 선비사상과 함께 이상적인 관료상이 되었다.

조선시대 청백리 중 대표적인 인물은 세종 때의 맹사성, 명종 때 박수량과 이원익을 손꼽는다. 이외에도 황희·최만리·이현보·이황·김장생·이항복 등도 이름난 청백리로 손꼽는다. 맹사성은 황희와 함께 조선 전기의 문화 창달에 크게 기여한 명재상으로 입신양명했으며, 청백한 선비로 호는 고불·동포이다. 맹사성은 조선조 600년 동안 청백리의 사표가 될만큼 성품이 청백하고 검소하였다. 68세에

「맹사성」 세종대왕 때의 맹사성은 조선조 500년 동안 청백리의 사표가 될만큼 성품이 청백하고 검소하였다.

우의정이 되었는데 이날 황희는 좌의정으로 임명된다. 71세에 《아악보(雅樂譜)》를 완성하였고, 72세에 《태종실록》을 감수하였는데, 그해에 좌의정이 되었다. 73세에 《신찬팔도지리지》를 편찬하였다. 세종 17년(1435) 나이가 많아서 벼슬을 사양하고 물러났다. 그러나 세종대왕은 나라에 중요한 정사(政事)가 있으면 반드시 그에게 자문을 구하였다.

맹사성은 사람됨이 소탈하고 조용하며 엄하지 않았다. 비록 벼슬이 낮은 사람이 찾아와도 반드시 공복(公服: 관복)을 갖추고 대문 밖에 나아가 맞아들여 윗자리에 앉히고, 돌아갈 때에도 공손하게 배웅하여 손님이 말을 탄 뒤에야 들어왔다. 맹사성은 재상의 반열에 들었어도 결코 거들먹거리지 않고 일생 동안 겸손한 자세로 살았다. 집에 비가 새어도 아랑곳하지 않았고, 고향에 갈 때 남루한 옷차림으로 다녀 고을원이 일개 선비로 보아 소홀하게 다루었다고 한다.

맹사성은 청렴하고 간소하여 살림살이를 챙기지 않고, 식량은 늘 녹봉으로 주는 쌀로 하였다. 어느 날 부인이 햅쌀로 밥을 지어 주니 "어디에서 쌀을 얻어왔느냐"고 물었다. 부인이 "녹봉으로 주는 쌀이 심히 묵어서 먹을 수 없기에 이웃집에서 빌렸나이다."라고 하자, "이미 녹을 받았으니 그 녹봉으로 주는 쌀을 먹는 것이 의당한 일인데, 무엇 때문에 빌렸소?"라고 하였다.

청백리 재상인 맹사성은 조선시대 고관대작들이 타고 다녔던 12명이 메는 가마나 말을 타지 아니하고, 소를 타고 다니는 정승으로도 유명했다. 그는 출입할 때에는 소 타기를 좋아하여 보는 이들이 그가 재상인 줄을 알지 못하였다. 한번은 맹사성이 늘 하던 대로 검은 황소를 타고 고향인 충청도 온양에 가고 있었다. 그는 오고가면서 관아에 들어가지 않고 항상 간략히 종만 데리고 가든지, 때로는 소를 타고 가기도 했다. 온양가는 도중에 있는 양성·진위 두 고을 태수가 맹사성이 내려온다는 말을 듣고 장호원에서 기다리다가 소를 타고 지나가는 사람을 보고 사람을 시켜 꾸짖어 못가게 하였다고 한다. 《국조명신록》에 있는 말이다.

「맹사성은 하인에게 말하기를, "너는 가서 내가 온양 맹고불(孟古佛)이라 하라." 하니, 그 하인이 가서 그대로 고하니, 두 태수는 놀라고 황망하여 달려 나오다가 언덕 아래 깊은 못에 관인을 떨어뜨리는 것을 깨닫지 못하니 뒷사람들이 이 못을 이름하여 인침연(印沈淵)이라 했다.

《국조명신록(國朝名臣錄)》

맹사성이 서거하자 그가 생전에 아끼어 타고 다니던 검은 소가 애통해 하면서 사흘을 굶더니 죽었다. 그래서 묘소 옆에 따로 소의 무덤을 마련하고 해마다 벌초해 주었는데, 그 일은 지금도 계속되고 있다. 이 검은 소의 무덤을 흑기총(黑麒塚)이라 한다.

《해동명신록(海東名臣錄)》에는 격이 없는 맹사성의 이야기가 있다. 한 번은 맹사성이 온양에서 한양으로 돌아가는 도중에 비를 만나 용

「맹씨행단」 충난 아산시에 있는 낮고 허름한 맹사성의 집인데 그 전에는 최영 장군이 살았다고 한다.

인의 한 여관에 들어가니, 말과 따르는 하인이 심히 많은 어떤 한 부자가 먼저 다락 위에 올라가 있었다. 맹사성이 한 구석에 들어가 있는데, 다락에 먼저 올라간 이는 영남 사람으로 녹사(錄事: 조선시대 때 의정부·중추원에 딸린 아전)가 되려고 하급 관리를 채용하는 과거를 보려 한양에 올라가는 길이었다. 맹사성을 보고 불러서 함께 웃고 이야기하며 장기놀이를 하고, 또 '공(公)' 자와 '당(堂)' 자로 문답하는 말을 주고받았다.

이에 공[맹사성]이 먼저,
"무엇 하러 서울에 가는 공."
하니, 그 사람은,
"녹사(錄士)하러 올라간 당."
했다. 공은 웃으면서,
"내가 그대를 위하여 얻어줄 공."
하니, 그 사람은,
"우습다. 당치도 않당." 했다.

후일에 맹사성이 관청에 앉았노라니, 그 사람이 취재받기 위해 들어와 배알하였는데 공이 말하기를,

"어떠한 공?"
하자, 그 사람은 물러가 엎드려서 대답하기를,
"죽어지어 당." 하였다.

그 뒤 조정에서 맹사성이 전일에 있었던 일을 사실대로 말해 주자 여러 대신들이 한바탕 크게 웃었다. 후세 사람들이 이를 공당문답(公堂問答)이라고 일컬었다. 맹사성의 청렴한 이야기는 이긍익이 쓴 《연려실기술》에도 있다. 하루는 병조판서가 정승 맹사성의 집에 결재받을 일이 있어 찾아갔는데, 때마침 소나기가 퍼부었다. 맹사성이 거처하는 방이 군데군데 빗물이 새어 그 잠깐 사이에 판서의 의관 여러 곳이 얼룩이 져서 나왔다. 집에 돌아온 병조판서는 바로 행랑 짓던 일을 중단했다고 한다.

세종대왕은 이러한 맹사성을 "모든 관원을 모범하여 거느리며, 나의 정치를 도왔다."라고 평하였다(《세종실록》 11/06/24).

리더의 청렴은 조직의 운명을 좌우한다.

리더가 청렴하지 못하여 멸망한 나라는 역사상 많다. 로마제국을 비롯하여 중국 명나라도 군주의 부패로 멸망한 나라이다. 중국 역사상 최고의 망국지군(亡國之君)은 진나라의 마지막 황제인 '진숙보'이다. 남조의 진(陳)나라는 비교적 안정된 상태에서 경제적으로 발전하다가 제5대 황제인 후주 진숙보에 이르러서 쇠퇴하기 시작한다. 후주는 허황되기 그지없는 황제였다. 후주는 국사는 전혀 돌보지 않고 밤낮으로 술을 마시고, 노는 데만 정신이 팔려 있었다. 궁중에 임춘·결기·망선 등 세 전각을 짓고 날마다 비빈 및 친근한 사람들과 음란

한 향락을 즐겼다. 그의 수하에 있는 재상 강총과 상서 공범 등은 부패한 문인들이었는데, 후주와 총희(특별한 귀염과 사랑을 받는 여자들)는 그런 대신들을 불러다가 새벽닭이 울도록 술을 마시며 시를 읊었고, 그들의 시에 곡을 부쳐서 1천 명이 넘는 궁녀들로 하여금 노래를 부르게 하였다. 후주가 이렇게 허랑방탕한 생활을 하고 있을 때, 북조에서는 점차 강대해진 수나라가 진나라를 멸망시킬 준비를 진행하고 있었다. 수나라는 589년 진나라의 수도 건강(建康)을 손쉽게 함락시켰고, 황제 진숙보는 물속에 숨어 있다가 사로잡혀 장안으로 압송되었다. 청렴하지 못한 리더가 나라의 운명을 망친 것이다.

명나라 황제 가정제는 만년에 도교에 심취하여 엄숭 등의 문란한

「진숙보」 그는 정치를 돌보지 않고 사치와 향락에 빠져 지내다가 수나라의 포로가 된 망국지군(亡國之君)의 대표적인 황제이다.

정치를 초래하였고, 정치적 실권은 측근 '권신(權臣: 권세를 잡은 신하)'들에게 맡겼다. 엄숭은 황제의 환심을 사서 전횡을 부리고 뇌물을 거둬들이고, 그 아들 세번의 불법행위를 방치하였다. 그런데도 가정제는 조회에 나가지 않아 대신들은 황제와 담소할 기회조차 없었다. 가정제는 정사를 멀리하며 오직 불로불사(不老不死)의 단약을 제조하는 데만 많은 시간을 허비하였는데, 불로장생의 약초를 찾아 각지로 사람을 파견하기도 했다. 황제가 이처럼 국사를 관리하지 않으니 대권은 새어 나가 소인배들의 손에 들어가 썩은 냄새가 진동한 것이다. 엄숭 부자는 대를 이어 탐욕을 부렸다.

반대로 청렴한 리더는 국가를 살리고 조직을 살린다. 과거 동남아시아의 극빈국에서 세계 물류와 금융의 중심지로 부상한 싱가포르의 오늘을 있게 한 것은 리콴유(李光耀) 전 총리의 강력한 청렴 리더십이다. 싱가포르의 리콴유는 강력하고 예외 없는 청렴 리더십을 바탕으로 30여 년이나 총리직을 역임했지만 아무도 그를 독재자라고 비난하지 않는다. 오히려 싱가포르의 오늘을 있게 한 탁월하고 청렴한 지도자로 인정받고 있다. 그는 싱가포르의 발전을 위해서 고질적인 병폐로 지목되어 온 부정부패를 근절하는 것이 시급하다고 판단해 '공직비리조사국(CPIB)'을 설치했으며, 싱가포르의 상징인 고연봉의 깨끗한 공무원, 무서울 정도의 벌금, 예외 없는 태형의 시행을 뿌리내리게 하였다. 부정을 저지르면 고위층이라도 과감하게 처벌했는데 오랜 측근이자 국가개발부 장관이었던 테 체앙이 뇌물을 수수하자 그 또한 엄격하게 징계해 결국 테 체앙은 자살로 일생을 마감하기까지 했다.

최근 우리나라의 부패인식지수는 OECD 34개 국가 중 27위로 하위 20% 정도에 속할 정도로 낮은 순위를 면치 못하고 있다. 이러한 이유로 볼 수 있는 사회적 단면이 고위직 인사들이 각종 부정부패와 비리에 줄줄이 연루되고 있다는 것이다. 부동산 투기, 위장 전입은 아예 기본이다. 뇌물수수, 청탁, 탈세에다 병역 기피까지 줄줄이 사탕이다. 학력 위조에 논문 표절, 그리고 말 바꾸기 등 실로 다양하고 엄청난다. 윗물이 흐려도 너무 흐리다. 일부 정·재계 인사나 공직자들의 각종 부정부패가 끊이지 않아 국가 이미지 손실과 경쟁력 약화에 주범이 되고 있다.

조직의 흥망성쇄가 청렴에 달려 있음을 알아야 한다. 그러기 위해서는 세종대왕과 같은 청렴한 리더가 필요하다. 리더의 청렴은 소금의 역할을 한다.

4
강한 리더십

강한 리더십은 신뢰에서 나온다.

대의를 위한 강한 리더십이 필요하다.

강한 리더십은 믿음과 신뢰를 바탕으로 한다. 그래서 강한 리더십을 발휘하기 위해서는 리더 자신의 행동은 언행일치를 해야 하며, 정책의 결정에 공정성과 투명성이 있어야 한다. 때문에 강한 리더십은 왕권 등 초인적인 힘에 의하여 대중 또는 조직 구성원을 복종하게 만드는 카리스마 리더십과는 차별된다. 강한 리더십은 카리스마에 의한 맹목적인 복종이 아니라 합리적 의사결정으로 구성원의 지지를 이끌어 낸다. 강한 리더십은 비합리적으로 자기 주장을 강하게 내세우는 사람에게서 나오는 것이 아니라, 효율적인 커뮤니케이션을 통해 대의(大義)를 가지고 구성원의 마음을 얻을 수 있는 신뢰에서 나온다.

세종대왕은 어진 임금으로 늘 온유한 대화와 토론으로 거의 모든 정책을 결정하였다. 세종대왕은 말수가 적고 좀처럼 속마음을 드러내지 않는 성격이다. 《세종실록》을 통해서 볼 때, 세종대왕은 공식적인 윤음(綸音: 국왕이 관인과 인민을 타이르는 내용을 담은 문서)이 아닌 경우 발언을 길게 하는 경우가 거의 없었다. 대체로 신하들에게 의제를 주고 '함께 의논하여 아뢰라'라고 하여 발언을 최소화 하였다. 세종대왕은 논의할 때 신하들의 사이사이에 개입하여 구변 좋은 사람의 말이 본질을 흐리지 않도록 하는 역할을 하였지만, 왕 자신이 장광설(長廣舌: 쓸데없이 장황하게 늘어놓는 말)을 늘어놓는 경우는 없었다. 세종대왕은 고도의 자기 통제력을 가졌기 때문이다. 그래서 신하들은 세종대왕을 신뢰하였다.

일반적으로 세종대왕은 '뒤에서 미는 리더십'의 소유자인데 비해, 정조는 '앞에서 끄는 리더십'을 발휘했다고 한다. 하지만 세종대왕은 때로는 강한 리더십으로 정책을 결정하여 백성과 조정을 이끄는 경우도 많았다. 특히 국가 안보와 관련된 사안, 관료제의 개혁과 같이 기득권층의 반발이 예상되는 경우에는 강한 리더십을 발휘하여 적극적으로 정책결정을 주도해 나가기도 했다. 이에 따라 때로는 반대자들이 세종대왕에게 설득되어 도리어 그 사안을 책임지고 이끌어나가기도 했다. 세종대왕 스스로도 "내가 여러 가지 일에 있어서 여러 사람의 의논에 좇지 않고, 대의를 가지고 강행하는 적이 자못 많다."고 하여, 대의를 위해서 강한 리더십을 발휘하였음을 말하였다.

「임금이 또 이르기를, "내가 여러 가지 일에 있어서 여러 사람의 의논에 좇지 않고, 대의를 가지고 강행하는 적이 자못 많다. 수령육기(守令六期; 수령의 임기를 60개월로 한 것)나 양계축성(兩界築城)과 행직(行職; 품계는 높으나 임직은 낮은 벼슬아치)·수직

(守職; 품계는 낮으나 직위는 높은 벼슬)을 자급(資級; 벼슬아치의 직

품과 관직)에 따르는 등의 일은 남들은 다 불가하다고 하는 것을

내가 홀로 여러 사람의 논의를 배제하고 이를 행하였다.」

《세종실록》 26/윤7/23

훈민정음은 강한 리더십의 결정체이다.

세종대왕은 백성의 의식을 성숙시켜 진정한 민본정치를 실현한다
는 자신의 국가경영 비전을 달성하기 위하여, 백성의 언어인 '훈민정
음'을 창제하였다. 이러한 자신의 비전에 대한 신하들의 격렬한 반대
를 차단하기 위해 세종대왕은 강한 리더십을 발휘하였다. 훈민정음과
관련해서 어떠한 언급도 없다가 세종 25년 12월 30일에 갑자기 훈민
정음의 창제를 알린다.

「이달에 임금이 친히 언문(諺文; 한문에 대하여 한글로 된 글을 낮

추어 이르던 말) 28자를 지었는데, 그 글자가 옛 전자(篆字; 한자

서체의 하나)를 모방하고, 초성·중성·종성으로 나누어 합한 연

후에야 글자를 이루었다. 무릇 문자에 관한 것과 사투리에 관한

것을 모두 쓸 수 있고, 글자는 비록 간단하고 요약하지마는 전

환하는 것이 무궁하니, 이것을 훈민정음이라고 일렀다.」

《세종실록》 25/12/30

이 내용은 훈민정음의 창제 시기·주체·내용·원리, 그리고 글자의 수·기능·특성·명칭을 간략하게 소개할 뿐이다. 본래《조선왕조실록》은 날씨, 각 지방에서 일어난 사건, 임금의 일정 등 나라 안의 정황을 파악할 수 있도록 자세히 기술되어 있다. 사관(史官)을 두어 사건이나 인물에 대한 그들의 논평 및 여론까지 수록하는 섬세함과 객관적 기술이 돋보이는 자료가 바로《조선왕조실록》이다. 그런데 훈민정음 창제와 관련된 기사는 거의 눈에 띄지 않는다. 이와 같은 공개적이지 않은, 폐쇄성에 근거한 방식을 취한 것은 신속한 업무 처리를 도모하고자한 측면도 있겠지만, 세종대왕의 경륜 축적에 의한 자신감의 발로로 보이기도 한다.

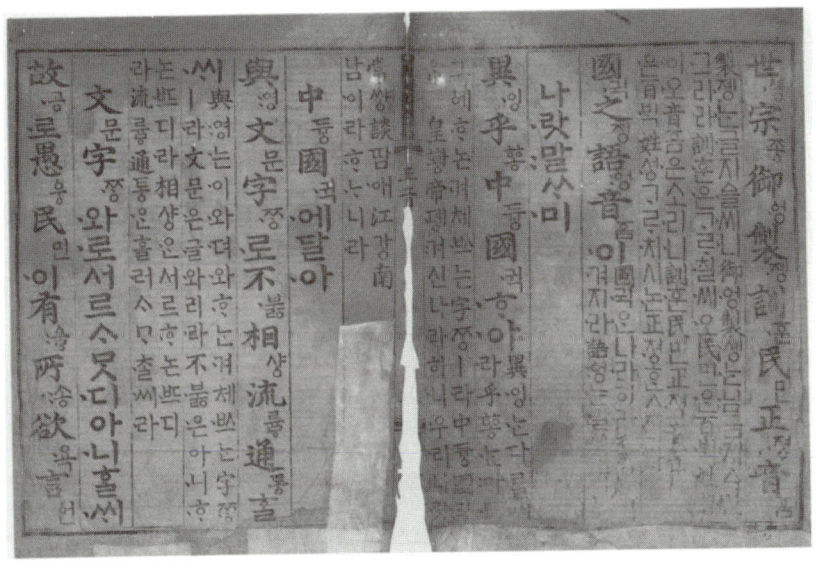

「훈민정음해례본」 세종 28년(1446) 발행한 훈민정음 해설서이다. 훈민정음은 강한 리더십의 산물이다.

강한 리더십이 필요했던 것이다. 세종대왕은 훈민정음을 창제한 다음 해 2월 집현전 교리 최항·부교리 박팽년·부수찬 신숙주 등에게 훈민정음으로 《운회(韻會)》[古今韻會擧要(고금운회거요)를 뜻함]를 번역하게 하였다. 이에 집현전 부제학 최만리 등이 훈민정음 제작의 부당함을 상소하였다. 그 때 최만리 등이 훈민정음의 창제가 부당한 이유로 6가지를 들고 있는데, 그 중 하나가 훈민정음을 포함한 세종대왕의 스피드한 혁신이 신료들과 의논하지 않고 이루어 졌다는 것이다.

「무릇 공적(功績)을 세움에는 가깝고 빠른 것을 귀하게 여기지 않사온데, 국가가 근래에 조치하는 것이 모두 빨리 이루는 것을 힘쓰니, 두렵건대, 정치하는 체제가 아닌가 하옵니다. 만일에 언문(諺文)은 할 수 없어서 만드는 것이라 한다면, 이것은 풍속을 변하게 하여 바꾸는 큰일이므로, 마땅히 재상으로부터 아래로는 모든 신하에 이르기까지 함께 의논하되, …
언문 같은 것은 국가의 급하고 부득이하게 기한에 미쳐야 할 일도 아니온데, 어찌 이것만은 행궁에서 급하게 하시어 몸의 건강을 돌보는 때에 번거롭게 하시나이까. 신 등은 더욱 그 옳음을 알지 못하겠나이다.」

《세종실록》26/02/20

훈민정음의 창제는 급한 정사가 아닌데 세종대왕이 신료들과 논의 없이 열사람 정도로 하여금 가르쳐 익히게 하고, 장인(匠人) 수십 인을 모아 각본(刻本: 조각한 판목으로 인쇄한 책)하여서 급하게 널리 반포하려 한 문자의 혁신을 반대한 것이다. 세종대왕은 최만리가 주장한 이러한 반대를 미리 예측하고 있었기 때문에, 신속하고도 철저하게 강한 리더십으로 문자혁신을 이룩한 것이다. 세종대왕의 강한 리더십이 없었다면 아마 훈민정음은 오늘날 한글로 존재할 수 없었을 것이다. 훈민정음의 창제에 대한 타당성과 합리성은 언문이 백성에게 편리하고, 쉽게 배울 수 있다는 점이다.

세종대왕은 신하들의 반대에도 불구하고 훈민정음과 관련된 모든 일을 맡아 보는 기관인 언문청을 설치하였고(《세종실록》 28/11/8), 이과와 이전의 과거시험에 《훈민정음》도 아울러 시험해 뽑도록 하였으며(《세종실록》 28/12/26), 각 관아의 관리시험에서도 훈민정음으로 시험하여 선발케 하였다(《세종실록》 29/04/20). 훈민정음에 대한 강한 리더십을 보인 것이다. 훈민정음을 소통과 논의를 통하여 보급하려 하였다면 단 시간에 백성들이 널리 쉽게 사용하게 하는 목적을 달성할 수 없었을 것이다.

대신들의 반발을 물리치고 수령6기를 시행하다.

세종대왕이 대신들의 의견을 좇지 않고, 세종 5년에 대의를 가지고 강행하는 정책 중 하나가 수령6기(守令六期) 제도이다. 수령6기제는 종래 30개월이던 수령의 임기를 두배로 연장시키는 것으로 세종대왕이 반대를 무릅쓰고 관철시킨 정책이었다. 그 결과 수령6기제는 《경국대전》에 '수령의 임기는 1800일'로 규정되어 조선왕조가 수령제를 운영하는 준칙이 되었다.

수령6기법의 실시는 관료사회의 운영에 큰 변화를 가져왔다. 이는 태조 이래 시행해 온 3기법을 폐지한 점에서 조종성헌존중(祖宗成憲 尊重主義 : 선왕의 법전을 함부로 개정할 수가 없음)의 원칙을 어긴 것으로 관료들 사이에 큰 논란을 불러 일으켰다. 수령육기법을 처음 시행한 2년 동안은 반대가 없다가 세종 7년부터 반대 여론이 형성되었다. 육기법을 반대한 이유는 "조종이 이루어 놓으신 법규를 바꿀 수 없다."는 점도 있지만 대체로 두 가지 방향에서 제시되었다. 하나는 무자격자 또는 근무태만으로 인한 민폐가 크다는 것이며, 다른 하나는 지방의 수령이 중앙의 관리에 비해 승진체계에 있어서 불리하다는 것이다.

「수령은 백성에게 가까운 직임이니 중히 여기지 않을 수 없습니다. 지금의 수령들은 60개월로써 기한하여 직책에 오래 있도록 하여 성과를 책임 지우게 하였음은 진실로 좋은 법이지만, 그러나, 재주 없는 사람이 구차하게 녹봉을 먹는 것을 다행으로 여겨, 한갓 아첨만 하면서 그 직책에 오래 있어 백성을 여위게 하고 나라를 병들게 하며, 조금 재주가 있다는 사람도 외직에만 오랫동안 머물러 있게 되면, 도리어 게으른 마음이 생기어 그 직책에 힘쓰지 않으므로 백성들이 덕택을 입지 못하게 되니, 온 나라의 신민들이 이를 고통스럽게 여기지 않는 사람이 없습니다.」

《세종실록》08/04/12

신하들의 이러한 주장은 이치에 합당한 것처럼 들린다. 하지만 세종대왕은 6기제에 대해서 매우 단호했다. 한번은 집현전 부제학 신장 등 13명이 글을 올려 수령6기를 반대하니, 세종대왕이 이 글을 보고 "너희들이 육기로 결정한 것을 혁파하고 3년 법을 다시 행하자고 하지만, 관리의 자주 갈림과 창고를 자주 뒤지는 데에 폐단이 있는 것은 처음부터 헤아려 보지 아니한 것이다. 나의 하는 바가 그렇게 매우 그른 것인가. 너희들은 모두 역사서를 읽었을 것이니, 오래 맡기는 것이 불가함과 자주 갈리는 것이 유익하였다는 것이 어느 책에 기재되어 있더냐(《세종실록》 07/06/27)." 하면서 논리적으로 따져 강하게 책망을 하였다.

세종대왕은 육기법의 시행으로 수령의 장기근무를 가능하게 하여 수령이 바뀔 때마다 하는 영송(迎送: 맞아들이는 일과 보내는 의식)의 폐단을 크게 덜고, 고을의 실정을 정확히 파악하여 백성을 섬기는 행정을 할 수 있게 하며, 관료체계의 안정을 도모하면서 수령의 책임성과 전문성을 확보할 수 있는 장점 등이 있다고 보았다. 신하들의 반대 주장은 수령6기법의 폐해를 정확하게 알지 못하고 한 것이라고 일축하였다.

┌
수령6기법을 모두 싫어하는데 그 폐해를 환히 알고서 이를 싫어하는 것인가. 나는 그 뜻을 알지 못하겠다. 대체로 육기의 법은 선현이 의논한 바이며, 중국에서도 이를 행하였는데, 만약 그 직임에 오래 있어 백성을 궁핍하게 하고 나라를 병들게 하여, 도리어 게으른 마음이 생긴다면 어찌 다만 수령뿐이랴. 일반 백성들도 모두 그럴 것이니, 이와 같다면 어느 사람을 맡기 겠으며, 어느 일이 이루어지겠는가. 만약 육기를 폐지하고 3기의 법을 행한다면, 수령들이 과연 모두 법을 잘 지키며 열심히 근무하는 관리가 되겠는가.」

《세종실록》08/04/12

그래서 신하들이 거의 모두 싫어하는 수령6기제에 대해서 강한 리더십을 가지고 한 발짝도 뒤로 물러서지 않았다. 수령6기제의 반대는 세종 26년까지 계속되었다.

왜선세를 징수하게 하다.

일본의 대마도는 산에 돌이 많고 척박하여 경작할 만한 땅이 없어 인민들은 오로지 고기 낚는 것으로 생업을 삼았기 때문에, 왜인들은 매년 4,50척, 혹은 7,80척의 배로 우리나라 전라도의 남해안 고초도에 몰래 와서 고기를 잡아갔다. 하지만 조정에서는 이를 허락하지 않고 군사를 보내어 쫓아내곤 하였다. 이에 대마도 도주 종정성(宗貞盛)이 "고초도에서 고기를 낚도록 허락하여 준다면 생계가 넉넉하여지니, 영구히 들어가 도둑질할 마음이 없어질 것입니다."라고 하면서 증명서를 받은 자에게 고기잡이를 허락하는 것을 1,2년 시험삼아 시행하기를 요청하였다.

「**왜구의 배**」 왜구들은 우리나라 해안지역에서 곡식을 약탈해 갔을 뿐만 아니라 남해안
바다에 몰래 와서 고기를 잡아갔다.

「고기 낚는 사람이 반드시 내 증명서를 받아 가지고 가고, 조선
서도 역시 사람을 보내어 감사하고 조사하여 만일 증명서가 없
으면 적으로 논하고, 증명서를 받은 자가 만일 소란을 꾸미면
처자까지 죽여도 좋으니, 우선 1, 2년만 허가하여 시험하여 보
아서, 만일 혹시라도 약속을 어기거든 도로 빼앗는 것이 또 무
엇이 어렵겠습니까.」

《세종실록》22/05/29

고초도는 전라도 남해 가운데에 있어서 육지까지 30여리이고, 여
러 해 동안 비어 두어 사는 사람이 없었으므로 왜인이 청한 것이었
다. 이에 세종대왕이 대신들과 더불어 왜인들에게 고초도를 허락하는
일의 가부를 의논하니, 대신들은 모두 "옛부터 국가의 변은 생각하지

못했던 재앙에서 생기니, 허락하지 마시는 것이 편하옵니다." 하면서 반대하였다. 이에 세종대왕은 대신에게 물고기를 잡게 하되 왜인들에게 세(稅)를 받는 방안을 제안하였다.

> 「왜인들이 여러번 고초도에서 물고기를 잡고자 청하였다. 내 생각으로는, 이 섬에서 왜인들로 하여금 왕래하며 물고기를 잡게 하되, 그 세(稅)를 국가에 바치게 하면 저들은 모두가 기뻐할 것이요, 그 땅도 잃지 않을 것이니, 어떻게 하면 좋겠는가.」
>
> 《세종실록》 22/10/15

그러나 병조 참판 신인손과 이조 판서 최부 등은 허락하여 준다면 "왜인들은 기뻐할 것이오나, 그러나 뒷날의 근심은 알 수 없습니다." 하면서 "허락하심은 불가하겠나이다."라고 반대하였다. 물론 찬성하는 자도 있었지만 "고초도는 우리 나라 땅이고, 또 변경이 가까우므로 허락할 수 없다."는 반대 의견이 많아 결정짓지 못하였다. 하지만 세종대왕은 1년 후 다시 이 문제를 조정에서 논의하도록 하였다.

> 「만약 허락하지 않으면, 그 생활이 심히 곤궁하여 몰래 내왕할 것이니, 형편상 금지하기 어렵고, 허락하면 왜인이 우리 땅에 들어와서 이익을 취하는 것이니 불가하며, 또 떼를 지어 내왕하면서 불미스러운 재앙이 있을까 염려스러우니 어떻게 처치할 것인가. 그것을 대신에게 의논하여 아뢰라.」
>
> 《세종실록》 23/11/21

이에 우의정 신개 등은 여전히 반대하였지만, 영의정 황희 등이 세종대왕의 뜻에 동의하므로 고초도에서 고기잡기를 허락하면서 왜선세를 징수하도록 하였다.

「우리나라 남해에 있는 지세포[현재 거제도 일음면 일대]는 바로 왜선이 왕래하는 요충지이므로 지혜와 용맹이 있는 자를 골라서 만호(萬戶)로 삼고, 대마도 도주 종정성과 더불어 약속하기를, '너희들의 생활이 곤란하고, 또 두세 번 청하기로 고초도에서 고기잡기를 청하는 일을 허락하고자 하니, 모름지기 배의 대소를 구분하여 증명서를 주어 내왕하게 하고, 지세포에 세(稅)를 바치며, 만약 증명서가 없거나 또 세를 바치지 아니하면, 논죄하여 세를 징수합니다.」

《세종실록》23/11/22

이 때 세(稅)로 징수하도록 한 것은 대선 1척에 고기 300마리, 중선 1척에 250마리, 소선(小船) 1척에 200마리이며, 세로 받은 고기는 감사로 하여금 처분하게 하되 사신의 접대비로 쓰고, 나머지는 쌀과 마포로 바꾸어 국용에 쓰게 하였다. 이 규정은 《경국대전》에 수록되었는데, 다만 대선이면 고기 200마리, 중선이면 150마리, 소선이면 100마리를 받도록 개정되었다.

세종대왕은 이처럼 백성을 생각하고 국익을 위해서는 강한 리더십을 발휘하였다.

5

겸손의 리더십

겸손은 좋은 것을 위대하게 만든다.

겸손은 삼보 중 하나다.

노자는 《도덕경(道德經)》 하상공장구(河上公章句) 삼보(三寶)편에서 "나에게는 세 가지 보물이 있으니, 그것을 끌어안고 보존하며 거기에 의존한다."라고 말하였다. 노자의 삼보는 우리가 일반적으로 생각하는 금은보화가 아니라 '자애'이고, '검약'이며, '겸손'이다.

하나는 '자애'이고, 백성을 갓난아이처럼 사랑한다.
둘은 '검약'이며, 조세를 부과해 거두어들일 때 그것을 마치 자신에게서 취하는 것처럼 한다.
셋은 '감히 천하에 나서지 않음'이다. 겸손을 지켜 물러나고, 남보다 앞서 나서지 않는다.

《도덕경(道德經)》 하상공장구/삼보

김홍도의 「노자출관」 노자는 '겸손'을 사람이 귀히 여겨야 할 세 가지 보물 중 하나로 들었다. 세종대왕은 "덕이 적은 사람으로서 외람되이 백성의 군주가 되었다."고 자신을 낮추었다.

　이러한 것들은 지금을 살아가는 우리에게도 필요한 삶의 교훈이며, 리더가 가져야 할 덕목이라 할 수 있다. 그 보물 중 하나가 겸손이다. 겸손이 중요한 덕목이지만 행하기 어렵기 때문이다. 주자(朱子)는 "겸손이란 능력이 있지만 그런 것을 자부하지 않는다는 뜻이다."라고 말하였다. 그래서 "겸손은 덕(德)의 근원이며, 겸손의 덕은 존귀하면서도 빛난다."라고 하였다. 여기서 겸손은 스스로를 겸허하게 낮추는 것이다. 순자(荀子)는 비십이자(非十二子)편에 겸손한 자세에 대해서 다음과 같이 말하고 있다. 다른 사람에 대해 겸손한 태도를 취할 수 있으면 허물이 생겨나지 않는다는 말이다.

> "천하의 인심을 두루 스스로 항복시키기 위해서는 신분이 높고
> 존귀한 지위에 있어도 다른 사람에게 교만하지 않고, 총명하고
> 뛰어난 지혜를 가지고 있어도 다른 사람에게 고통을 주지 않으
> 며, 행동이 기민하고 재치가 있어도 다른 사람과 우위를 다투지
> 않고, 강인하고 용감해도 다른 사람에게 상처를 입히지 않는다.
> 모르면 물어보고, 못할 것 같으면 배운다."
>
> 《순자》비십이자편

겸손은 높은 지위에 있어도 교만하지 않고, 다른 사람과 우위를 다
투지 않으며, 다른 사람에게 상처를 입히지 않는 것이라 하였다. 자
신을 부각시키지 않으며, 지위를 가지고 남을 억누르려 하지 않는 것
이다. 온유한 사람은 겸손한 사람이다. 남을 제압하려 하거나 남 앞
에 군림하지 않고, 언제나 남을 배려하는 온유한 심성을 지닌 사람은
겸손하다.

세종대왕은 겸손하게 자신을 낮추었다. 세종대왕은 즉위한 다음날
"내가 인물을 잘 알지 못하니" 하면서, "당상관과 함께 의논하여 벼
슬을 제수하려고 한다."라고 하였다. 그리고 대신들과 의논하여 새로
시작한 조정의 벼슬을 정하였다.

> 「내가 인물을 잘 알지 못하니, 좌의정·우의정과 이조·병조의
> 당상관과 함께 의논하여 벼슬을 제수하려고 한다.」
>
> 《세종실록》즉위/08/12

세종대왕이 왕좌에 오르면서 첫 번째로 행한 정무는 조정의 인사였다. 이때에는 아버지 태종이 상왕으로 있으면서 실권을 장악하고 있었기 때문에, 조정의 인사에 대해서도 상왕과 의논하여 결정할 수 있었다. 하지만 세종대왕은 신하들에게 '잘 알지 못한다'고 자신을 낮추면서 좌·우의정과 이조·병조의 당상관과 의논하여 관직을 제수하였다. 겸손을 보인 것이다.

뿐만 아니라 세종대왕은 항상 "덕이 적은 사람으로서 외람되이 백성의 군주가 되었다."라고 자신을 낮추면서, 백성을 다스리는데 부족함이 있을까 염려하였다.

「백성은 나라의 근본이니, 근본이 튼튼해야만 나라가 평안하게 된다. 내가 박덕(薄德: 덕이 적음)한 사람으로서 외람되이 백성의 군주가 되었으니, 오직 이 백성을 기르고 무수(撫綏: 어루만져 편안하게 하다)하는 방법만이 마음속에 간절하여, 백성에게 친근한 관원을 신중히 선택하고 못된 사람을 내쫓고 착한 사람을 올리어 쓰는 법을 거듭 단속하였는데도, 오히려 듣고 보는 바가 미치지 못함이 있을까 염려된다.」

《세종실록》 05/07/03

주자가 말한 "겸손이란 능력이 있지만 그런 것을 자부하지 않는다."는 뜻을 실천한 것이다. 이러한 모습은 세종대왕의 정치에서 많이 나타났다. 세종대왕은 즉위 하면서부터 세법인 공법을 만들고자 하였다. 그래서 그 누구보다도 공법에 대해서 많은 지식을 가지고 연구하고 논의하였다. 또한 공법 문제를 과거시험에 출제하여 살펴보았고, 조정 대신들부터 일반 백성까지 여론을 조사하여 들었으며, 황희 등 조정대신들과 수많은 논의를 하였지만 세종 18년에 "내가 세무(世務)에 통달하지 못하니 조종의 법을 경솔히 고칠 수 없는 까닭으로, 공법을 지금까지 시행하지 못했었다."고 하였다.

「내가 세무(世務: 세상을 살아가는 온갖 잡다한 일)에 통달하지 못하니 조종의 법을 경솔히 고칠 수 없는 까닭으로, 공법을 지금까지 시행하지 못했으나, 지금 그 폐단이 이와 같으니, 1, 2년 동안 이를 시험하는 것이 어떻겠는가.」

《세종실록》18/02/23

그 누구보다도 박학다식한 세종대왕이 "세상을 살아가는 온갖 잡다한 일에 통달하지 못하여 법을 경솔히 고칠 수 없다."고 한 말은 겸손한 리더십이다. 권위와 지식에 대한 리더의 존재를 보이지 않고 화합과 대화로 국정을 운영한 것이다. 중요한 것은 세종대왕의 이러한 겸손에는 거짓과 가식이 없었다는 것이다. 그것은 이처럼 고뇌한 공법이 이 후에도 8년동안 더 논의되고 시험되어, 재위 26년에서야 입법된 것에서 알 수 있다.

겸손한 리더가 있는 조직은 성공한다.

구성원은 리더의 성품과 인격을 인정할 때 신뢰한다. 인간성이 좋은 리더를 신뢰하는 것이다. 그래서 구성원은 리더의 성품, 말과 행동의 일관성, 구성원에 대한 존중과 배려, 겸손 등 여러 가지 면에서 리더가 인간미가 있는지 끊임없이 관찰하면서 판단한다. 그리고 리더의 언행에서 비인간적인 모습이 감지되면 신뢰를 접기 시작한다. 즉 리더의 인성이 신뢰의 결정적인 요소가 되는 것이다.

세계적 경영학자인 짐 콜린스는 '좋은 기업을 넘어 위대한 기업으로(원제: Good to Great)'라는 책에서 위대한 기업의 리더가 가진 첫 번째 특성을 '최상의 겸손'이라고 하였다. 개인적인 겸손(personal humility)과 전문가적 의지(professional will)가 역설적으로 융합할 때 최고 수준의 리더십에 이를 수 있다는 것이다. 겸손하고 조용한 오너가 최고의 기업으로 이끄는데, 그것은 구성원들이 신뢰하는 리더이기 때문이다.

짐 콜린스는 '좋은 기업'을 넘어서서 '위대한 기업'이 되고, 또 그 위대함을 지속하고 있는 기업들을 연구하면서 리더십의 단계를 다섯 가지로 나누었다. 그리고 그는 계층구조의 최상위에 5단계의 리더를 위치시켰다. 여기서 5단계의 리더는 역량의 계층구조가 가장 위쪽에 위치하고 있으며, '좋음'에서 '위대함'으로 변화하는 조직을 위한 필수요건으로 하였다. 다른 네 가지 리더십 단계도 고유한 장점이 있지만 5단계의 역량 만큼은 아니다. 5단계에 이르기 위해서 각 계층구조를 순차적으로 거칠 필요는 없지만 완전히 성숙한 5단계의 리더는 더 낮은 단계의 모든 역량을 필요로 하고, 그것에 더해 5단계만의 특별한 특성도 갖게 된다고 하였다.

1단계(매우 능력 있는 개인) : 지식, 기술, 좋은 작업 습관을 통하여 생산적인 기여를 한다.

2단계(공헌한 팀원) : 집단의 목표달성을 위해 개인의 능력들을 바치며, 구성된 집단에서 다른 사람들과 효율적으로 일한다.

3단계(유능한 관리자) : 이미 결정된 목표를 효율적으로 추구할 수 있는 방향으로 사람과 자원을 조직한다.

4단계(유능한 리더) : 저항할 수 없는 분명한 비전에 대한 책임 의식을 촉구하고 그것을 열정적으로 추구하게 하며, 보다 높은 성취 기준을 자극한다.

5단계(경영자) : 개인적인 겸손과 직업적 의지가 역설적으로 융합하여 지속적인 큰 성과를 일구어 낸다.

노자가 삼보 중 하나로 '겸손'을 말한 것을 짐 콜린스가 현대의 경영학에서 입증한 것이다. 겸손의 리더십은 시대를 초월한 최고의 리더십임을 증명한 것이다.

세종대왕이 남긴 문화유산 역시 복합적이지만 이러한 겸손의 리더십의 결과이다. 세종대왕은 자신을 드러내는 것에도 극도로 겸손하였다. 영돈녕부사 권홍은 세종대왕을 칭하여 "삼한(三韓) 이래로 어진 임금과 밝은 임금들이 모두 하지 못한 일을 하셨으며, 천 년에 한 번 있는 태평성대를 이룩한 임금이다."라고 하면서, 이를 찬미하기 위하여 송덕비 등을 세우자고 말하였다.

「삼한(三韓) 이래로 어진 임금과 밝은 임금이 모두 미처 하지 못한 바의 일이옵니다. 신의 어리석음으로도 이 거룩한 모든 일을 보옵고 감탄함을 이기지 못하오니, 참으로 천 년에 한 번 있는 태평 성대이옵니다. 옛날의 임금은 한 가지라도 세상에 드문 아름다움이 있게 되오면, 신하들이 반드시 그 덕을 찬미하여, 혹은 종·정(鼎: 제사용 향로)에다 새기고, 혹은 관(管)·현(弦)에 올리어 노래로 읊었사오니, 이것은 대체로 그 높은 공과 성한 덕을 잊지 않게 하고자 하는 뜻이었습니다. 노신(老臣)은 먹여 기르시는 은택 속에 살아왔사오매, 그 크고 깊으신 은혜를 갚으려고 도모하옵되 길이 없사옵니다. 삼가 좁은 소견으로서 감히 천총(天聰)을 번독하오니, 엎드려 바라옵건대, 원묘(原廟: 종묘의 뒤에 다시 이중으로 세우는 묘)와 종학(宗學: 왕족의 교육을 맡아보던 관청)에 비석·갈(碣: 작은 비석)을 각각 세우시어, …」

《세종실록》14/11/04

하지만 세종대왕은 단호히 "허황되고 아첨함이 많아 시행할 수 없다."고 말하였다. 그 뒤에도 경상도 감사가 예천군에서 생산된 보리가 한 줄기에 두 이삭 혹은 서너너덧 이삭이 있는 것을 올리자, 예관(禮官: 예의·제향·교빙·과거 따위의 일을 맡아보던 관원)이 태평시대의 화한 기운이 모인 것이라고 하례하고자 하니, 세종대왕은 흉년으로 내가 심히 부끄러운데 어찌 하례할 것이냐 하며, 하지 못하게 하였다. 세종대왕은 허세가 없는 겸손을 보여준 것이다.

「정미년 사이에 아름다운 벼가 한 줄기에 서너 이삭이 되는 것이 있었으나, 역시 하례를 받지 아니하였는데, 이제 흉년을 당하여 이 상서로운 보리가 있게 되니, 내가 심히 부끄러운데 어찌 하례할 것이 있겠느냐. 이 뒤로는 이와 같은 일에 하례하지 말라.」

《세종실록》19/05/05

세종대왕의 겸손은 외유내강이다.

외유내강(外柔內剛)의 또 다른 요소가 바로 겸손이다. 비전을 달성하기 위해서는 강력함만을 강조한다고 되는 것이 아니다. 너무 강하면 부러진다. 모든 것에는 균형이 필요하다. 중용이다. 강함과 약함의 균형이다. 리더에게 겸손은 이 두 가지가 조화를 이루도록 해준다. 겸손하다는 것은 아무것도 없는 상태에서, 또는 아무런 능력도 없는 상태에서 나오는 것이 아니다. 그것은 탁월한 능력을 갖추고 있으면서도 그것을 드러내지 않고 남을 배려하는 마음의 표현이다. 내면은 능력으로 무장하였지만, 외면은 겸손함으로 부드럽게 보이는 것이 진정한 외유내강이다.

노자는 "천하에 물보다 더 연약한 것이 없지만 강하고 굳센 것을 이기는 데는 물보다 나은 것이 없다."고 하였다. 물속은 올곧고 굳세어 쉬지 않고 아래로 흐르지만 겉으로는 유약한 듯 부드러우니, 막아서는 것이 있으면 융통성 있게 에둘러가며 주변 땅의 생김새를 따른

다는 뜻이다. '외유내강'한 군자의 모습을 말한 것이다. 외유내강의 표상으로 촉한을 세워 삼국을 분할한 유비를 들 수 있다. 유비는 겸손과 인애로서 새 세상을 열어 겸손의 리더십을 보여준 인물이다. 유비는 싸움은 못하지만 남을 이끄는 덕과 신의를 두루 가진 인물이라 할 수 있다. 삼고초려의 겸손을 통하여 제갈량을 얻었다. 이 때 제갈량이 제안한 계책이 '천하삼분지계'이다. 제갈량은 유비가 대규모의 군사를 조직하여 촉한을 세우는데 큰 역할을 했다.

세종대왕 역시 '외유내강'형 군주이다. 온화하고 겸손한 외형의 이면에는 해박한 지식으로 무장하여, 바른 원칙에는 양보하지 않는 단호한 결단력이 숨어있기 때문이다. 평소엔 농민들에 대한 걱정과 죄수들의 고통, 노비들의 출산까지도 배려하는 섬세한 군주이지만, 훈민정음의 창제와 여진족의 토벌정책과 같은 중대한 국가적 과업을 밀어붙일 때는 아버지 태종 못지않은 결단성을 보여줬다.

세종대왕의 학식은 스스로 겸손함에도 불구하고 그 뛰어남을 감출 수 없었기에, 당대 지식인에게 자신에게 주어진 임무를 자각하게 하였다. 세종대왕의 자애로운 마음과 인재에 대한 애정은 함께하는 지식인과 과학자들로 하여금 일체의 근심걱정 없이 학문에 열중하도록 하였다. 학자들의 소신과 신념을 존중했을 뿐만 아니라, 그렇지 않은 선비에 대해서는 무엇보다도 그것을 깨달아 스스로 고치도록 하였으며, 관대함으로 일관하였기 때문에 신하들은 올바른 말을 하는 것을 당연한 자신의 임무로 알았다.

강희안의 「고사관수도」　노자는 "천하에 물보다 더 연약한 것이 없지만 강하고 굳센 것을 이기는 데는 물보다 나은 것이 없다."고 하여, 군자의 외유내강을 빗대었다.

《연려실기술》의 이야기에 따르면 새벽까지 책을 읽다 잠이든 신숙주에게 왕의 담비 갖옷(짐승 가죽으로 만든 옷)을 벗어 그가 잠이 깊이 들 때를 기다려 그 위에 덮어주게 하였다. 신숙주는 아침에 일어나서야 이 일을 알게 되었고, 선비들은 이 소문을 듣고 더욱 학문에 힘을 쓰게 되었다고 한다.

"어느 날 밤 이경(二更: 밤 아홉시부터 열한시까지) 쯤에 내시를 시켜 숙직하는 선비가 무엇을 하는가를 가서 엿보게 하였는데, 신숙주가 바야흐로 촛불을 켜놓고 글을 읽고 있었다. 내시가 돌아와서 아뢰기를, "서너 번이나 가서 보아도 글 읽기를 오히려 끝내지 않다가 닭이 울자 비로소 잠이 들었습니다." 하였다. 임금이 이를 가상하게 여겨서 담비 갖옷을 벗어 그가 잠이 깊이 들때를 기다려 그 위에 덮어주게 하였다. 숙주는 아침에 일어나서야 이 일을 알게 되었고, 선비들은 이 소문을 듣고 더욱 학문에 힘을 쓰게 되었다."

《연려실기술》

세종대왕에게 겸손함이 없었다면 그 많은 업적을 이룩할 수 없었을 것이다. 겸손함이 없었다면 세종대왕이 공법을 15년 이상 대신들과 논의하면서 어떻게 반대자를 설득하여 완성할 수 있었겠는가? 백성을 위한 일이라고 생각되면 서두르지 않고 대화를 통하여 자신의 의지를 관철시키는 외유내강의 군주이다. 세종대왕은 공법을 논의하면서 "내가 명철하지 못해서 일의 옳고 그른 것을 내다보지 못하여 웃음거리가 되었다."고 말하여, 대신들에게 더 좋고 편리한 방법을 의논하여 아뢰라고 하였다. 자신은 웃음거리가 되어도 공법 만큼은 반드시 시행하겠다는 강한 의지를 보인 것이다.

「내가 명철하지 못해서 일의 옳고 그른 것을 통견(洞見: 환히 내다 봄)하지 못하여 조소를 받기에 이르렀다. 지난번에 공법을 세우자고 의논할 때에 신개가 실상 그 의논을 주장하였었는데, 이제 또 말을 변하여 조세를 감하자고 청하니, 공법의 불편함을 알 수 있다. 지금의 조세를 보면 예전보다 배나 되니 백성들의 원망을 역시 알 수 있다. 내가 공법으로 많이 거두어서 나라를 부하게 하려 함이 아니었다. 다만 답험손실법의 폐해를 염려하여 이 법을 세운 것인데, 이제 이 지경에 이르렀으니 중하게 거둔다는 비평을 면하기 어려울 것이다. 그러나 법이라는 것은 아침에 고치고 저녁에 변할 수 없는 것이니, 공법을 그대로 하면서 백성에게 편리할 것을 대신들과 의논하여 아뢰라.」

《세종실록》 25/07/10

제3부

내부적 혁신은
구현하여
소통과 위임으로
하라.

- 조직의 구성과 운영에 필요한 리더십 -
- 공동체의 목표 달성에 필요한 리더십 -

1

구현의 리더십

조직에는 현명한 인재가 필요하다.

초야에 숨어 사는 인재까지 구하다.

구현(求賢)이란 유능한 인재를 구하는 것이다. 우리나라 경복궁에 있는 근정전(勤政殿)의 이름도 구현의 뜻을 가지고 있다. 태조(1395)가 정도전에게 새 궁궐 전각의 이름을 짓게 하였더니, 그 중 하나를 근정전이라 지으면서 그 까닭으로 선대의 유학자들이 임금의 부지런함을 다음과 같이 말하였기 때문이라 하였다. 근정전의 근(勤)자는 근어구현(勤於求賢)에서 따왔으며, 그 뜻은 "어진 이를 구하는 데에 부지런해야 한다."는 것이다.

「근정전(勤政殿)과 근정문(勤政門)에 대하여 말하오면, 천하의 일은 부지런하면 다스려지고 부지런하지 못하면 폐하게 됨은 필연한 이치입니다. … 선유(先儒)들이 말하기를, '아침에는 정사를 듣고, 낮에는 어진 이를 찾아보고, 저녁에는 법령을 닦고, 밤에는 몸을 편안하게 한다.'는 것이 임금의 부지런한 것입니다.
또 말하기를, '어진 이를 구하는 데에 부지런하고[勤於求賢(근어
구현)] 어진 이를 쓰는 데에 빨리 한다.' 했으니, 신은 이로써 이
름하기를 청하옵니다.」

《태조실록》04/10/07

그만큼 구현을 중시한 것이다. 세종대왕은 즉위한지 3개월쯤 되어
중앙과 지방의 신료들에게 마땅히 행해야 될 조목들을 유시하면서
'초야에 숨어 있는 인재'를 적어 올리라고 명하였다. 구현이다.

「재주와 도덕을 가지고 초야에 숨어서 세상에 널리 알려짐을
구하지 않는 선비는, 내가 장차 전문적인 지식과 풍부한 경험을
물어 직책을 맡길 것이니, 감사가 널리 구하여, 이름을 자세히
적어서 아뢸 것이다.」

《세종실록》즉위/11/03

세종대왕의 인재를 구하는 마음은 재위하는 동안 계속되었다. 세종
대왕은 재위 29년(1447) 문과별시에 '인재의 양성, 인재의 분별, 인재
의 등용하는 법[育才辨才用才之道(육재변재용재지도)]'이라는 문제를 내
었다. 여기서 세종대왕은 "인재는 천하 국가의 지극한 보배이다."라
고 하면서 '임금이 인재를 쓸 수 없는 경우'와 '현명한 인재가 어진
임금을 만나지 못한 경우'를 다음과 같이 설명하였다. 세종대왕의 인
재관이라 할 수 있다.

"임금으로서 누군들 인재를 들어서 쓰고 싶지 않겠는가마는, 하지만 임금이 인재를 쓸 수 없는 경우가 세 가지 있다. 하나는 임금이 인재를 알아보지 못한 것이다. 둘째는 인재를 알아도 쓰려는 마음이 절실하지 못한 것이다. 셋째는 인재와 뜻이 서로 맞지 않는 것이다. 또 현명한 인재가 어진 임금을 만나지 못한 경우가 세 가지가 있다. 하나는 임금과 뜻이 통하지 않는 것이다. 둘째는 뜻이 통하여도 임금이 인재를 공경하지 않는 것이다. 셋째는 임금과 인재의 뜻이 합치되지 못한 것이다."

《사숙재집》권6

이러한 구현의 결과 세종대왕 시대에는 정치와 문화가 나날이 새로워져 예(禮)를 세우고, 악(樂)을 지어 태평시대를 이룩하였다. 문장에 뛰어나고 절의 있는 선비가 조정에 깔렸으며, 기백 있고 세상일에 구애받지 않는 많은 인재들이 낮은 벼슬에 파묻혀 있었다(《연려실기술》제4권/단종조고사본말). 이러한 모습에 대해서 서거정은 《사가집(四佳集)》에서 "세종대왕 시절에 이르러서는 태평한 운수를 만나서 문명의 교화를 천명함으로 인하여 예악(禮樂: 예법과 음악)과 전장(典章: 제도와 문물)이 이에 빛나고, 인재와 문물(文物)이 이에 찬란해졌으니, 정인지, 신숙주, 최항, 김수온 같은 이들은 모두 뛰어난 영재들로서 국가의 전성기를 울리었다."라고 찬미하였다.

유가에서는 '예'는 상하와 귀천의 신분과 등급 질서를 정해주고, '악'은 위로는 임금에서부터 아래로는 일반 백성에 이르기까지 모든 사람들을 화합하게 해준다고 하여 대단히 중요하게 여겼다.

선조 6년에 김장생이 경연에서 한 말을 보면 세종대왕이 얼마나 어진 사람에게 직분을 맡기었는지 알 수 있다. 오직 세종대왕의 정사만을 본받을 수 있다고 할 정도였다.

"우리나라에서는 오직 세종대왕의 정사를 본받을 수 있는데, 그때에는 인재를 등용함에 규례에 얽매이지 않았고, 어진 사람을 기용하고 능력에 따라 사용하되[(任賢使能)임현사능], 각각 그 재주에 알맞도록 하였습니다[(各當其才)각당기재]. … 세종대왕께서 사람을 알고 잘 맡긴 것도 그 정상을 잘 알았기 때문입니다. 세종조에서 사람을 등용할 때에는 오래 벼슬한 사람이건 얼마 되지 않은 사람이건 그 지위가 높건 낮건 간에, 오직 그 사람의 능력에 맞게 해 주었습니다. 그러므로 종신토록 한 직임만 맡은 사람도 있었고, 계급을 초월하여 발탁되어 얼마 되지 않아 재상이 된 사람도 있었습니다. 육조 판서들과 모든 관리들이 그 직책을 오래 맡지 않은 사람이 없어서 모든 공적이 다 이루어졌고, 또 학문이 있는 신하들을 각별히 돌봐 주고 예우해 주었기 때문에, 신하들이 모두 임금을 위해서는 목숨도 바치려는 마음을 먹게 되었습니다."

《율곡전서》제35권/부록3/행장

세종대왕이 신하들을 각별히 돌봐 주고 예우해 주었기 때문에, 신하들이 하나같이 임금을 위해서 목숨도 바치겠다는 마음을 먹고 나라 일을 하였다는 것이다. 《국조보감》에서는 세종대왕은 성주인데

"사람을 쓰되 자기 몸과 같이 하고, 법을 만들어 치세를 도모하여, 후손에게 복을 물려주어 큰 터전을 마련하였습니다."라고 평하였다. 세종대왕의 구현 리더십을 집약한 말이다. 그리고 구현의 리더십이 무엇인지를 보여준 것이다.

"삼가 생각하건대, 우리 세종대왕은 동방의 성주이십니다. 사람을 쓰되 자기 몸과 같이 하고 법을 만들어 치세를 도모하여 후손에게 복을 물려주어 큰 터전을 마련하였습니다. 인물을 쓴 규모를 보건대 현인과 재능 있는 자라면 그 출신 성분을 따지지 않았으며, 전적으로 믿고 썼으므로 참소와 이간이 들어갈 수가 없었습니다. 남지는 문음 출신이었으나 젊은 나이에 삼공(三公)에 제수되었고, 김종서는 탄핵을 드러나게 받았으나 자기 의견을 관철하여 육진을 개척하였습니다. 벼슬의 품계가 빨리 뛰어오른 사람은 으레 재상의 지위에 이를 것으로 생각하였으나 재능이 그 자리에 합당하면 종신토록 바꾸지 않았고, 여러 해 동안 한 직책에 있는 사람은 벼슬이 거기에 그칠 것으로 여겨지게 마련이지만 하루아침에 승진 발탁할 때에는 계급에 구애받지 아니하였으니, 이는 참으로 옛날 현명한 임금들이 현인을 임용하고 재능이 있는 이를 부리는 규모였습니다."

《국조보감》 제28권/선조조 5

삼고초려는 구현의 본이다.

순자의 군도(君道)편에는 어진 군주는 현명한 사람을 찾고, 어리석은 군주는 권세를 탐한다는 다음과 같은 말이 있다.

> 명주(明主)는 사람 얻는 것을 서두르고,
> [明主急得其人(명주급득기인)]
> 암주(闇主)는 권세 얻는 것을 서두른다.
> [闇主急得其埶(암주급득기예)]
>
> 《순자》군도

예나 지금이나 어질고 현명한 인재를 구하여 쓰는 것은 리더십의 덕목 중 으뜸이라 하여도 지나친 말은 아니다. 삼고초려(三顧草廬)는 현명한 인재를 얻기 위한 유명한 고사성어이다. 중국 삼국시대에 촉한의 유비가 제갈량을 얻기 위해 그의 오두막집을 세 번이나 찾아갔다는 데서 유래한 말이다(《삼국지》촉지/제갈량전).

조조가 북방에서 원소의 잔여 세력을 소탕하고 있을 때, 형주의 유표 밑에 있던 유비는 정치적 포부를 실현할 수 있는 기회를 찾고 있었다. 그는 자기를 도와 모략을 꾸밀 인재들을 맞아들였는데 그 중의 하나가 서서(徐庶)였다. 유비는 서서의 비범한 지혜에 탄복하며 그를 군사로 임명했다. 그런데 조조의 계략에 걸려 서서가 어쩔 수 없이 떠나게 됨으로써 유비의 낙심은 이만저만이 아니었다. 이별의 술잔을 나누는 자리에서 유비가 헤어지는 슬픔에다 자기의 처량한 신세까지 보태어 눈물을 흘리자, 서서도 같이 눈시울을 적시며 다음과 같이 제갈량을 천거하였다.

> "명공께서는 너무 상심하지 마십시오. 저 같은 사람은 발바닥 근처에도 가지 못할 만한 특출한 인재를 천거할 테니, 그를 발탁해 쓰시면 명공의 앞날이 훤히 트일 것입니다. 그분의 성은 제갈이고 이름은 량, 자는 공명입니다. 이분은 세상을 다스릴 재능을 가지고 있어 세인들은 그를 '와룡(臥龍)'이라고 부릅니다."

유비는 몹시 기뻐하며 자신이 직접 제갈량을 찾아가기로 했다. 이튿날 유비는 관우와 장비를 데리고 제갈량이 사는 융중으로 떠났다. 때는 마침 살을 애는 듯한 추운 겨울이었다. 쏟아지는 눈보라 속에서 고생고생하여 제갈량의 집에 겨우 도착했으나 그는 외출하고 집에 없었다. 유비가 말에서 내려 사립문 밖에서 인기척을 내자 동자가 나와서 문을 열어주었다. 유비가 이름을 말하고 찾아온 뜻을 얘기하자 동자는 "선생님은 계시지 않습니다. 아침 일찍 어디론가 나가셨습니다."라고 말했다. 그래서 그들은 하는 수 없이 신야(新野)로 되돌아왔다. 며칠 후에 제갈량이 집으로 돌아왔다는 소식을 들은 유비는 급히 말을 달려 융중으로 갔다. 그렇지만 역시 마찬가지였다.

성미 급하기로 유명한 장비가 "아니, 형님께서 다녀가셨고 다시 찾아오리라는 것을 동자로부터 분명히 들었을 텐데, 와룡인지 뱀인지 하는 작자가 이토록 무례할 수 있단 말이오?" 하니, 입이 무겁고 점잖은 관우조차도 노여움으로 얼굴이 붉어졌다. 그러나 유비는 그런

「삼고초려도」 삼고초려는 중국 삼국시대에 촉한의 유비가 제갈량을 얻기 위해 그의 오두막집을 세 번이나 찾아갔다는 데서 유래한 말이다.

두 아우를 잘 달래어 조용히 돌아왔다. 신야로 돌아온 유비는 융중에 자주 사람을 보내 제갈량이 집에 돌아왔는가를 알아보게 했다. 그런 다음 봄이 되기를 기다려 다시 제갈량을 찾아 나서려고 했다. 이때 장비가 "형님은 그냥 계십시오. 내 당장 달려가서 이 무례한 서생 나부랭이 놈을 꿰차고 오리다."라고 말했다. 장비는 더 참을 수 없다는 듯이 펄쩍 뛰었고, 관우도 공연한 헛걸음을 하고 체면만 손상될 뿐이니 그만두자고 말렸다.

그런 두 아우를 나무라고 달래어 세 번째 방문했고, 유비는 제갈량에 대한 존중을 표하기 위해 그의 초가집에서 반 리나 떨어진 곳에서부터 말에서 내려 걸어갔다. 이윽고 제갈량의 집에 도착하니, 그는 초당에서 잠을 자고 있었다. 유비는 제갈량을 깨우지 않으려고 관우와 장비를 사립문 밖에서 기다리게 하고, 자기만 들어가 초당 댓돌 아래에서 그가 깨어날 때까지 공손히 서 있었다. 이러한 유비의 성심에 감동한 제갈량은 흔쾌히 유비를 따라 신야로 왔다. 이때 제갈량의 나이 27세였다. 그때부터 제갈량은 자신의 재능과 지혜를 다해 유비를 보좌했다. 여기서 유래한 말이 삼고초려(三顧草廬)이다.

황희는 세종대왕이 구현한 인재이다.

세종대왕도 널리 인재를 구하고, 인재를 얻기 위해 애를 많이 쓴 군주이다. 세종대왕 때의 현명한 인재로 황희 정승을 꼽는다. 황희는 세종대왕 때에 18년간 영의정을 지내면서 농사법을 개량하고, 예법을 개정하는 등 문물제도의 정비에 힘썼으며, 어질고 깨끗한 관리의 표본이 되었다.

그의 벼슬이 성균관 학관일 때 고려가 망했다. 황희는 고려에 대한 충절을 달랠 길 없어 두문동으로 들어가 은거했다. 평생 벼슬을 돌보지 않고 학문에 전념하기로 작정한 것이다. 그러나 유능한 지모를 지닌 인물을 등용하고자 한 이성계의 인재정책에 의해, 그는 끝내 이성계의 끈질긴 간청을 물리치지 못하고 출사하였다. 황희는 태조조에 와서 세자우정자를 시작으로 태종조에는 6조 판서를 두루 지냈다. 세종조에 들어와서 그는 좌참찬에 기용된 후 좌·우의정을 거쳐 영의정이라는 최고의 영록을 누렸다. 특히 그는 세종 13년부터 영의정에 올라 18년 동안이나 재직하였다. 황희는 벼슬길에 들어선 후 한 번의 유배와 한 번의 파직을 겪었다. 그가 유배당한 것은 충녕대군의 세자 책봉을 극렬히 반대하였기 때문이다. 그는 양녕대군이 세자로서의 인품이 뛰어난다고 생각했고, 적자를 제치고 지차(之次: 맏이 이외의 자식들)의 아들로 세자를 삼으면 후세에 있어 큰 환란의 씨가 된다는 명분을 들었다. 그는 양녕대군의 인물됨을 잘 알고 있었고, 또 양녕대군의 두터운 지기이기도 했다.

세종대왕이 즉위하자 사헌부와 대신들은 이미 유배가 있는 황희에 대해서 반역의 불충한 죄로 처벌할 것을 주청하였다.

> 「황희는 다만 물음에 대답할 즈음에만 정직하지 못함이 있을 뿐만 아니라, 구종수 보기를 난적으로 여기지 않고, 경한 죄로 논하여 아뢰었으니, 그 참람한 마음은 이숙번과 같지 않음이 없습니다. 엎드려 바라옵건대, 전하께서는 유의하시고 밝게 살피셔서 공의로써 결단하여 반역 불충한 사람들을 밝게 법에 처하시면, 종묘사직에 매우 다행할까 하나이다.」
>
> 《세종실록》 즉위/12/14

또한 의정부에서도 상소를 올리어 "군부의 원수는 한 하늘을 같이 이고 살 수 없다."고 하면서 황희 등을 처벌할 것을 주장하였다.

> 「군부의 원수는 한 하늘을 같이 이고 살 수 없으니, 이것은 실로 고금의 대의가 되는 것입니다. 회안 부자는 실로 반역의 우

두머리가 되는데, 박만·임순례 등은 몸소 많은 군사를 거느리고 사의·강현의 난을 도와서 이루게 하였으며, 정용수·신효창은 사의들의 역적 모의를 다 알고 있으면서 뒷날의 공을 도모하였으며, 이숙번·이직·황희는 상왕의 큰 은혜를 잊고 이에 두 마음을 품어 그 흔적이 이미 나타났으며, 염치용·방문중 등은 이에 그른 말을 만들어 군부의 없는 과실을 속여 널리 퍼뜨렸으니, 이것은 군부의 원수이므로, 전하의 이르신 바 이 세상에 같이 살 수 없는 자입니다. 삼가 바라옵건대, 전하께서는 특별히 유사에게 명시하여 위에 말씀한 사람들을 법에 처하여, 대의를 밝히시면 종사에 매우 다행할까 하나이다.」

《세종실록》즉위/12/14

하지만 세종대왕은 이러한 주청들을 다 물리쳤다. 그리고 왕위에 오른 지 3년 뒤에 황희를 좌참찬으로 발탁하여 곁에 두고 일하게 했다. 사사로운 감정을 떠난 구현의 리더십을 발휘한 것이다. 그 뒤 두 사람은 평생을 두고 공적으로는 군신의 관계였고 사적으로는 둘도 없는 친구의 관계가 되었다.

황희는 임금의 의향을 잘 알아차리고 받들었다. 그는 청렴결백한 벼슬아치로 엄격한 기준에 따라 정사를 빈틈없이 수행하여, 조선시대를 통틀어 가장 훌륭한 재상으로 꼽힌다. 황희의 청렴을 알 수 있는 일화가 계란유골(鷄卵有骨)이다.

황희는 정승이었지만 양식이 자주 부족하여 오랫동안 굶주려 부황이 들었다. 그래서 임금이 하루 동안 남대문으로 들어오는 물건을 모두 황희에게 보내 주도록 명하였는데, 그날 마침 큰 비가 내려서 들어오는 것이 없었다. 그러던 차에 해질녘이 되어서 계란 한 꾸러미가 들어왔는데 삶아서 먹으려고 하니 모두 골아 있었다는 이야기이다(《송남잡지(松南雜識)》). 여기서 골(骨)자는 썩었다는 뜻이다.

또 황희의 어짊을 나타내는 말이 관후정대(寬厚正大)이다. 관후정대는 생각은 너그럽고 가슴을 따뜻하게 하여 일처리를 바르게 하면 모든 일이 크게 이루어진다는 뜻이다. 황희가 정승으로 있을 때 집의 두 하녀가 싸움을 하고서, 한 하녀가 황 정승에게 찾아와 판정을 요청하며 싸움의 곡절을 이야기하자, '네 말이 옳다'라고 하여 돌려보냈다. 그러자 또 한 하녀가 이 소식을 듣고 황 정승에게 달려와 싸움의 곡절을 다시 설명했다. 그러니 또 '네 말이 옳다'라고 하였다. 그 광경을 보고 있던 부인이, "두 사람이 서로 반대의 이야기를 하는데 둘이 다 옳다고 하시면 어떻게 합니까? 한 사람은 틀려야지요." 하니 황희 정승은 "당신의 말도 옳소."라고 하였다고 한다. 황희가 일을 처리할 때 기쁨과 노여움을 안색에 나타내지 않고 관후(寬厚)하게 처리하였다는 일화이다.

세종대왕은 사람의 능력에 맞게 관직을 주고 일하게 해 주었는데, 그 결과 100년 후 율곡 이이는 "세종대왕 때에는 명신과 유능한 벼슬아치가 조정에 널려 있었고, 젊고 유능한 인재들이 곳곳에 자리를 잡고 나라 일을 도왔다."라고 칭송하였다.

현재는 흥하게 하고, 둔재는 망하게 한다.

맹자는 어진 사람을 임용하고, 유능한 인재를 쓰는 것을 국가 경영의 기본으로 하였다.

> "어진 사람을 존경하고[尊賢(존현)],
> 능력 있는 사람을 부리면[使能(사능)]
> 천하의 선비가 모두 기뻐서,
> 그 조정에서 일하기를 원하게 될 것이다."

《맹자》 공손추하(公孫丑下)

중국에는 삼고초려와 같은 뜻의 삼고지례(三顧之禮)란 고사성어가 있다. 상나라 탕왕(湯王)이 이윤을 맞이하기 위해 세 번의 예를 갖추어 불렀다는 데서 유례한 말이다. 이윤은 본래 하나라 사람인데, 상나라의 재상이 되어 하나라 걸왕을 쳐서 탕왕으로 하여금 천하의 왕이 되게 하였다. 탕왕이 "우리나라에 이윤이 있다는 것은 훌륭한 의사와 좋은 약에 비유할 수 있다."고 여길 정도였다(《묵자》 귀의).

하지만 하나라 걸왕은 이러한 이윤을 버렸다. 걸왕이 즉위한지 37년째 되던 해에 동쪽 상 부락의 장인 탕(湯)이 재덕을 겸비한 현인 이윤을 걸왕에게 알현시켰다. 이윤은 요순의 인정으로써 걸왕을 설득하여, 걸왕이 백성들의 고통을 진심으로 이해하고 심혈을 다해 천하를 다스리기를 희망하였다. 그러나 걸왕이 더 이상 그의 말을 들으려고 하지 않자 이윤은 그곳을 떠날 수밖에 없었다. 만년에 이르러 걸왕은 더욱 황음무도해졌다. 그는 사람들에게 명하여 '야궁(夜宮)'이라는 큰 연못을 파게 한 다음, 한 떼의 남자와 여자들을 데리고 그 연못에서 뒤섞여 살면서 한 달 동안이나 조회에도 나가지 않았다. 신하 종고가 울면서 간언을 하였으나, 걸왕은 참지 못하고 종고를 쓸데없이 남의 일에 참견한다고 질책하였다. 종고는 걸왕을 더 이상 구제할 수 없다고 생각하여 상나라로 가서 탕왕에게 투신하였다. 충신 관룡봉은 걸왕에게 다음과 같이 간언하였다.

> "천자가 겸손하면서도 신의를 중시하고 근검절약 하면서도 어진 인재를 좋아하면, 천하가 안정될 수 있고 왕조도 견고해질 수 있습니다. 지금 폐하께서는 사치를 절제하지 못하고 살육을 일삼으시니, 백성들은 모두 폐하가 일찍 죽기를 바랄 것입니다. 폐하께서는 이미 민심을 잃었으니 하루 빨리 과오를 고쳐야 비로소 민심을 만회할 수 있을 것입니다."

걸왕은 이 말을 듣고 격노하여 관룡봉에게 욕을 퍼붓고는 마침내 그를 죽여 버렸다. 걸왕은 아첨하는 신하들을 중용하고 충신을 배척하였다. 조량이라는 간신배는 걸왕이 좋아하는 것이면 무엇이든 마련해주고, 걸왕에게 향락의 방법과 백성들을 약탈하고 학살하는 방법을 가르쳐주어 신임을 얻었다. 걸왕은 날로 민심과 지지 기반을 잃고 고립에 빠지게 되었다. 그 결과 걸왕은 중국 역사상 최고의 폭군으로 53년간 재위하였으며, 나라가 망하자 추방되어 굶어 죽었다. 상나라 탕왕은 구현을 부지런히 하여 천하를 얻고 흥하였지만, 걸왕은 구현을 하지 않고 간신배만 쓰다 천하를 잃고 망하였다. 구현의 리더십이 얼마나 중요한지를 보여 준 것이다.

1447년(세종 29) 별시문과에 장원급제하여 종부시 주부로 벼슬을 시작한 강희맹은 세종대왕이 낸 '인재의 양성, 인재의 분별, 인재의 등용하는 법'에 대한 과거시험에서 "한 시대가 부흥하는 것은 반드시 그 시대에 인물이 있기 때문이요, 한 시대가 쇠퇴하는 것은 반드시 세상을 구제할 만큼 유능한 보좌가 없기 때문입니다."라고 답을 적었다. 구현의 필요성을 말한 것이다.

> "한 시대가 부흥하는 것은 반드시 그 시대에 인물이 있기 때문이요, 한 시대가 쇠퇴하는 것은 반드시 세상을 구제할 만큼 유능한 보좌가 없기 때문입니다. 임금이 올바른 도리로써 구하면 인재는 항상 남음이 있습니다."
>
> 《사숙재집》6권

이 말은 한 나라를 부흥하게 하는 것도 인재이고, 한 나라를 쇠퇴케 하는 것도 인재이므로 군주는 올바른 도리로써 인재를 구하여야 한다는 말이다. 세종대왕이 듣고 싶은 답을 말한 것이다. 리더의 인재에 대한 지세이다.

집현전 출신 정인지는 공법의 공로자다.

세종대왕 때 인물 중 집현전의 학사 출신은 최만리를 비롯하여 총

100여명에 이른다. 이들 대부분은 후에 육조나 승정원 등으로 진출하여 국가 정치에 많은 역량을 발휘하였으며 그 중에서 정인지, 정찬손, 조석문, 신숙주, 노사신 등은 영의정의 반열까지 올랐다. 집현전 출신 관리들은 집현전 재직 중에 쌓은 정치이론을 현실에 적용하는 등 선정의 토대가 되었다. 그리고 집현전 출신 학자들이 대간(臺諫: 사헌부·사간원의 소속으로 간언을 맡아보던 관리)으로 조정에 진출한 경우 신권(臣權)을 중심으로 한 유교적 여론정치를 지향하였다. 특히 단종의 복위를 꾀하다 발각되어 처형되거나 스스로 목숨을 끊은 사육신인 성삼문·박팽년·하위지·이개·유성원·유응부 중, 유응부를 뺀 나머지는 집현전 출신의 유학자들로 대간 출신이다. 생육신 중 원호 또한 집현전 출신이다. 이들은 옳지 못함에 굴복하지 않았다.

집현전은 세종대왕의 공법 개혁에 많이 관여 하지 않은 것으로 보인다. 다만, 공법을 논의한 시초에 집현전 부제학 박서생은 호조에서 내 놓은 전국적으로 '1결에 10말의 조세'를 징수하는 공법안에 대해서는 반대하였다. 이 공법을 시행할 경우 부자는 더욱 부자가 되고 가난한 자는 더욱 가난해지는 폐단이 발생하기 때문이라고 주장하였다.

「답험손실법은 많은 위관을 두게 되는데 올바른 사람을 얻지 못하여 개인 감정을 갖고 잘못 일하는 자가 10중 8·9라는 것과 경차관 등도 그들 부정 위관을 적발해내지 못하여 나라에 손실을 끼치고 백성들에게도 폐단이 있게 된다는 것, 그러나 새로운 공법도 먼저 상중하의 3등 전품으로 나누지 아니하면 비옥한 땅을 점유하고 있는 자에게는 여유가 생기고 척박한 땅을 갖고 있는 자는 납세액도 부족하여 부자는 더욱 부자가 되고 가난한 자는 더욱 가난해져서 폐단이 전과 다름없게 된다는 것이었다.」

《세종실록》 12/08/10

하지만 집현전 출신 정인지는 공법에 대해서 세종대왕과 많은 논의를 하였으며, 처음부터 "경기도의 한두 고을에 먼저 시험한 다음 각도에 모두 시행토록 하소서."라고 할 정도로 공법을 적극적으로 지지한 사람이다. 정인지는 공법 시행에 대해서 20년 넘게 세종대왕과 뜻을 같이 하였다. 그래서 정인지는 세종대왕의 조세개혁에 많은 공을 남긴 인물이다. 정인지는 공법 논의가 중단된지 수년이 흐른 세종 18년 충청도 감사로 있을 때, "공법이 답험손실법보다 나은 편이 될 것입니다."라고 하여 공법의 시행을 지지하였다.

「전하께서 공법을 행할 것을 의논하여, 장차 옛날의 제도를 회복하고자 하니, 조정의 의논이 서로 같지 않음이 있으므로, 일이 중지되고 시행되지 아니했습니다. … 예로부터 폐단이 없는 법은 있지 않으니, 폐단을 구제하는 방법은 그 사람에게 있는 것입니다. 사람들의 말에, '손실에 따라서 손실을 주는 것이 가장 좋은 법이 된다.' 하오니, 그 말을 듣는다면 진실로 좋은 법이 되지마는, 시행하는 실제는 진실로 알맞게 되지 못하니 이것은 다 같이 알맞지 못한 것이 된다면, 오히려 공법이 답험손실법보다 나은 편이 될 것입니다.」

《세종실록》 18/02/22

이때부터 정인지는 공법의 입법에 대해서 세종대왕의 든든한 동반자가 되었다. 세종 25년 11월에 설치된 '전제상정소'에 수양대군이 도제조가 되고, 좌찬성 하연, 박종우 등과 함께 정인지는 제조가 되어 전분6등법과 연분9등법으로 하는 공법의 입법을 마무리하였다. 그리고 지중추원사 정인지는 좌찬성 하연 등과 함께 공법의 시행에 앞서 세종대왕의 명에 의하여 경기도 안산에 가서 양전을 하였다. 이후에도 정인지는 공법의 입법에 앞장서서 지지함으로써 하연과 함께 백성들 원망을 받았고, 지식이 있는 사람들의 비난을 받기도 하였다.

「국가의 대신으로서 풍년·흉년을 헤아리지도 않고, 급하지 않은 공법을 강행하여 뜻을 맞추어 찬성하니, 백성들이 많이 원망하고 지식이 있는 사람들이 비난하였다」

《세종실록》 25/12/17

하지만 공법의 시행에 있어서 세종대왕은 정인지를 의지하고 있었다. 세종대왕은 정인지가 하전의 등급을 세분하여 나누자고 하니 4, 5등으로 내렸다고 하였다. 그리고 정인지에게 일러 공법의 입법에 대해서 백성들에게 잘 설득하라고 하였다. 공법의 시행에 있어서 정인지의 역할이 매우 중요하였음을 알 수 있다. 특히 정인지가 충청·전라·경상도 도순찰사로 있을 때에는 공법의 시행에 따른 문제점을 직접 파악하여 보고하게 하는 등, 공법의 입법에 있어서 세종대왕과 백성들 사이에서 가교의 역할을 하였다.

> 「내가 생각하건대, 전에 경 등이 청하기를, '하삼도의 전지가 비록 기름지다고는 하나, 그 중에도 척박한 논밭은 우리나라 북쪽 땅과 다름이 없으니, 하전 중에서 더욱 척박한 것을 가려서 4, 5등으로 내리는 것이 좋겠습니다.' 하기에, 내 그 말에 따라서 이번의 제도를 정한 것이다. … 경은 나의 지극한 품은 뜻을 몸받아 더욱 근면하고 더욱 힘쓸 것이며, 또 어리석은 백성으로 하여금 국가에서 조세를 많이 거주어 들이려는 의사가 없음을 알게 하라.」
>
> *《세종실록》26/01/10*

한번은 병조판서 한확・예조판서 김종서 등을 불러서 말하기를 내가 지금 정인지를 불렀으니 그가 오거던 공법에 대해서 같이 의논하여 보고하라 할 정도였다. 그 때 정인지는 궁궐을 수비하며 군사 기밀을 전달하는 일을 맡은 지중추원사로 종2품 관직에 있었지만 공법에 대해서는 상당한 영향력이 있었던 것으로 보인다.

> 「내가 공법을 시행하고자 하나 대소 신민들이 입법의 뜻을 알지 못하여 의논이 각각 다르므로 장차 하삼도의 1, 2 주군에 조정 대신을 보내어 세법을 개정하게 하고, 백성들로 하여금 다 나의 본의를 알게 하려고 한다. 내가 지금 정인지를 불렀으니

그가 오거던 같이 의논하여 보고하라.」

《세종실록》26/윤7/26

세종대왕은 공법의 입법을 3개월 앞둔 시점에서 도순찰사 정인지에게 내린 명령서에 "충청도 두 고을인 청안(淸安: 현 괴산지역)과 비인(庇仁: 현 서천지역)에서 공법으로 산출한 세수를 보니 너무 과중한 듯한 의심이 난다면서 이를 비밀에 붙여 누설하지 말라."고 하였다.

「지금 청안의 전품을 정하였는데, 이것은 여러 고을의 기준이 되는 것이다. 행재소(行在所: 임금이 왕궁을 떠나 거둥할 때에 임시로 머무는 곳)에서 가장 가까운 곳이어서 영의정·좌의정·우의정 삼대신이 친히 살펴 정한 것이매 반드시 지나치거나 부족하다는 비난은 없을 것이다. 그러나 여섯 고을의 전품은 다 결정된 뒤에 지금 정한 조세로 계산하여 보아 너무 무겁다고 의심되면 감하고, 너무 가볍다고 의심되면 보태는 것은 다 나의 심중에 있는 것이니 무슨 어려움이 있겠는가. 경이 심사할 때에는 조세 총액의 많고 적음을 마음에 두지 말고, 일체 경이 하직 인사할 때에 말한 바에 의거하여 청안의 정해진 전품(田品)을 본받도록 하라. …이제 두 고을(청안, 비인)에서 산출한 수량을 보니 너무 과중한 듯한 의심이 난다. 장차 대신들과 함께 다시 의논할 것이니, 경은 그런 줄 알고 비밀에 붙여 누설하지 말라.」

《세종실록》26/08/24

이는 최종 공법안으로 추산한 세수가 답험손실법을 적용할 때보다 훨씬 더 많은 문제점을 파악하고, 정인지가 조세를 정하기 위한 심사에서 조세 총액의 많고 적음을 알 수 있으니 이를 비밀에 붙여 누설하지 말라는 것이다. 그만큼 세종대왕은 정인지를 신뢰한 것이다.

세종 28년 공법이 입법된 후 2년이 지나 집현전 직제학 이계전 등이 상소를 올려 "시험한 지 수년에 백성의 원망과 탄식이 날로 깊어지니, 아마도 백성을 편하게 하는 좋은 법이 아닌가 합니다."라고 하여 공법의 폐지를 주장하였다. 이때에도 세종대왕은 정인지를 불러 말하기를, 경이 충청 감사로 있을 때에 글을 올려 청하였으므로 내가 공법에 대한 뜻을 결단하여 행한 것이라 하였다.

「경 등이 중시(重試; 당하관 이하의 문무관에게 10년마다 한번씩 보이는 과거)하던 해에 또한 제목을 내어 책문하였고, 또 경[정인지]이 충청 감사로 있을 때에 글을 올려 청하였으므로, 내가 드디어 뜻을 결단하여 행한 것이다.」

《세종실록》28/06/18

정인지는 공법의 혁신에만 참여한 것이 아니다. 훈민정음의 창제에 따른 문자 혁신에도 주전 맴버로서 참여하였다. 《세종실록》에는 훈민정음에 대한 기록이 별로 없지만 세종 25년 12월 훈민정음을 창제하고, 세종 28년 9월에 《훈민정음(訓民正音)》의 해례본이 편찬되었다. 예조판서 정인지는 이책 서문에서 "계해년 겨울에 우리 전하께서 정음 28자를 처음으로 만들었다."고 하면서, 세종대왕이 이에 따른 해

석을 상세히 하여 여러 사람들에게 이해하도록 하라고 명하여 훈민정음해례본을 편찬케 되었는데, 이를 본인과 더불어 집현전 응교 최항 등이 함께 편찬하였음을 말하고 있다(《세종실록》 28/09/29). 우리 역사에서 가장 위대한 유산인 훈민정음의 창제에도 정인지가 주축이 되었음을 알 수 있다.

집현전은 싱크탱크이다.

당 태종은 《정관정요(貞觀政要)》에서 "정치를 하는 요체는 오직 사람을 얻는 데 있으니, 인재가 아닌 자를 등용한다면 반드시 <제대로 된> 정치에 이르기 힘들 것이다.[爲政之要(위정지요), 惟在得人(유재득인), 用非其才(용비기재), 必難致治(필난치치)]"라고 하였다. 임금과 신하가 서로 잘 만나야 정치를 잘할 수 있기 때문에 임금의 직책은 오직 어진 이를 알아 잘 맡기는 것을 선무로 삼아야 한다는 뜻이다.

이익이 쓴 《성호사설》에서 "세종대왕은 용의주도한 인재의 양성을 통해 경륜이 축적된 인재들의 협력과 보좌로 풍평지치(豊平之治: 모두가 풍요로워지는 통치)를 달성하였다."고 하였다. 양재용현(養才用賢)이다. 양재는 인재를 양성하는 것을 말하며, 용현은 현명한 자를 기용하는 것을 말한다. 양재하는 이유는 재능 있는 자가 나기는 매우 어렵고, 났다 하더라도 그것을 알기는 더욱 어렵기 때문이다. 그래서 어진 군주는 인재 기르는 것을 중하게 여기고, 인재 쓰는 것을 다음으로 여긴다.

세종대왕의 양재용현은 집현전을 통하여 실현되었다. 집현전은 본래 중국에서 연원한 것으로 한나라 이래 있었으나, 그 제도가 정비된 것은 당나라 현종 때로서 학사를 두고 시강(侍講: 임금 앞에서 글을 강론하는 것을 말함) 등을 담당하게 하였다. 우리나라에서는 오래 전에 이 제도가 도입되어 삼국시대에 이와 유사한 제도가 있었던 것으로 보이나, 집현전이라는 명칭이 처음 사용된 것은 고려 인종 때이다.

조선시대에 접어들어서는 정종 때 집현전이 설치되었으나 얼마 뒤 보문각으로 개칭되었고, 그것마저 곧 유명무실해졌다. 세종대왕은 즉위하자 집현전을 확대하고, 필요한 인재를 집현전을 통하여 양성하여 쓰고자 하였다. 그래서 대신들에게 그 방안을 마련하게 하였다. 하지만 집현전의 확대 방안에 대해 조정의 답신이 없자 세종대왕은 이를 강하게 질책하였다.

「일찍이 집현전을 설치하려는 의논이 있었는데, 어찌하여 다시 아뢰지 않는가. 유사(儒士) 10여 인을 뽑아 날마다 모여서 강론하게 하라.」

《세종실록》01/12/12

이에 세종 2년 이조에서는 집현전에 대한 구체적인 방안을 제시하였다. 보문각을 폐지하고 집현전만 남겨 두어 관사를 궁중에 두고, 문관 가운데서 재주와 행실이 있고 나이 젊은 사람을 택하여 이에 채워서, 오로지 경전과 역사의 강론을 일삼고 임금의 자문에 대비하게 하였다. 집현전이 위치한 곳은 경복궁의 수정전 자리로 국왕이 조회와 정사를 보던 근정전이나 사정전과는 매우 가까운 곳에 위치해 있었다. 이는 집현전에 대한 세종대왕의 관심이 매우 컸음을 의미한다.

세종대왕은 일단 집현전 학사에 임명되면 다른 관직으로 전직됨이 없이 그 안에서 차례로 승진하여 직제학 또는 부제학까지 이르게 하였다. 그 뒤에 육조나 승정원 등으로 진출하도록 하였다. 오래동안 집현전에 머물면서 승진에 신경 쓰지 않고 학문의 연구에 전념하도록 하기 위해서이다. 그리고 장기 연구직인 학사들의 연구에 편의를 주기 위하여 많은 도서를 구입하거나 인쇄하여 집현전에 소장하도록 하는 한편, 휴가를 주어 산사에서 마음대로 독서하고 연구하게 하는

「집현전 학사도」 집현전은 양재용현의 산실이다. 양재는 인재를 양성하는 것을 말하며, 용현은 현명한 자를 기용하는 것을 말한다.(사진 세종대왕기념사업회 제공)

사가독서(賜暇讀書) 제도를 두었으며, 그밖에 여러 가지 특권을 주어 학문 연구에 부족함이 없도록 하였다. 그 결과 우수한 학자들이 집현전을 통하여 많이 배출되게 되었다. 집현전이 나라의 싱크탱크(Think Tank)가 된 것이다.

세종대왕 전반기에는 집현전을 통해 많은 학자가 양성되었고, 그 학자들이 주축이 되어 유교적 의례·제도의 정리와 수많은 편찬사업을 펼쳐 유교정치의 기반을 다져갔다. 집현전에서 이룩한 업적은 《훈민정음》의 창제뿐만 아니라 여러분야의 학문연구와 편찬사업 등 다양하고 방대하다. 집현전에서 편찬된 서적은 약 50여종에 이르는데, 그 내역을 검토해 보면 경학(經學), 의례, 윤리, 정치, 역사, 문학, 군사, 지리, 의약, 언어, 농업, 천문 등 수 많은 분야를 포괄하고 있다. 이 중 경학과 윤리·의례에 관한 책은 유교국가의 건설을 추구했던 세종대왕의 통치철학을 학문적·제도적으로 뒷받침하기 위한 것이다. 그리고 나머지 분야의 서적들은 모두 국정 운영에 적용하기 위한 실용적 목적으로 편찬된 것이라고 할 수 있다.

집현전에서 한 편찬사업으로는 역사서인 《고려사》·《고려사절요》·《태종실록》, 정치서인 《치평요람》·《자치통감훈의》·《정관정요주(貞觀政要註)》·군사서인 《역대병요》, 의례 및 윤리서인 《오례의》·《효행록》·《삼강행실》, 지리서인 《팔도지리지》, 농업서인 《농사직설》, 의약서인 《의방유취》, 문학서인 《월인천강지곡》등이 있으며, 특히 훈민정음의 창제와 보급에 관련된 편찬사업인 《운회언역》·《용비어천가주해》·《훈민정음해례》·《동국정운》·《사서언해》등의 많은 서적을 편찬·간행하여 한국 문화사에 황금기를 이룩해 놓았다.

2

소통의 리더십

소통은 조직의 혈액 순환이다.

세종대왕은 소통의 달인이다.

세종대왕은 국가 경영을 위한 소통의 중요성을 일찍이 알았고, 처음부터 끝까지 조정 대신들과 소통하였다. 소통을 위해서 자신을 내려놓고 신하들과 논의하여 정책을 결정한 것이다. 세종대왕은 즉위한 지 3일 만에 현재의 대통령 비서실장격인 도승지 하연에게 "내가 인물을 잘 알지 못하니, 좌의정·우의정과 이조·병조의 당상관과 함께 의논하여 벼슬을 제수하려고 한다."고 말하였다(《세종실록》 즉위/08/12). 왕의 권위를 내려놓고 아랫사람들과 논의할 때 소통이 이루어진다는 것을 안 것이다.

세종대왕은 최적의 국정운영 방법을 신하들과의 활발한 소통으로 생각한 것이다. 그래서 세종대왕은 자신이 잘못된 판단을 내릴 경우에 신하들이 끈질기게 간언하여 이를 바로잡도록 요청하면서, 오히려 신하들이 쟁간(爭諫: 다투어 간함)하지 못한 것을 다음과 같이 책망하였다.

「지나간 옛날을 두루 살펴보니, 비록 태평한 시대에 있어서도 대신(大臣)은 오히려 임금의 옷을 붙잡고 강력하게 간언한 자가 있었으며, 또 그 말한 바가 사람의 마음을 두렵게 하여 움직이게 함이 있었다. 지금으로 말하면 비록 무사하고 평안하였고 하나, 옛날에 미치지 못함이 분명하다. 그런데 아직 과감한 말로 면전에서 쟁간하는 자를 보지 못하였으며, 또 말하는 것이 매우 절실하게 강직하지 않다. 어째서 지금 사람은 옛사람 같지 못하는가. 각자가 힘써 생각하여 나의 다스림을 도우라.」

《세종실록》 07/12/08

그리고 세종대왕은 신하들이 의논하는 세태에 대해서도 지적하였다. 세종대왕은 논의에서 자신의 발언은 최소화하고 신하들의 의견을 경청하여 좋은 아이디어를 수렴하는 것을 자신의 역할로 설정하였다. 그러나 신하들은 회의시간에 간단한 업무 보고 외에는 침묵하거나 대세를 따르는 모습을 보였기 때문이다.

「의논하라고 내린 일로 보아도, 그것을 논의할 적에 한 사람이 옳다고 하면, 다 옳다고 말하고, 한 사람이 그르다고 말하면, 다 그르다고 말한다.」

《세종실록》 07/12/08

세종대왕은 의견 개진에 대한 신하들의 심리적 진입장벽을 낮추기 위해서 자신을 낮추었다. 신하들에게 임금 자신의 부족한 점 또는 임금이 처한 어려운 상황을 있는 그대로 드러내면서 소통을 이끌어 낸 것이다.

> 「내가 이미 어질지 못하고 사물의 처리에 어두우니, 반드시 하
> 늘의 뜻에 맞지 않는 것이 있을 것이다. 힘써 그 허물을 생각하
> 여 하늘의 꾸짖음에 대답하게 하라.」
>
> 《세종실록》07/12/08

  조선시대의 양반은 정치의 주체였으며, 사회 조직은 양반의 이익을 보장하기 위한 방향에서 편제되어 있었다. 이러한 정치적 한계를 완전히 뛰어 넘어, 세종대왕은 소통으로 백성을 위한 혁신을 하였다. 세종대왕은 우리나라를 15세기 동아시아 최고의 문명・문화국으로 격상시켰고, 국가 경영 전반에 걸쳐 많은 업적을 쌓았는데, 이를 가능하게 해준 것은 리더로서 소통능력이다. 세종대에는 직급이나 신분이 낮은 사람들도 자신의 견해를 밝힐 수 있었고, 왕과 신료 그리고 백성들 사이에는 상호 신뢰감이 널리 확산되어 깊이 뿌리내렸다. 그 결과 사회 전체에 솔직하고 개방적인 의사소통이 촉진되어 복잡한 정치적 난제를 원활하게 해결할 수 있었던 것이다.

  세종대왕은 정치적 성공의 요체가 구성원 사이의 신뢰와 소통에 있다는 점을 잘 이해하고 있었던 것이다. 세종대왕은 신뢰 구축과 개별적 배려를 통해 비전 제시라는 소통능력을 발휘한 커뮤니케이터이자 리더였다. 소통은 창의적 사고를 가능하게 하고, 목표를 세우고 동기부여가 가능하도록 돕기 때문이다. 세종대왕의 혁신에는 소통이

중요한 요소로 작용한 것이다.

소통은 리더의 책임이다.

세조는 조직에 있어서 소통이 무엇인지 말했다. 다음은 세조가 평안도 도절제사 황석생에게 한 말이다. 장수가 부하들과 소통하기 위해서는 마음속을 털어 놓고 친해져야 하며, 마냥 마음대로 부려서 뜻대로 하려 한다면 장수를 위해서 죽을 사람이 없다는 것이다.

「나이가 젊은 장수는 적국에 위엄을 떨치려고 하지 않는 이가
없는데, 이것은 가장 지엽적인 일이다. 장수의 도리는 마음을
열고 품은 바를 소통하여, 군졸들로 하여금 귀에 대고 속삭일
만큼 친밀하게 하는 것뿐이다. 만약 항상 마음대로 시켜서 뜻대
로 하게하고, 잊을 수가 없어 돌이켜 볼 정도로 병이 나게 한다
면, 윗사람을 사랑하여 장수를 위해서 죽을 사람은 없을 것이다.」

《세조실록》05/12/17

조직의 리더는 소통하여 구성원들과 귓속말을 속삭일 정도로 친밀해야 한다는 것이다. 우리 사회는 너도나도 소통(疏通)을 외쳐대고 있다. 국가는 국가대로, 정치는 정치대로, 기업은 기업대로, 가족은 가족대로 소통을 해야 한다고 한다. 무엇이 문제인가? 리더가 친근감

있는 소통의 리더십을 발휘하지 못하기 때문이다. 리더가 구성원에게 턱으로 이래라 저래라 하면 소통은 단절된다. 그리고 소통이 부재한 조직은 경쟁력에서 밀리고 도태되고 만다.

그래서 조직의 리더에게는 소통의 리더십이 필요하다. 소통은 상대방을 동등한 대상으로 여기는 가운데 이루어진다. 사람들은 자기를 이해해주고, 존중해주는 이들과 대화하려 한다. 그래서 소통의 효과는 한번의 시도에서 나오는 것이 아니라, 시간의 흐름에 따른 지속성에서 나타난다. 그렇기 위해서는 상호간에 존중하고 아끼며, 서로 잘 되기를 바라는 친화가 있어야 한다. 그럴 때 대화가 즐겁고 생산적일 수 있다. 조직의 공동 목적을 공유하고, 대화를 통해 공동의 목적을 실천해가는 동반자적 관계가 형성 될수록 소통은 더욱 힘을 받는다. 리더의 소통능력은 구성원들 간의 협력과 협조를 이끌어내어 조직의 목표를 달성하게 한다.

유비는 제갈량과 소통하여 백성을 다스릴 때에 중도(中道)를 얻었고, 실책의 비판을 겸허이 받아 들여 뭇사람들의 생각을 모았고, 충성스럽고 도움이 될 사람을 널리 구하였다. 하지만 당나라 덕종은 신하의 권력이 강해질까 걱정하여 매양 의심하고 오해하여 서로간에 의구심을 갖게 되니, 군신 간에 꺼리는 바가 있게 되고 상하 간에 의사소통이 안되었다. 덕종의 이러한 치세는 환관세력을 낳았고, 훗날 당나라 멸망의 한 원인이 되었다.

미국의 위대한 정치가요 과학자인 벤자민 프랭클린은 빼어난 소통의 리더십을 발휘한 사람이다. 정치가로선 미국의 독립선언문기초위원회 위원으로 활약했고, 과학자로선 피뢰침을 발명하였다. 그는 평생을 통하여 자유를 사랑하고 과학을 존중하였으며, 공리주의(功利主義)에 투철한 전형적인 미국인으로 존경을 받았다. 프랭클린이 소통에서 가장 중요하게 여긴 것은 싸우지 않고 이기는 대화의 기술이다. 그는 논쟁의 승리보다 타인의 호의를 얻는 것이 중요하다는 것을 일관되게 강조하였다. 프랭클린은 새로운 제도를 제안하거나 구제도의 개혁을 제안해서 번번이 실현할 수 있었던 것은 모두 자신의 언어 습관 덕분이라고 고백했다. 달변가이기는 커녕 말주변이 없는데도 자신의 의견이 늘 관철되었던 것은 바로 자부심을 억누르는 겸양의 언어 습관에서 비롯되었다고 설명했다. 논쟁 좋아하는 사람치고 자신의 의견을 제대로 관철시키는 사람은 없다는 것이 그의 결론이다. 덮어놓고 반박하거나 무조건 따지는 것은 상대방을 설득하는 것이 아니고, 크게 적의를 품게 만든다. 소통은 자신을 내려놓고 상대방의 말을 경청하면서부터 시작된다.

프랭클린도 젊었을 적엔 예리한 논리로 빈틈없는 논쟁을 일삼았다. 그는 이같이 논리 정연한 토론의 승자로 군림하다가, 어느 날 작은 싸움에선 이기고 큰 싸움에선 지고 있는 자신의 토론 결과를 확인하게 되었다. 앞에선 이기는데 뒤에선 지고 있는 즉, 상대를 내 사람으로 만들지 못했다는 것을 문득 깨닫게 된 것이다. 이후 프랭클린은 대화의 방법을 바꾸게 되었다. '반드시', '의심할 여지없이', '꼭' 같이 단정을 주는 말은 전혀 쓰지 않았다고 한다. 대신 "나는 이러이러하다고 생각한다." "만일 내가 잘못이 없다면 이러할 것이다."라는 투의 말을 사용하였다. 그 결과 프랭클린은 자기의 의견을 대부분 관철시킬 수 있었다.

세종대왕은 이러한 소통법을 잘 알고 있었다. 한번의 의논으로 모든 것을 결정하려 하지도 않았다. 항상 자신을 먼저 내려놓고 끊임없이 소통하여 목적을 달성하였다. 다음 내용은 조정에서 공법의 시범 실시를 의논하여 결정하였지만 황희 등이 반대 하자 '내가 부덕하다'고 하면서 세종대왕은 한발 물러선다. 하지만 "후세의 자손이 필시 행할 때가 있을 것이다."라고 하면서 완전히 물러서지는 않았다. 결국 공법은 이 논의가 있은 뒤 7년 후에 완성된다. 소통으로 목적을 달성한 것이다.

「임금이 말하기를, "공법은 옛일을 상고하고 지금을 참작해서 대신들과 더불어 의논하여 정한 것이고, 본래에는 백성들에게 편리하게 하고자 한 것이었다. 내가 부덕(不德)하여 20여 년을 왕위에 있으면서 일찍이 한 해도 풍년이 없었고, 해마다 흉년이 들었으나 뒷세상의 풍년도 기약할 수 없으니, 이 법은 단연히 시행할 수 없겠다. 그러나 이 법을 이미 정해서 전국에 반포했은즉, 후세의 자손이 필시 행할 때가 있을 것이니, 이제 황희 등의 의논을 따르라." 하였다」

《세종실록》 19/08/28

15년간 조정 대신들과 공법을 논의하다.

대화와 토론은 민주적인 의사결정의 기본이다. 즉, 사회적인 갈등이나 정책결정의 문제가 발생하였을 때 대화와 토론을 통하여 구성원의 생각을 서로 교환하고 비판하여 가장 적합한 해결책을 찾는 것이다. 따라서 대화와 토론은 공동의 관심사가 되는 어떤 문제에 대하여 가장 바람직한 해결 방안을 찾는 과정이라 할 수 있다. 조선시대에 대화와 토론은 논의(論議)라고 할 수 있다. 문제는 이러한 논의가 얼마나 진정성을 가지고 상대방의 의견을 존중하면서 민주적으로 이루어졌는가 하는 것이다.

세종대왕은 공법을 입법하기 위하여 세종 10년부터 논의를 시작하여, 세종 26년에 최종 공법이 완성될 때까지 15년 이상 조정 대신 등과 논의하였다. 그래서 세종대왕이 소통의 리더십을 가장 잘 발휘한 정책이 조세제도의 혁신을 위한 공법의 입법이다. 세종대왕은 먼저 백성들이 좋아하지 않으면 공법을 시행하지 않겠다는 조건을 제시한다. 그리고 논리적으로 공법의 필요성을 역설하고, 이 일을 조정에서 논의하게 하였다. 소통의 방법이다.

「백성들이 좋지 않다면 공법을 행할 수 없다. 그러나 농작물의 잘되고 못된 것을 답험할 때에 각기 제 주장을 고집하여 공정성을 잃은 것이 자못 많았고, 또 간사한 아전들이 잔꾀를 써서 부유한 자를 편리하게 하고 빈한한 자를 괴롭히고 있어, 내 심히 우려하고 있노라. 각도의 보고가 모두 도착해 오거든 그 공법의 편의 여부와 답사해서 폐해를 구제하는 등의 일들을 백관 (百官)으로 하여금 숙의(熟議)하여 아뢰도록 하라.」

《세종실록》12/07/05

공법에 대한 논의는 세종 12년 이후 진척이 없었다. 그리고 정인지의 상소를 시작으로 세종 18년부터 공법에 대한 논의가 다시 본격적으로 이루어진다. 충청도 감사 정인지는 세종대왕과 뜻을 같이하여 답험손실법의 폐단을 말하면서 "그윽이 생각하건대, 매년 가을마다 위관(委官)이 손실을 경하게 하고 중하게 함이 능히 알맞지 못하여, 백성들이 또한 번거롭게 여겨 소란하므로, 전하께서 공법을 행할 것을 의논하여, 장차 옛날의 제도를 회복하고자 하니, 조정의 의논이 서로 같지 않음이 있으므로, 일이 중지되고 시행되지 아니했습니다." 라고 하여(《세종실록》18/02/22), 공법의 시행에 따른 조정의 의논이 서로 같지 않아 중지되었음을 강조하였다.

세종 18년부터는 거의 한달에 몇 번씩은 조정에서 공법을 논의 하였다. 하지만 이러한 공법안들 역시 미진함이 있다며 조정의 의견이 분분하여 여전히 공법은 시행되지 못하였고, 세종대왕은 그때마다 영구적으로 폐단이 없는 공법을 논의하도록 하였다.

「지난해에 비록 공법을 세웠으나 시행하지 못하였다. 내 항상 공법을 행하고자 하여 몇 해 동안의 중간 수량을 참작해서 답험하는 폐단을 없애버리고, 여러 대소 신료로부터 서민에 이르기까지 물어 보았더니, 공법을 원하지 않는 자가 적고, 행하기를 원하는 자가 많으니, 백성들의 지향하는 바를 가히 알았었다. 그러나 조정의 논의가 분분해서 잠정적으로 그대로 두고 행하지 않은 지가 몇 해가 되었다. 우리나라는 토지가 메말라서 10분의 1의 수량도 역시 다소 과중한 것같이 생각된다. 그대들 호조에서는 전대의 폐단이 없었던 법을 상고하고, 이 뒷세상에 오래도록 행할 만한 방법을 참작하여, 아울러 행할 사목들을 세밀하게 마련해서 아뢰도록 하라.」

《세종실록》19/07/09

세종대왕이 공법을 논의하면서 늘 물러선 이유는 한결같이 폐단 없는 공법을 만들기 위함이었다. 잘못된 조세제도는 백성들이 집을 떠나 유리하게 하고, 굶어 죽음에 이르게 할 수 있기 때문이다. 그래서 세종대왕은 늘 최선의 대안을 위해 대신들에게 논의하라고 한 것이다.

「도승지 신인손이 아뢰다. "지금의 공법은 여러 고전에서 상고하고 시대의 사정에 맞는 것으로 참작하여, 대신에게 의논하여 이를 만들었으니 진실로 법령이 되옵니다. 대개 이 법은 풍년이면 백성들에게 좋고 흉년이면 백성들에게 해가 되는 것이오니, 우선 공법을 정지하고 다시 손실의 법을 행하되, 시범실시 하는 것같이 하고 다시 풍년을 기다리는 것이 심히 편리하겠습니다." 임금이 말하다.
"나의 뜻도 또한 그러하나, 다만 이미 정한 것을 감히 경솔하게

고치지 못할 뿐이다. 이제 억지로 공법을 행하게 되면, 백성이

유리(流離)하고, 혹은 사망하는 자가 있을까 참으로 염려되니,

마땅히 대신들과 이를 의논하라.”」

《세종실록》 19/08/27

이후에도 공법의 논의는 세종 26년 공법이 완성될 때까지 계속되었다. 《세종실록》의 기사에는 약 30년 동안 총 65건의 공법에 대한 논의 등의 기록이 있다. 세종대왕은 공법을 입법하기 위해서 무려 15년 이상 조정의 신하들과 대화와 논의를 하였다. 그것도 군왕의 권위를 내려놓고 온전히 소통함으로써 공법을 만들고자 하였다. 이는 지배층인 양반 관료들의 ‘부익부’ 현상을 배제하고, 백성들의 재산과 생명을 보호하기 위한 공법을 만들고자 함이다. 세종대왕은 공법을 논의할 때 주도권을 가지지 않고 대화로써 논의를 경청하여 결정하였다.

파저강 야인의 토벌 계책을 논의하다.

중국 길림 지방 아래에 사는 여진의 여러 부족을 조선시대에는 통틀어 야인(野人)이라고 하였다. 야인은 기회만 있으면 압록강 중류 지대와 두만강 중류 지대인 여연(閭延: 중강)과 경원에 침입하여 노략질을 일삼았다. 이곳은 국경 방비가 소홀한 지역이었다. 조선은 여진족

의 침입을 방어하기 위하여 1417년(태종17) 경원부를 설치하여 조선의 영토임을 밝히고 차례로 진을 설치해나갔다. 하지만 여진 부족은 수백 명, 때로는 수천 명 단위로 침입했다. 그 반격으로 조선의 군사가 강을 넘어가 여진 마을을 불태우고 포로를 되찾아오기도 하였다. 하지만 건주위의 추장 이만주는 파저강(압록강 건너편 백두산 밑에서 서쪽으로 흐르는 강) 지역에 자리 잡고, 다른 여진인과 합세해 요동, 개원 일대의 명나라 관리와 백성을 납치하여 노예로 삼았다. 뿐만 아니라 이만주는 다른 부족의 추장들을 거느리고 우리나라의 강계와 여연 등을 침략하여 식량을 달라고 떼를 썼다.

「이만주 정벌도」 세종대왕 15년 (1433) 최고 사령관인 최윤덕에게 믿음으로 군권을 위임하고, 조정 신료들과 소통의 리더십을 발휘하여 파저강의 야인을 토벌하는 전략을 세움으로써 승리한다.(사진 세종대왕 기념사업회 제공)

「평안도 감사가 긴급 보고하기를, "야인 이만주(李滿住) 등 173명이 강계에 이르고, 동수보답(童修甫答) 등 206명이 여연에 이르러, 모두 식량을 청구하러 왔다고 칭탁하고, 머뭇거리면서 돌아가지 않고 있습니다.」

《세종실록》07/01/20

조정에서는 이에 대한 방책을 명나라에게 내려주길 바랬지만 응답이 없었다. 그것은 압록강 이북은 명나라 땅이므로 야인을 치기 위해서 조선 군사가 압록강을 넘으면 국경을 침략하는 것이 되기 때문이다.

이러던 중 세종대왕 재위 14년(1432) 11월말 이만주 휘하의 기병 400여 명이 여연에 침입해 주민과 군사 48명을 죽이고, 75명의 포로와 말과 소 100마리 이상을 빼앗아 달아났다. 이때 이만주는 자기가 한 짓이 아니라고 핑계를 대었지만 세종대왕은 다음과 같이 매우 분노하였고, 명나라에 알리고 토벌할 것을 논의하였다.

「임금이 심히 노하여, 곧 황희·맹사성·권진과 입번(入番) 도진무 조말생, 병조판서 최사강 등을 불러 들여서 의논하기를, "야인이 분심(마음이 어수선하여 주의가 흩어짐)을 낸 것은 다름이 아니라, 그들이 약탈하여 간 인민들이 우리나라 지경 안으로 도망하여 왔을 때에, 만일 우리나라와 관계된 자이면 이내 해당 고장으로 돌려보내고, 중국에 관계된 자이면 즉시 중국으로 돌려보냈던 까닭으로, 이에 원한을 품어 지금 변란을 일으킨 것이다. 우리나라에서 그자들을 끝까지 추격하지 못한 것은 중국의

국경을 마음대로 넘어갈 수 없기 때문이니, 이러한 뜻을 갖추어
황제께 알리는 것이 어떠할까."」

《세종실록》 14/12/09

다음 해 정월 세종대왕은 "야인들이 우리를 가벼이 여겨 매번 침
략할 것이므로, 그곳을 정탐하고 군사를 출동하여 치면, 비록 능히
이기지 못할지라도 오히려 위력을 보여서 적의 마음을 굴복시킬 수
있을 것이다."라고 하면서 토벌의 정당함을 강력하게 주장하면서 그
계책을 조정에서 논의하였다.

「지금 큰 병력을 일으켜서 남김없이 소탕하려는 것은 나의 본
의가 아니고, 다만 도적이 와서 침략하고 갔는데 우리가 앉아서
평안히 그 욕을 당하고 한번 가서 문책하지 아니한다면, 저들이
반드시 우리를 가벼이 여겨 매양 와서 침노할 것이므로, 사람을
그곳에 보내어 도둑의 무리를 살펴 알아서, 군사를 출동하여 가
서 치면, 비록 능히 이기지 못할지라도 오히려 위력을 보여서
적의 마음을 굴복시킬 수 있을 것이니, 이것이 좋은 계책인 것
이다.」

《세종실록》 15/01/18

다음 날 평안도 도절제사 최윤덕·도진무 김효성·경력 최치운 등
이 하직 인사를 하니, 세종대왕은 "지금 야인은 은덕을 저버리고 무
고히 쳐들어와서 평민을 죽이고 잡아갔으니, 극악무도한 죄는 베어

용서할 수 없다. 만약 토벌하지 아니한다면 뒤에 뉘우치고 깨달음이 없어, 해마다 반드시 이와 같은 일이 있을 것이다." 하면서 토벌을 강력하게 명하였다. 이때 최윤덕은 '준비 기간이 부족하다'는 망설이는 말을 하니, 세종대왕은 "군마를 정리해 밤낮으로 행군하여 한두 마을을 쳐부수어도 족하다."고 말하면서, 군권을 일임하고 최치운을 군사로 삼도록 하였다. 세종대왕의 토벌 의지는 강하였다. 그래서 최윤덕은 겨울을 보내고 4,5월에 행군하겠다고 말한다.

「최윤덕이 대답하기를, "대마도의 일은 백 년 동안의 준비이고, 오늘날의 일은 겨우 10년 동안의 준비이온데, 더군다나 같은 야인이라도 조금은 동서의 차별이 있사오니, 이만주는 요동과 가까와서 맹가첩목아(알타리 여진의 대추장)에 비할 것이 아닙니다."하였다.

임금이 말하기를, "경의 말이 옳으나, 다만 그 침략한 도적의 실상만 살펴 알면야, 군마를 정리해 밤낮으로 행군하여 한두 마을을 쳐부수어도 족하다."하니,

최윤덕이 대답하기를, "예전의 훌륭한 장수들은 어찌 병력만을 썼사오리까. 또한 때와 운수로 인하여 서로 이기고 패하였습니다. 지금은 땅이 얼고 물이 흘러 넘치니 4, 5월 봄 물이 마르기를 기다려서 행군하는 것이 가하옵니다. 만약 일의 기미가 있으면 마땅히 용사 20여 명을 청하겠나이다."하였다.

임금이 말하기를, "경의 말한 바를 내가 어찌 듣지 않겠는가. 군사의 진퇴에 이르러서는 경의 처분대로 따르겠다."하고,

인해 전교하기를, "최치운이 오랫동안 나를 보필하였으니, 경이 막부(幕府)에서 더불어 고사(古事)를 논함이 가하다."」

《세종실록》15/01/19

이 후에도 세종대왕은 조정에서 파저강 야인을 토벌하는 일에 대해서 많은 논의를 하였다. 또한 은밀히 의정부·육조·삼군 도진무 등에게 야인을 접대할 방법, 죄를 성토할 말과 토벌할 계책 등을 각각 진술하게 하는 등 치밀한 계획을 세웠다(《세종실록》15/02/15). 또한 세종대왕은 여러 신하에게 야인들의 횡포를 참을 수 없으니 토벌해야 하는데, 산이 험악하니 보병으로 전략을 세울 것을 말하였다.

「파저강 야인의 침략한 정황이 심히 분명하여 억측이 아니다. 우리의 가까운 지경에 있으면서 업신여기고 횡포하기를 이와 같이 하니, 어찌 참을 수 있으리오. 만약 군사를 일으키려면 외롭고 약하게 할 수 없고, 마땅히 크게 일으켜 토벌해야 할 것인데, 산이 험하고 물이 막혀서 용병(用兵: 군사를 부림)하기가 심히 어려우니, 보졸(步卒: 보병)을 뽑아서 가야 하겠다.」

《세종실록》15/02/20

이처럼 세종대왕은 여러 차례 의정부와 육조의 대신 등을 불러 파저강을 토벌할 계책을 논의하였다. 이러한 논의에는 군의 작전 전략까지 포함되었다. 이 논의 중 세종대왕은 최해산을 성책순심사로 삼아 적이 알지 못하게 부교와 목책(木柵)의 설치에 따른 작전까지 소상하게 지시하였다.

> 「최해산에게 내전(內傳: 임금의 개인적 명령)하기를, "부교(浮橋)를 만들기를 명하였더니, 이제 다시 생각하건대, 명목 없이 재목을 베면 인심이 요동하여 저들이 반드시 알 것이니, 이것이 크게 염려된다. 지금 경을 성책순심사(城柵巡審使)로 삼으니 목책을 신설할 터를 골라서 정한다고 가탁하고, 강가를 순찰하면서 가만히 생각하고 비밀히 헤아려서 군사가 이르기를 기다려 급히 부교를 만들되, 만약 부교가 완전하지 못하여 사람과 말이 함께 빠진다면 작은 사고가 아니니, 마땅히 마음을 다하여 후환이 없게 하라.」

《세종실록》15/02/26

이처럼 세종대왕은 3개월 동안 거의 매일 파저강 일대에 있는 야인들의 토벌 계책에 대해서 논의하였다. 드디어 세종대왕은 재위 15년 3월 북벌의 장졸들에게 교서를 반포하고, 최윤덕에게 전교한 글에 이르기를, "야인들이 국경에 몰래 들어와서 늙은이와 어린이를 죽이고, 부녀를 사로잡으며, 백성들의 재산을 소탕하여 사나움을 방자히 행하였으니, 어찌 그만둘 수 있으리오."라고 하면서, 강력한 야인 토벌의 명령을 내렸다.

> 「이 무지한 야인들이 우리 경계에 가까이 있으면서, 쥐와 개처럼 도둑질한 적이 여러 번이었으나, 짐승 같은 습속을 족히 더

불어 계교할 것이 못 된다 이르고, 참고 용납하기를 오래 하였더니, 지금 국경에 몰래 들어와서 늙은이와 어린이를 무찔러 죽이고, 부녀를 사로잡으며, 백성들의 재산을 소탕하여 사나움을 방자히 행하였으니, 어찌 그만둘 수 있으리오. 오직 경은 충의의 성품을 가지고 장수와 재상의 지략을 겸하여, 이름이 일찍 드러나서 안팎에서 함께 아는 바이므로, 이에 중군(中軍: 군영의 대장)의 장수로 명하여 야인을 토벌하여 문죄하기를 명하니, 오직 이 부장 이하 대소 군관과 군사들의 소속에 있는 자를 경이 모두 거느리되, 명령에 복종하여 공을 이루는 자는 상을 주고, 명령에 복종하지 않은 자는 벌을 줄 것이다.」

《세종실록》 15/03/22

최윤덕은 전투에 출발하기에 앞서 임금의 교서를 반포하고, 임금의 뜻에 따라 규율을 엄하게 잡겠다고 군사들에게 일렀다. 그 내용은 조선 군대의 엄격한 규율을 잘 보여준다. 하지만 야인 인민의 환심을 사는 것 또한 중요한 전술의 하나였다. 노약자는 치지말며, 항복하면 죽이지 말라 한 것이다. 그들의 마음을 사로잡도록 하였다.

"도둑의 마을에 들어가 명령이 떨어지기 전에 재물과 보화를 거두는 자는 벨 것이다. 도둑의 마을에 들어가서 늙고 어린 자를 치지 말 것이며 장정이라도 항복하면 죽이지 말라. 그들의 닭, 개, 소, 말 따위를 죽이지 말고 건물을 불태우지 말라. 대체 토벌하는 법은 정의로써 불의를 베되 그 마음을 사는 것이 만전의 의가 된다. 군공을 낚으려고 늙고 어린 자와 중국인을 죽여 명령을 범한 자는 군법에 따라 시행할 것이다."

《해동명신록》1/최윤덕의 행장

　이렇게 대신들과 많은 논의를 하고, 치밀하게 전략을 짠 파저강 일대의 야인 토벌 작전은 완승하였다. 세종 15년 4월 10일 황해·평안도의 군사 1만 5천여 명을 동원해 야인을 정벌하고 자성군을 설치했다. 여진인은 나와 싸우기도 하였으나 대개 영채를 버리고 도망쳤다. 조선군이 쏘는 불화살의 위력에 놀라 달아났던 것이다. 토벌군은 파저강 일대를 두루 다니며 영채를 헐어버리고 곳곳을 샅샅이 수색하여 170명을 죽이고, 포로 236명, 마소 170마리를 노획하였다.

　소통의 리더십을 발휘하여 토벌 전략을 세우고, 전투시 최고 사령관인 최윤덕에게 믿음으로 군권을 위임한 야인의 토벌 전투는 승리할 수밖에 없었다.

3
타협의 리더십

타협은 윈윈(win-win)하는 결정이다.

민주적인 의사결정은 타협이다.

　영국의 바커(Ernest Barker)는 토론이야말로 민주주의의 기초인 동시에 본질이라고 말했다. 그리고 참된 민주주의가 되기 위해서는 대립되는 견해 차이의 조정이 필요하며, 성공적인 운영을 위해서 첫째 서로 의견을 달리해도 좋다는 점에 동의하는 원칙, 둘째 다수결의 원칙, 셋째 타협의 원칙을 제시하였다. 여기서 타협은 의사결정의 구체적인 방안에 대한 각자의 입장을 조정함으로써 대립관계를 합의에 이르게 하는 것이다. 의사결정이 대화와 타협을 통하여 이루어질 때 모두가 만족하는 합리성과 정당성을 갖는다.

　이러한 '타협에 의한 정치' 중 최고의 정책 결정으로 꼽을 수 있는 사건이 미국의 노예제도를 폐지하기 위한 '미국헌법 수정 제13조'이다. 미국의 제16대 대통령인 에이브러햄 링컨은 남북전쟁이 한창이던 1863년 1월 1일자로 다음과 같이 노예해방선언을 공포했다.

"현재 미국에 반대하여 반란 상태에 처한 모든 주 또는 주의 일부 지역에서 노예 상태를 유지하고 있는 모든 사람들은, 1863년 1월 1일 이후로 영원히 노예 상태로부터 해방될 것이다. 육해군 당국을 포함하여 미국 행정부는 그러한 사람들의 자유를 인정하고 지킬 것이며, 그들이 진정한 자유를 얻고자 최선의 노력을 기울일 때 그들을 억압하는 어떠한 조치도 취하지 않을 것이다."

그리고 링컨 대통령은 남북전쟁이 끝나기 전에, 하원의원 3분의 2의 찬성을 얻어 수정헌법 13조를 통과시키려 했다. 그러기 위해서는 야당인 민주당 의원들의 찬성표가 더 필요했다. 그래서 그는 노예해방에 확고한 신념을 가졌지만 반대자를 끌어안기 위해 유연한 자세를 보였다. 그러다 보니 그의 의지를 의심하는 급진적 폐지론자들을 오히려 설득해야만 했다. 전쟁은 막바지인데 노예제도의 폐지를 명시한 수정헌법 13조의 의회통과가 불투명해졌다. 여당인 공화당의 표가 3분의 2에 20표나 모자랐기 때문이다. 민주당은 그를 '에이브러햄 아프리카누스 1세' 황제라고 격렬하게 비난했다. 하지만 링컨은 교활한 정치꾼이라는 소리를 감수하면서 그들을 설득하고 타협하여 2표 차이로 미국의 역사를 바꾸어 놓았다. 링컨은 도덕적 열망과 함께 강렬한 정치적 야망을 가졌지만 동시에 자신의 목적을 실현하기 위해 온건함을 유지하면서 정치적 타협을 누구보다 적극적으로 실천했다. 타협의 리더십을 발휘한 것이다.

하지만 이러한 타협은 꼭 민주주의의 전유물만은 아니다. 집단적인 의사결정이 필요한 경우 힘에 의한 결정이 아니라면 합리성과 타당성에 따른 협력을 위해 타협하였다. 신분계급이 존재한 조선시대에도 이러한 대화와 타협은 있었다. 다만, 그 타협이 얼마나 민주적으로 이루어졌느냐의 차이가 있을 것이다. 민주적인 의사결정의 전제조건은 계급 없이 상호 동등의 위치에서 대화하고 타협하는 것이다. 세종대왕은 공법을 입법하는 과정에서 양보와 타협으로 최종 완성한다.

세종대왕은 25년만에 공법안을 제안한다.

세종대왕이 공법을 시행하고자 한지 25년, 대신과 논의한지 15년 이상이 되었는데도 조정에서는 의견이 대립되고 나누어져 있어 입법되지 못하였다. 세종대왕은 절망적인 기분이 들었음이 분명하다. 공법의 타당성에도 불구하고 조선이라는 국가의 행정 능력과 백성들의 인식 능력, 관리들의 정치적 비전은 세종대왕의 이상적 사고를 따르지 못했다.

조정의 논의 결과 공법을 시행한다고 했다가 대신들의 반대로 정지한 경우가 한두 번이 아니다. 반대 이유 또한 타당성이 있는 것처럼 보인다. '흉년이다', '부익부 빈익빈이다', '백성이 싫어 한다'는 것이다. 하지만 신하들은 이러한 문제점을 해결할 수 있는 대안은 제시하지 않았다. 그때마다 세종대왕은 공법에 대해서 더 좋은 방안을 논의하도록 설득하였다.

그런데 세종대왕은 무엇 때문에 공법 문제에 있어서는 이처럼 항상 한발 물러섰을까? 그 대답은 한결같이 "공법의 시행으로 백성이 불편하면 안된다."는 것이었다. 세종대왕은 의지를 가지고 대신들에게 공법의 필요성과 타당성에 대해서 지속적으로 설득하였지만 정작 본인은 한번도 대안을 말한 적이 없었다. 신하들에게 백성이 넉넉하고 편안할 수 있는 공법안을 논의하여 만들도록 한 것이다.

그러나 논의 뒤에 되돌아온 것은 "공법의 시행은 불가합니다." 였다. 공법을 시행하고자 한지 25년이 지나고, 대신과 논의한지 15년이 지났지만 대신들은 효율적인 대안은 제시하지 않고 찬반의 소모전만 하고 있었다. 세종대왕에게는 더 이상의 시간적인 여유가 없었다.

그 당시 재위 25년 4월에는 세종대왕이 "내 병이 더욱 심해지니 이것 또한 하늘의 뜻이로다." 하면서, 대신들의 반대에도 불구하고 세자에게 정사를 대신 처리하도록 하였다. 그리고 세종 25년 5월에는 계조당(繼照堂: 왕세자의 공식업무 장소)을 짓고 세자가 섭정을 하는 데 필요한 체제를 마련했다. 하지만 공법의 입법에 대한 세종대왕의 신념은 변함이 없었다. 그 와병 중에도 공법에 관련된 사항은 직접 챙기었다.

그러나 대립의 갈등은 더해질 뿐 조정 대신들은 확실한 공법안을 제시하지 못했다. 그래서 재위 25년 10월 세종대왕은 그때까지 논의된 대안들의 문제점과 해결책을 종합한 공법안을 다음과 같이 처음으로 제안했다.

「각도의 전지를 1, 2년 동안에 고쳐 측량하기가 쉽지 않으니, 아직은 구전안(舊田案)을 가지고 그 전품(田品)을 살펴서 먼저 5

등으로 나누되, 결부법을 경무법으로 고쳐 만들어 9등으로 조세
를 거두게 하는 것이 어떠한가.」

《세종실록》25/10/27

이 공법안은 그동안에 시범실시한 결부법에 따른 3등도 3등전법과
는 완전히 다른 경무법에 따른 전분5등법과 연분9등법을 기본으로
한 것이다. 세종대왕이 공법을 시행하고자 한지 25년만에 처음으로
자신의 안을 제시한 것이다. 세종대왕은 공법에 대해 누구보다도 많
은 지식을 가지고 연구하였지만 그동안 이처럼 자신의 의견을 개진
한 경우는 한번도 없었다. 세종대왕은 강한 의지를 가지고 즉위하면
서부터 공법을 시행하여 조세제도를 혁신하고자 하였으나, 항상 자신
의 안을 제시하지 않고 대신들과 호조나 의정부에서 많은 논의를 통
하여 폐단 없는 공법을 만들도록 하였다. 하지만 세종대왕도 더 이상
은 물러날 수 없었던 것이다. 그리고 그동안 논의된 것 이상의 방안

「**결부법에 따른 전답 1결의 넓이**」 조선초의 결부법은 전답의 비옥도에 따라 상중하 3
등급으로 나누어 1결의 크기를 달리 정하였다. 하지만 1결당 세액은 30말로 같았다.

들이 제시되기는 어렵다고 생각한 것이다.

세종대왕은 의견을 제시하고 나서 곧바로 황희·신개·하연·황보인·권제·정인지를 먼저 불러, 자신이 제시한 공법안의 가부를 물었는데 그 자리에서 반대한 자는 없었다. 그리고 곧이어 대사헌 민신 등을 불러 "정부와 육조에 의논하니, 모두 가하다 하는데, 너희들은 어떻게 생각하는가. 만일 전품(田品)을 나눈다면 8도가 다 그러하지마는 금년은 우선 하삼도에 시범실시하는 것이 어떠한가. 또 우선 수원·양주 등지에 시범실시 하고자 하는데 이것은 또 어떠한가."라고 똑같이 물으니 역시 경무법 등에 대한 반대는 없었다(《세종실록》 25/10/27).

다만, 김순 등 몇몇 신료들이 연분9등법에 대해 반대하였을 뿐이다. 김순은 토지의 품급(品級)이 너무 많으면 행하는 관리가 참작하여 품등을 정하기가 어려우니, 9등을 감하여 6등으로 만들자 하고, 윤면은 흉년으로 시행할 수 없다고 하였으며, 최만리 등은 연분을 3등이나 5등으로 하자고 하였다.

「김순은 말하기를, "해를 9등으로 나누는 것은 불가할 듯합니다. 지금 비록 나누어 9등으로 만들게 하더라도, 누가 능히 연분(年分)을 정하여 살피어 9등을 만들겠습니까."

윤면은 말하기를, "이것은 비록 좋은 법이라도 흉년 때에는 행할 수 없습니다."

최만리 등 말하기를, "지금 흉년을 당하여 급급히 할 것이 아니니 마땅히 풍년을 기다리고, 또 해를 9등으로 나누는 것은 불가하니 다만 3등 혹은 5등으로 나누는 것이 편하겠습니다.」

세종대왕은 자신이 제안한 공법안에 대해서 논의한지 5일 후인 재위 25년 11월 2일에 호조에 하교하기를, 먼저 답험손실법의 폐단을 언급하면서 논리적으로 공법이 백성을 편하게 할 것이라 확신을 피력하였다. 이 내용은 재위 9년 공법이 《세종실록》에 처음으로 기록된 과거시험에서 언급한 내용과 유사하다. 이는 세종대왕의 공법에 대한 생각이 15년이 되었지만 변함이 없었다는 것을 말한 것이다.

「우리나라 손실답험법(답험손실법과 같은 말)이 김지가 지은 《주관육익(周官六翼)》에 보이는데, 대개 고려 때부터 이미 행한 것이었다. 이것이 비록 아름다운 법이나, 수세의 가볍고 무거움이 관리의 한때의 보는 것에서 나왔으므로, 경중을 크게 잃고 백성의 폐해도 또한 많았다. 또 하나하나 쫓아서 손실을 정하는 것은 옛부터 경전에 없었다. 대개 공법은 중국에서 고대 삼대 때부터 지금까지 행하여 바꾸지 않았고, 본국에서도 이미 하삼도에 시험하고 있었다. 그러나 그 사이의 법으로 정하지 못한 곳이 있으니, 지금 마땅히 자세히 헤아려서 다시 정한다면 거의 백성에게 편할 것이다.」

《세종실록》25/11/02

여기서 세종대왕은 경무법에 따른 전분5등제와 연분9등제의 시행

방법을 자세히 설명한 다음, "의정부와 육조에 내려 시행하게 하겠으니, 너희 호조는 온 나라에 설명하라."라고 명하였다. 드디어 세종대왕은 공법의 시행을 위한 마지막 결단을 내린 것이다. 세종대왕은 공법안의 마무리를 위해서 세종 25년 11월 13일 전제상정소를 설치하고, 훗날 세조가 된 진양대군(후에 수양대군이라 함)을 도제조로 삼았다.

최종 공법안을 대신들과 타협하다.

세종대왕은 최종 공법안을 만들고, 조세제도의 혁신을 마무리하기 위하여 '전제상정소'를 설치하였다. 공법의 최종 입법에 그 어느 때보다 강한 의지를 보인 것이다. 하지만 다음해인 세종 26년 6월 공법의 시행방안을 자세히 설명하면서 다시 한번 대신들에게 논의하게 하니, 전제상정소 조차도 경무법은 해괴하다 하였고, 황희는 세종대왕이 제안한 공법 자체를 반대하면서 다시 논의할 것을 주장하였다. 그리고 호조 판서 박종우 등은 전분5등에 따라 나눈 1, 2등에 속하는 전답이 너무 많다고 불평하였다. 불과 7개월만에 대신들은 또다시 말을 바꾼 것이다. 그 내용을 요약하면은 다음과 같다.

「전제상정소에서 아뢰기를, "경무법으로 나누는 것은 비록 옛 제도라 하나, 큰 이득이 백성에게 없는 데도 보고 듣는 데에 해괴하며, 또 전분5등과 연분9등은 총계가 50여 건으로 산정하기가 번거롭고 무익합니다." 하였다.

영의정 황희는 의논하기를, "경무법은 한갓 보고 듣는 자로 놀라게 할 뿐이오며, 연분9등은 규정이 또한 복잡하오니, 마땅히 결부법에 의해서 한결같이 이미 행한 공법을 따를 것이오며, 만일 미진한 데가 있으면 다시 상세하게 논의하게 하소서."하였다.

호조 판서 박종우 등은 "주척을 써서 5등의 결부(結負)를 정하여 동과(同科)로 조세를 거두고, 또 이 앞서 양전한 것이 정확하지 못하여, 이미 전품을 나눈 것이 1등이 너무 많으니, 이제 마땅히 결부법으로 다시 측량하고, 겸해서 등제를 나누는 것이 편리하겠으며, 또 9등 연분은 번거롭고 복잡하오니, 마땅히 주례(周禮)를 따라서 연분상하(年分上下)의 제도에 약간 손익을 더하게 하소서." 하였다.」

《세종실록》26/06/06

지난 해에 세종대왕이 경무법에 따른 전분5등법과 연분9등법을 제안하였을 때에는 의정부나 육조 모두 찬성하였는데, 시간이 지나면서 대신들은 여러 가지 이유를 들어 반대한 것이다. 이에 세종대왕은 또다시 호조판서 박종우·좌찬성 하연·우찬성 황보인·우참찬 이숙치·지중추원사 정인지·한성부 윤형을 불러서 "공법도 역시 간혹 민폐가 있으니, 어찌하면 조세법이 적당하게 되어 백성들이 원망하지 않겠느냐. 다시 잘 의논해서 아뢰라."라 하였다. 세종대왕은 또 다시 황희 등의 반대 의견을 들어 한발 물러선 것이다.

「이제 전문5등은 백성들이 1, 2등이 너무 많다고 하여 원망이 없지 아니하고, 또 근일에 대신들이 여럿이 의논하여 이르기를, '이제 상정한 전품(田品)의 1, 2등은 옛날에 비해서 더 많다.' 하니, 나는 생각하기를 새 법은 쓸 수 없고 옛날대로 공법을 쓰는 것이 편리하기는 하나, 공법도 역시 간혹 민폐가 있으니, 어찌하면 조세법이 적당하게 되어 백성들이 원망하지 않겠느냐. 다시 잘 의논해서 아뢰라." 하매,

여럿이 아뢰기를, "새 법은 진실로 행하여야 하되, 다만 1, 2등이 옛날에 비해서 많으며, 경무법은 여러 사람들의 귀를 놀라게 합니다." 하였다」

《세종실록》 26/06/06

그러나 신하들의 통일된 의견은 없었다. 각자의 의견만 분분할 뿐이다. 이에 세종대왕은 경무법을 결부법으로 고치고, 전문5등은 전문6등으로 하는 타협안을 제시하니 모두들 찬성하였다.

「경무법을 고쳐서 예전대로 결부법으로 하고, 5등전의 1, 2등을 추이하여 6등으로 하며, 그 6등의 전지는 모두 주척으로 측량하고 토지의 넓고 좁은 것을 따라 동과로 조세를 거두는 것이 어떻겠는가.」

《세종실록》 26/06/06

그러나 이러한 찬성에도 불구하고 공법 시행을 위한 세부적인 사

항의 마련과 합의에는 진전이 없었다. 세종대왕은 더 이상 인내할 수 없었다. 세종 26년 윤 7월 세종대왕은 결국 15년 이상 대신들과 논의한 공법의 시행을 정지한다고 선언한다. 이 선언은 조정 대신들에 대한 압박용이라고 본다. 배수진을 친 것이다.

> 「근일에는 공법을 시행하고자 하니, 모든 신민들이 또 모두 불가하다고 하므로, 내가 상세하고 명확하게 깨닫도록 일러주었으나 아직도 오히려 깨닫지 못하니, 내 공법의 시행을 정지하고자 한다.」
>
> 《세종실록》26/윤7/23

세종대왕의 속마음은 오르지 백성을 위한 공법의 의지를 떨쳐버릴 수가 없었기 때문이다. 그러자 세종 26년 8월 전제상정소에서는 전분6등제의 동과수조(同科收租)를 근간으로 하여 각 등급별 수확량을 산정하고, 의정부와 육조 등으로 하여금 의논하게 한 뒤에 마감하게 하겠다고 보고한다. 조정에서 공법시행에 대한 구체적 방안이 어느 정도 합의된 것이다.

결국 결부법에 따른 전분6등·연분9등의 공법은 세종 26년 11월 13일 최종적으로 입법되었다. 세종대왕이 소통과 타협의 리더십을 발휘한 결과이다.

4
위임의 리더십

위임은 믿고 맡기는 것이다.

조직의 일은 혼자 할 수 없다.

조직에서의 위임은 리더 혼자서 모든 일을 할 수 없기 때문에 이루어진다. 그리고 위임한 경우에는 믿고 맡겨야 한다. 조직에서 윗사람들이 아랫사람들의 소관 일에 왈가왈부하면서 참견한다면, 일의 진척이 늦어지고 불협화음이 발생한다. 그것은 아랫사람에게 온전히 위임하지 못하고 능력을 무시하는 것이며, 동시에 윗사람으로 해야 할 보다 중요한 일들을 하지 못하기 때문이다. 위임은 조직내의 업무와 권한, 그리고 책임을 하위직급에게 위임함으로써 그들이 가지고 있는 지식과 전문성 등을 바탕으로 조직의 일을 수행하게 하는 관리기법이다. 즉 위임은 특정 직무를 담당하는 구성원에게 그 업무를 수행하는데 필요한 권한을 주어 조직의 목적을 이루게 한다.

《성경》에서는 위임의 필요성을 명확히 제시하고 있다. 혼자서 모든 일을 처리하기 위해서 동분서주 하는 모세에게 그의 장인은 백성

중 천부장과 백부장 등을 세워 위임하여 다스리면 일이 쉽게 되리라고 조언을 한다.

> "너는 또 온 백성 가운데서 능력 있는 사람들 곧 하나님을 두려워하며 진실하며 불의한 이익을 미워하는 자를 살펴서, 백성 위에 세워 천부장과 백부장과 오십부장과 십부장을 삼아, 그들이 때를 따라 백성을 재판하게 하라. 큰 일은 모두 네게 가져갈 것이요, 작은 일은 모두 그들이 스스로 재판할 것이니, 그리하면 그들이 너와 함께 담당할 것인즉 일이 네게 쉬우리라."
>
> 《성경》출애굽기/18장/21-22절

　이스라엘의 지도자인 모세는 그 당시 약 3백만의 백성이 가져오는 문제를 혼자서 다 해결해주었다. 하지만 일은 줄어들지 않았다. 오히려 모세 자신도 피곤했을 뿐 아니라 찾아오는 사람들도 만족한 결과를 얻지 못했다. 모두에게 좋지 않은 일이 되었다. 이때 그의 장인이 지혜를 가지고 있었다. 모세가 하루 종일 백성들을 재판하는 일에 매달리는 모습을 본 장인은 위임할 것을 조언해 주었다. 장인은 모세에게 진실한 자를 세워 위임할 것은 위임하고, 모세 자신은 중요한 일을 하라고 조언했다. 지도자는 자기가 해야 할 것과 위임할 일을 구별할 줄 알아야 한다는 것이다. 모세는 장인의 조언을 듣고 천부장과 백부장, 오십부장, 십부장을 세워 위임하였다. 그러자 모세의 일이 한결 줄었을 뿐만 아니라, 오히려 백성들의 문제를 잘 해결해 줄 수 있었다. 모세 혼자서는 도저히 3백만 이스라엘 백성을 다스릴 수 없었

지만 위임하니 해결된 것이다. 조직에 있어서 위임의 중요성을 일깨
운 것이다.

한 나라를 다스리는 일은 만기(萬機: 임금이 보는 여러 가지 정무)라고
하여 매우 많고 복잡했기 때문에 이를 군주 한 사람이 모두 처리할
수 없다. 그래서 군주는 일을 위임하여 재상(宰相)과 대신들의 도움이
필요했고, 재상과 대신들은 소신들의 도움을 받아야 했다. 물론 위임
의 정도는 조직의 체계에 따라 다를 수 있다. 조선시대 왕의 위임 방
법은 대체로 두 가지로 구분한다. 하나는 선왕지제(先王之制)이고, 다
른 하나는 시왕지제(時王之制)이다.

선왕지제는 유가(儒家)들이 이상으로 삼았던 권력구조에서 나왔다.
여기서 선왕이란 유가에서 이상으로 삼던 고대 중국의 성왕(聖王)들
이며, 선왕지제란 그들이 실현했다는 이상적 권력구조이다. 소위 중
국 고대 삼대(하·은·주나라)의 성군들은 국정을 담당하는 관직을 설
치하고, 관리들을 임명하여 업무를 분담시켰다. 이때 군주는 국정을
총괄하는 재상을 임명할 뿐이며, 모든 국정은 위임받은 재상이 처리
하도록 하였다. 즉 삼대의 성군들은 마치 성자(聖者)처럼 정치의 실무
에서 초연한 위치에 있었으며, 실질적인 정치권력을 행사하지 않았
다. 이것은 안으로는 성인(聖人)이고 밖으로는 임금의 덕을 갖춘다는
내성외왕(內聖外王)을 추구하는 정치형태이다. 그래서 선왕지제(先王之
制)는 왕의 업무를 재상과 육조에 위임하는 것을 기본으로 한다.

조선초 정도전은 《조선경국전》에서 선왕지제에 입각한 재상 중심
제를 지향하였다. 이때 재상은 위로는 임금을 받들고 밑으로는 백관
을 통솔하며 만민을 다스린다고 하였다.

"재상(宰相)에 그 훌륭한 사람을 얻으면 육조가 잘 거행되고 모든 직책이 잘 수행된다. 그러므로 '임금의 직책은 한 사람의 재상을 논의하여 결정하는 데 있다.' 하였으니, 바로 재상을 두고 한 말이다. 재상이라는 것은 위로는 임금을 받들고 밑으로는 백관을 통솔하며 만민을 다스리는 것이니, 그 직책이 매우 큰 것이다. 또 임금의 자질에는 어리석은 자질도 있고 현명한 자질도 있으며 강력한 자질도 있고 유약한 자질도 있어서 한결같지 않으니, 재상은 임금의 아름다운 점은 순종하고 나쁜 점은 바로잡으며, 옳은 일은 받들고 옳지 않은 것은 막아서, 임금으로 하여금 내성외왕(內聖外王)의 지경에 들게 해야 한다. 그러므로 상(相)이라 하니, 즉 보상(輔相: 대신을 거느리며 임금을 도와 나라를 다스림)한다는 뜻이다. 백관은 제각기 직책이 다르고 만민은 제각기 직업이 다르니, 재상은 공평하게 해서 그들로 하여금 각기 그 적의함을 잃지 않도록 하고, 고르게 해서 그들로 하여금 각기 그 처소를 얻게 해야 한다. 그러므로 재(宰)라 하니, 즉 재제(宰制: 전권을 잡고 처리함)한다는 뜻이다."

《조선경국전》치전/총서

하지만 정도전을 제거한 태종 이방원은 즉위 후 선왕지제를 폐지하고 시왕지제(時王之制)를 도입하여 왕이 육조를 직접 거느리는 직계제(直啓制)를 실시해 왕권을 강화했다. 시왕지제는 왕이 직접 조정을 통솔하는 제도이다. 그 후 조선시대의 권력구조는 시왕지제와 선왕지제 사이에서 갈등하였지만 기본적으로는 선왕지제를 바탕으로 하였다.

세종대왕은 위임정치를 가장 잘 한 왕이다.

세종대왕은 선왕지제를 기본으로 하여 황희 등 현명한 재상을 두어 나라를 다스렸다. 다음은 두 대신의 논쟁으로 세종 1년 1월 김점은 시왕지제를, 허조는 선왕지제를 주장한 내용이다. 여기서 세종대왕은 선왕지제를 지지하였다. 물론 토론을 잘한 허조를 옳게 여긴 것이지만 그 내용은 막 임금이 된 세종대왕이 즉위하면서부터 시행하고자 한 정치형태를 지지한 것으로 볼 수 있다.

「허조는 아뢰기를, "그렇지 않습니다. 관을 두어 직무를 분담시키므로서 각기 맡은 바가 있사온데, 만약 임금이 친히 죄수를 결제하고 대소를 가리지 않는다면, 관을 두어서 무엇하오리까." 하였다.

김점은 아뢰기를, "온갖 정사를 전하께서 친히 통찰하시는 것이 당연하옵고 신하에게 맡기시는 것은 부당하옵니다."하니,

허조는 "그렇지 않습니다. 어진이를 구하기 위하여 노력하고, 인재를 얻으면 편안해야 하며, 맡겼으면 의심을 말고, 의심이 있으면 맡기지 말아야 합니다. 전하께서 대신을 선택하여 육조의 장을 삼으신 이상, 책임을 지워 성취토록 하실 것이 마땅하며, 몸소 자잘한 일에 관여하여 신하의 할 일까지 하시려고 해서는 아니 됩니다."하였다.

김점은, "신은 뵈오니, 황제는 위엄과 용단이 측량할 수 없이 놀라와, 6부의 장관이 정사를 아뢰다 착오가 생기면, 즉시 금의

(錦衣)의 위관(衛官)을 시켜 모자를 벗기고 끌어 내립니다."고 하니,

허조는, "대신을 우대하고 작은 허물을 포용하는 것은 임금의 넓으신 도량이거늘, 이제 말 한 마디의 착오로 대신을 욕보이며 조금도 두남두지 않는다면, 너무도 부당한 줄 아옵니다."고 하였다.…

김점은 발언할 적마다 지리하고 번거로우며, 노기만 얼굴에 나타나고, 허조는 서서히 반박하되, 낯빛이 화평하고 말이 간략하니, 임금은 허조를 옳게 여기고 김점을 그르게 여겼다.」

《세종실록》 01/01/11

그 후 세종대왕은 철저한 권한 위임으로 국정을 다스렸다. 위임한 업무에서 발생한 사소한 문제는 관대하게 처리하게 하여, 조정 관리들이 위임받은 일에 대해서 책임을 지고 일하게 하였다. 세종대왕은 감사에게 한 가지의 실수만 있어도 육조에서 가벼히 힐난하는 것은 온당하지 않다고 하여, 이를 못하게 하는 것을 법으로 정할 정도로 권한의 위임을 확실히 하였다.

「임금이 또 말하기를, "감사는 한 지방의 중대한 위임을 받은 것으로, 그 책임이 지극히 중대한바 경솔히 할 수 없거늘, 이제 감사가 한 가지의 실수만 있어도 육조에서 가벼히 힐난하는 것은 온당하지 않은 것 같다. 이를 법을 행하는 것이 어떠한가.」

《세종실록》 08/07/17

이에 대해 황희는 "신이 일찍이 감사의 직임을 받은바 있어, 그 폐단을 자세히 알고 있습니다. 감사가 조그마한 잘못이 있으면 각 관아에서 공문서를 보내어 치욕과 힐난을 가하니 진실로 온당하지 못하옵니다."라고 하면서 동의하였다. 그래서 세종대왕은 업무를 위임한 경우 의심하는 것은 치도의 큰 체제에 합당하지 않다고 하였다. 세종대왕은 임금의 직분은 오직 사람을 알아보고 사람을 임용하는 일일 뿐이므로, 임용한 뒤에 의심하지 말아야 상하의 사이에 두터운 신뢰가 쌓인다고 생각한 것이다. 따라서 감사와 수령을 임용한 후에는 다른 사람들이 헐뜯고 칭찬하는 것으로 그들의 진퇴를 가볍게 결정하지 않았다.

> 「한 도내의 권한은 오로지 감사에게 맡겼고, 한 고을의 임무는 수령에게 위임하였는데, 도리어 의심을 해 가지고 조관을 내보내서 조사하고 살펴보게 한다는 것은 어찌 치도의 큰 체제에 합당한 일이겠는가.」
>
> 《세종실록》 15/07/27

이러한 세종대왕의 생각은 군대의 지휘에서도 반영되었다. 한번은 사헌부 장령 남간이 "좌의정 최윤덕이 북방을 전담해 맡아 여러 해를 경과하였으니 마땅히 그 수비 방어책을 다해야 할 것인데도, 그 막중한 위임의 본의를 저버리고 병기가 허술하여 국경지역의 재앙과 환난을 초래하였다."라고 하여 죄주기를 청하니, 세종대왕은 "군대에서의 사소한 실수는 예로부터 있는 법이며, 우리나라 북방 여진족의 방어는 오로지 최윤덕의 공이다.”고 하면서 더 이상 말하지 말라 하였다. 사소한 실패에 대해서 책임은 물을 수 없다는 것이다. 진정한 위임이라 할 수 있다.

> 「최윤덕이 비록 몸소 가서 전장에 임하여 이러한 실패를 가져왔다 하더라도 사소한 실패로 전일의 큰 공을 엄폐할 수 없거든, 하물며 최윤덕의 시설과 배치가 비록 정밀하였더라도 뒤따라 일하는 자가 능히 이를 좇지 못한다면 최윤덕인들 어찌하겠느냐. 다시 더 진언하지 말라.」

《세종실록》18/윤6/25

이와 같이 세종대왕은 선왕지제를 바탕으로 대신들에게 업무를 대폭 위임했다. 위임한 국정에 대한 불만은 1차적으로 위임받은 대신들 선에서 처리되었다. 웬만한 불만은 대신들 선에서 무마되었고 어쩌다 어전까지 비판의 목소리가 올라와도 한창 진행 중인 국가적 프로젝트에 우선순위가 밀려 힘을 쓰지 못했다. 세종대왕은 위임을 통해 얻은 여유를 이용해 대국적인 혁신의 프로젝트를 추진하였다. 세종대왕 하면 누구나 떠올리는 찬란한 업적인 한글 창제, 공법 시행, 자격루 제작, 야인의 토벌, 아악 정리와 같은 ‘혁신 프로젝트’를 앞장서 밀어붙일 수 있었던 것도 바로 위임정치의 결과이다.

그래서 허균은 《성소부부고》에서 세종대왕 때처럼 훌륭하고 위대한 일을 하려면 다음 두 가지만 할 수 있으면 된다고 하였는데, 그것은 위임이며 그 결과는 굳은 의지와 결단에서만 나올 뿐이라고 하였다.

"밝음으로써 아랫사람을 살피고[明以察其下(명이찰기하)],
  믿음으로써 신하에게 맡긴다[信以任其臣(신이임기신)]."

《성소부부고》

허균은 세종대왕이 명철과 신의로 업무를 신하들에게 위임하여 위대한 업적을 이룩한 것이라고 평가한 것이다.

공법의 입법을 위한 특별기구를 만들다.

세종대왕은 공법의 입법에 대해서 처음에는 호조에 방안을 제시하도록 하면서, 신하들과 백성들의 뜻을 반영하여 가부를 논의해 올리라고 명하였다. 호조에 공법의 입법을 위임한 것이다.

「가령 토지 1결(結)에 쌀 15두(斗)를 받는다면, 1년 수입이 얼마나 되며, 10두를 받는다면 얼마나 된다는 것을 호조로 하여금 계산하여 보고하도록 하고, 또 신민들로 하여금 아울러 그 가부를 논의해 올리도록 하라." 하였다.」

《세종실록》11/11/16

그리하여 다음해 3월 호조에서는 기본적으로 '1결마다 조세 10말'을 거두는 공법을 제안하였고, 이에 대해 세종대왕은 전국적인 여론조사를 명하였다. 5개월 후 호조에서는 공법의 가부에 대한 전국적인 여론조사 결과를 세종대왕에게 보고하였다. 그러나 공법에 대한 통일된 방안은 제시하지 못하였다. 공법의 입법을 호조가 감당하기에는 너무나 많은 반론이 있어, 더 이상의 진전은 없었다. 공법에 대한 조정의 논의는 그 후 8년 동안 기록되지 않았다. 그리고 재위 18년(1436)에 공법이 다시 논의되기 시작하였는데, 영의정 황희·찬성 안순·참찬 신개·형조 판서 하연·호조 판서 심도원 등을 불러서 공법을 의논하게 한 것을 보면 의정부를 포함한 육조로 확대된 것이다. 하지만 통일된 의견을 도출하기 힘들다고 본 세종대왕은 '공법상정소(貢法詳定所)'를 설치하여 좀 더 연구하게 하고 심의하게 하였다 (《세종실록》18/윤6/15). 특별기구를 신설하여 공법의 임무를 위임한 것이다.

공법상정소가 시행한 구체적인 사항은 알 수 없으나 황희 등의 의견을 좇아 전국의 토지를 그 비척에 따라 도별로 3등급으로 분류하

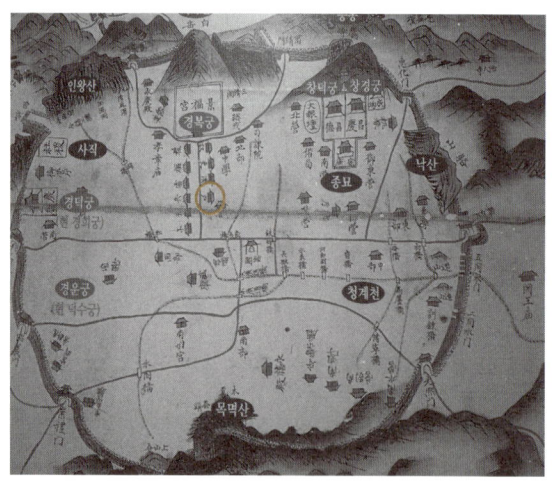

「한양의 5대 궁궐과 관청」 원안의 호(戶)자는 조세를 관장하는 호조를 나타낸다.

여, 경상·전라·충청도를 상등도, 경기·강원·황해도를 중등도, 평안·함경도를 하등도라 하고, 이 3등도의 각 주·군을 다시 각각 상·중·하로 나누고, 각 주·군의 토지를 다시 상·중·하전으로 나눔으로써 총 27종의 등급을 세웠던 것으로 보인다. 이에 따라 각 등급의 세율을 달리 하는 안을 만들어 1441년(세종 23)까지 경상·충청·전라도에 이를 시범적으로 실시하였다.

하지만 의정부를 비롯한 육조의 통일된 공법안은 더 이상 나오지 않았다. 오죽하면은 세종대왕이 "황희와 신개의 두 의논이 같지 아니하므로 좇을 바를 알지 못하여, 나 역시 결단할 바를 알지 못하겠다."고 하였겠는가? 조정 대신들이 공법에 대해서 치열할 정도로 찬반이 나누어진 것이다.

「임금이 승정원에 이르기를, "공법을 설정한 것은 백성에게 편하게 하려 함이었는데, 황희는 혁파하기를 청하고, 신개는 실행하기를 청한다. 황희는 말하기를, '신에게 말하는 자는 다 공법이 불편하다고 말합니다.' 하고, 신개는 말하기를, '신과 말하는 자는 다 공법이 편하다고 말합니다.' 하니, 내가 생각하건대, 공법을 혁파하고자 하는 것은 황희의 뜻인 고로, 황희에게 말하는 자는 다 불가하다고 한 것이요, 공법을 실행하고자 하는 것은 신개의 뜻인 고로, 신개에게 말하는 자는 다 가히 행할 것이라 하는 것이다. 황희와 신개의 두 의논이 같지 아니하므로 좇을 바를 알지 못하여, 나도 역시 결단할 것을 알지 못하겠다.」

《세종실록》25/07/15일

결국 세종대왕은 재위 25년 더 이상 통일된 공법안을 기대할 수 없다고 생각하여, 핵심 인물인 황희·신개·하연·황보인·권제·정인지를 불러, 그동안 논의되고 연구된 결과를 함축하여 만든 독자적인 공법안을 제시하고 편의 여부를 물었다. 경무법에 따른 전등5등법과 연분9등법이다.

> 「각도의 전지를 1, 2년 동안에 고쳐 측량하기가 쉽지 않으니, 아직은 구전안(舊田案)을 가지고 그 전품을 살펴서 먼저 5등으로 나누되, 결·부·속·파를 경·무·보의 법으로 고쳐 만들어 9등으로 조세를 거두게 하는 것이 어떠한가.」
>
> 《세종실록》25/10/27일

그리고 세종대왕은 의정부와 육조에 내려 시행하게 하겠으니, "호조는 조정과 백성에게 경무법에 따른 전등5등법과 연분9등법을 자세히 설명하여 알게 하라."고 명하면서, 경차관 20인을 전라·충청·경상도에 나누어 보내어 전품의 등급을 나누게 하였다. 뿐만 아니라 '전제상정소'를 설치하고, 진양대군 이유로 도제조를 삼고, 의정부 좌찬성 하연·호조 판서 박종우·지중추원사 정인지를 제조로 삼았다 (《세종실록》25/11/13).

전제상정소는 토지 및 조세 제도의 연구와 공법 제정을 위하여 설치한 임시 관청이다. 전제상정소는 독자적인 의견을 왕에 제출하기도 하였지만, 왕의 자문기관이 되기도 하였다. 그 결과 1444년(세종 26)에 결부법에 따른 전분6등법과 연분9등법을 원칙으로 하는 최종 공법이 제정되었으며, 조선왕조의 기본 조세법이 완성되었다. 공법상정소나 전제상정소는 현대의 각종 특별위원회에 준한다고 볼 수 있으며, 국가 정책상 특별한 사항을 처리하도록 전권이 위임된 임시기구이다. 세종대왕의 공법에 대한 의지를 볼 수 있는 기구들이며, 위임행정의 한 형태이다.

수령은 나의 분신이다.

실학자 정약용은 저술한 《목민심서》에서 수령이 지켜야 할 지침을 밝히면서 관리들의 폭정을 비판하였다. 《목민심서》에는 "다른 벼슬은 구해도 좋으나 목민(牧民)의 벼슬은 구해서는 안된다."고 하면서, 그 이유로 수령의 직책이 매우 중요하고 힘들기 때문이라고 말하였다. 수령은 만백성을 주재하니 하루에 만기(萬機)를 처리함으로, 비록 대소는 다르지만 그 정도가 약할 뿐 본질은 다름이 없어, 천하 국가를 다스리는 왕의 업무와 실로 같은 것이다. 따라서 수령의 직분은 비록 덕이 있더라도 위엄이 없으면 세내로 할 수 없고, 비록 뜻이 있더라도 밝지 못하면 제대로 할 수 없다고 하였다. 그래서 수령 노릇하기가 직위 높은 관리보다 백배나 더 어렵다고 하였다.

세종대왕은 정약용이 《목민심서》에 말한 것보다도 더 수령의 직책을 강조하였다. 임금 혼자의 힘으로는 모든 백성들을 다스릴 수 없으므로 수령들에게 목민의 임무를 맡기어 백성을 편안하게 하도록 하였다는 점을 강조하였다.

> 「내가 작은 몸으로 한 나라에 군림하여 사방의 모든 백성들을
> 나 홀로의 힘으로는 다스릴 수 없으므로 여러 신료(臣僚)들을
> 조심해 뽑고 수령들에게 목민(牧民)의 임무를 맡기어 미공(弭功;
> 천하를 안정시킬 수 있는 노력)을 도모함이 여러 해 되었다.」
>
> 《세종실록》 26/07/09

　　그래서 세종대왕은 지방 수령의 중요성과 해야 할 책무에 대해서
"수령이 나가서 백리의 땅을 다스리게 되면, 그 곳에서는 정치와 명
령을 전단(專斷: 혼자 마음대로 결정하고 단행함)할 수 있는 것이니, 그
임무가 매우 중대하다. 이에 늙고 병든 자에게 은혜를 베풀어 부양하
고, 곤궁한 자에게 곡식을 주어 구휼하며, 혼인 비용에 급한 사람을
돌봐 주고, 공로 있는 자에게 상을 주며, 상을 당한 자에게 부의를 주
는 따위와 같은 일이 있음은 도리상 마땅히 해야 할 일이다."라고 자
세히 말하면서(《세종실록》 07/11/22), 임금이 위임한 직책을 성실하게
이행할 것을 기회 있을 때마다 수령들에게 명하였다.
　　이를 위해서 세종대왕은 수령들의 근무평가를 중요시 하였다. 수령
의 평가는 수령이 행정의 목표로 하여야 할 칠사(七事: 수령이 해야 할
일곱 가지 일) 즉, 농업과 상업을 성하게 하고, 호구를 늘리며, 학교를
흥하게 하고, 군정을 잘 다스리며, 조세를 공평하게 하고, 소송을 신
속하게 하고, 백성의 교활하고 간사한 버릇을 그치게 하는 일곱가지
의 업무를 기준하여 정확히 하도록 하였다. 수령들의 평가가 인척관

계와 인정에 의하여 공정하게 시행되지 못한 경우가 많았기 때문이다.

「수령은 그 직임이 백성과 가까움으로, 민생의 휴척(休戚; 편안함과 근심됨)이 매여 있어 중하지 않을 수 없는데, 각도의 감사가 근무 성적을 평가할 때에 수령으로서 최상에 해당하는 자가 자못 많으니, 어찌 모두 칠사(七事)를 다 행하여 공의에 합당한 사람들이겠는가. 혹은 두 차례에 연달아 중(中)이 된 자가 다음 평가에 반드시 상등이 되고, 또 그 부형이 재상인 자와 이미 빛나는 요직에 있었던 자는 하등에 있지 않으니, 이것은 곧 수령들의 포폄(褒貶; 칭찬함과 나무람)을 거의 인정의 좋아함과 미워함에 따라 높고 낮은 등급을 매긴 것이므로 심히 공정하지 못하다. 그 성적을 평가하여 올리고 내리는 방법을 고전을 상고해 보고, 시의(時宜; 그 시대 사정에 맞는 것)를 참작하여 아뢰도록 하라.」

《세종실록》18/05/12

책무를 위임한 경우 권한과 책임이 뒤 따르며, 이에 따른 업적평가가 공정하게 이루어져야 조직의 목적을 달성할 수 있다. 그래서 세종대왕은 "지금부터 각 도의 각관 수령의 근무평가는 봄과 여름에는 6월 15일 전으로 하고, 가을과 겨울에는 11월 15일 전으로 기한으로 하며, 또 계본(啓本: 임금에게 제출한 문서)에는 수령 칠사(七事)의 실적을 전에 내린 교지에 의해 갖추어 기록하여 알리라."라는 교지를 내려(《세종실록》01/10/26), 평가시기와 평가방법을 명확히 하고 그에 따라 보고하도록 하였다. 세종대왕은 위임한 경우 믿고 맡기며, 그에 따른 공과를 공정하게 평가해야만 조직의 목적을 달성할 수 있다는 것을 확실히 보여준 것이다.

세자에게 위임하고 혁신을 마무리하다.

재위 19년 세종대왕은 승정원에 "앞으로 작은 일들은 세자로 하여금 처결하도록 하려고 하니 교지를 지어서 올리라."고 명하였다. 세종대왕은 자신의 몸이 편치 못할 때가 많아 중요한 일 이외에는 세자로 하여금 처결하게 하려는 것이었다.

> 「이조와 병조에서 사람 쓰는 것과 3품 이상의 죄를 결단하는 것과 나라의 중대한 일은 내가 친히 들어서 결단하겠고, 그 나머지의 작은 일들은 세자로 하여금 처결하도록 하려고 하니, 경 등은 이 뜻으로 교지를 지어서 올리라.」
>
> 《세종실록》19/01/09

하지만 승지들은 "전하께서 춘추가 바야흐로 성하시어 일하시기 좋은 때이온데 어찌하여 만기를 세자에게 위임하려 하십니까. 이렇게 하시면 정사가 여러 곳에서 나오게 되어 진실로 불가하옵고, 더군다나 금년은 큰 흉년이 들어서 백성들이 살아갈 수 없고, 게다가 천재지변이 여러 번 생겼으니, 이 같은 큰 일은 경솔히 거행할 것이 아닙니다."라고 반대하였다.

이에 대해 세종대왕은 작은 일들을 맡기는 것뿐인데, 경들이 이 일을 가지고 큰 일로 여긴다 하면서 "일의 행하고 행하지 않는 것을 지금은 결정할 수가 없으니, 우선 집현전으로 하여금 예전 제도를 상고하여 아뢰라."고 하였다. 이 후에도 세종대왕은 여러 번 세자에게 작은 일에 대해서는 위임하고자 하였으나 대신들의 반대로 뜻을 이루지 못하였다. 하지만 재위 24년 6월 세종대왕은 더 이상 지체할 수 없다고 생각하였다. "나의 병세를 보건대 쉽게 낫지 않을 것 같으므로 휴가를 얻어 정신을 화락하게 하고 병을 휴양하기를 원하는 것이 나의 진정이니, 신하의 마음도 또한 어찌 나로 하여금 병을 참아가면서 정치에 부지런히 근무하여 병이 더 심한 데에 이르게 하려고 하겠는가." 하면서 세자에게 위임할 것을 선언하였다.

「역대의 군주들이 세자에게 국사를 감독시키고 군대를 감독시키던 사람도 또한 있었는데, 세자로 하여금 모든 사무를 재결시키는 것이 무엇이 옳지 못한 것이겠는가. 나의 뜻은 이미 결정되었다. 내가 이 말을 꺼내는 것은 그대들과 더불어 그 옳고 그른 것을 의논하려는 것은 아니다. 다만 그대들에게 이 뜻을 다 알도록 하는 것뿐이다.」

《세종실록》 24/06/16

그리고 세종대왕은 세자의 업무 처리를 도울 관리를 선발하도록 하고, 세자가 직무를 수행할 첨사원(詹事院)을 설치하도록 하였다. 물론 이에 대해 조정에서는 대대적인 반대가 일어났고, 이후로도 세종대왕과 신하들 간의 논쟁은 연일 계속되었다. 신하들이 지적한 폐단들에 대한 보완책을 제시함에도 불구하고, 반대 상소가 이어지자 세종대왕은 대화를 통한 해결을 중단했다. 이에 세종대왕은 군사훈련인 강무(講武)를 세자에게 대행시킬 것을 선언하면서, 병조에 "이번 가을의 강무에는 세자로 하여금 대행하게 할 것이니 모든 일을 그렇게 미리 준비하라."라고 명을 내린다(《세종실록》 24/09/03). 같은 날 의정부에서 첨사원의 제도에 대한 개정안을 올리도록 하고, 시행토록하였다.

이번에도 신하들의 반대가 이어졌지만, 세종대왕은 "지금은 부득이한 까닭이 있어서 이렇게 시행하는 것이다."라고 하며 강행하였다.

「나는 너희들의 말이 옳지 않다고 생각한다. 나는 이일을 하고
자 한 지 오래 되었으나 저지하는 자가 있어서 시행하지 못하
였던 것이다. 지금은 부득이한 까닭이 있어서 이렇게 시행하는
것이니 너희들은 말하지 말라.」

《세종실록》 24/09/06

세종대왕은 신하들의 대대적인 반대 속에서도 자신의 의견을 관철시켜, 결국 첨사원을 설치하고 국정의 일부분을 세자가 대행하도록 하였다. 이에 세자는 첨사원을 통해 정무를 보았으며 이 시기에 세종대왕은 훈민정음의 창제, 공법의 입법 등 국가의 중대한 프로젝트를 완성하였다. 세종대왕은 자신의 건강 악화가 국정에 혼란을 주게 되

면, 선대 왕조가 창업하고 자신이 수성(守成: 조상들이 이루어 놓은 일을 지켜 나아감)한 조선의 미래가 불안해질 수 있기 때문에 세자에게 업무를 위임한 이유도 있지만, 보다 시간적인 여유를 가지고 자신이 계획한 중대한 국가의 혁신 프로젝트를 마무리하고자한 목적도 있었다. 성공적인 위임의 리더십이다.

제4부

외부적 혁신은
민주적이고 과학 ·
창조적으로 하라.

- 공동체의 목적을 실현하는 리더십 -
- 조직의 가치를 상승시키는 리더십 -

1
민주적 리더십

민주적인 경우 구성원의 일체감이 높다.

과거시험을 통한 유생들의 여론을 듣다.

여론은 밑으로부터 사회를 움직이고, 정책결정에 영향을 미치는 힘을 갖고 있다. 그리고 여론수렴은 사회내에 퍼져 있는 특정 사안에 대한 많은 집단의 의견을 파악하는 것이다. 그래서 국가나 조직이 정책을 결정할 때 여론을 수렴한다. 특히 민주주의 정치체제에서 여론수렴은 국민의 의견을 취합하여, 정책에 반영함으로써 '국민을 위한 정치'라는 이상을 구현하는데 있어 매우 중요한 절차이다. 여론을 수렴하여 그 결과를 국가의 정책결정에 반영한다는 것은 민주정치의 표본이라고 할 수 있다. 그것은 국가의 정책결정에 있어 일반 시민의 여론을 반영하는 것이 합리성을 가지기 때문이다.

그런데 조선시대에도 이러한 여론은 있었으며, 조정은 여론을 수렴하여 국가의 정책결정에 반영하고자 노력하였다. 그것이 민심이다. 왕은 민심을 살피고 민심을 걱정하면서 국가정책을 폈다. 조정에서도

"제왕이 나라를 다스리는 도(道)는, 천심에 순응하고 민심에 좇는다."
고 하여 다음과 같이 민심에 따른 정책을 펴고자 하였다. 민심을 하
늘의 뜻으로 여긴 것이다.

「제왕이 나라를 다스리는 도는 천심에 순응하고 민심에 좇을
따름입니다. 《서경》에 말하기를, '하늘이 보는 것은 우리 백성
이 보는 것으로부터 보며, 하늘이 듣는 것도 우리 백성이 듣는
것으로부터 듣는다.' 하였습니다. 민심이 돌아가는 곳에 곧 천
명도 있게 되는 것인데, 하늘 뜻이 그윽하고 아득하니 엿보고
측량하기 어려울 듯하나, 오늘날 인심을 미루어 보면 하늘의 뜻
을 이로써 알 수 있습니다.」

《세종실록》20/01/07

하지만 조선시대 왕들이 민심을 살필 때에 실질적이고 민주적으로
한 경우는 매우 드물다. 그저 민심을 살펴 거슬리지 말라는 뜻이다.
따라서 그 민심이 구체적으로 무엇인지를 조사한 경우는 거의 없다.
하지만 세종대왕은 세법인 공법을 입법하는 과정에서 구체적인 민심
이 무엇인지, 그리고 어떻게 해야 민심에 따르는 것인지를 조사하게
하였다. 세종대왕은 조선시대에 민심을 수렴하여 조세정책에 반영하
기 위하여 실질적이고, 민주적으로 여론조사를 하게 하였다. 그것은
세종대왕이 조세법의 중요성을 너무나 잘 알고 있었기 때문이며, 납
세자인 백성들의 의견을 직접 듣고 충분히 정책에 반영하기 위한 것
이다.

세종대왕이 공법을 입법하고자 하면서 시행한 첫 번째 과정이 전국적인 유생들의 의견을 듣는 것이었다. 《세종실록》에 의하면 공법에 대한 첫 기록이 재위 9년 세종대왕이 인정전에 나아가서 다음과 같이 문과 과거시험에 책문의 문제를 낸 것이다.

「일찍이 듣건대 다스림을 이루는 요체는 백성을 사랑하는 것보다 앞서는 것이 없다고 하니, 백성을 사랑하는 시초란 오직 백성에게 취하는 제도가 있을 뿐이다. 지금에 와서 백성에게 취하는 것은 조세와 공납만큼 중한 것이 없는데, 조세는 해마다 조정의 신료를 뽑아서 여러 도에 나누어 보내어, 손실을 실지로 조사하여 적중을 얻기를 기하였다. 간혹 사자로 간 사람이 나의 뜻에 부합되지 않고, 백성의 고통을 구휼하지 아니하여, 나는 매우 이를 못 마땅하게 여겼다. 손실을 실지로 조사하는 일도 구차스러이 사랑하고 미워하는 감정 여하에 따라, 올리고 내림이 자기 손에 달리게 되면, 백성이 그 해를 입을 것이니, 이 폐단을 구제하고자 한다면 마땅히 공법과 조법에서 이를 구해야 될 것이다.」

《세종실록》 09/03/16

세종대왕은 이 과거시험 문제에서 먼저 조세법의 중요성을 말하고, 그 당시의 조세법인 답험손실법의 폐단을 언급하면서, 조세에 따른 사회적 현상과 부정부패를 해결하고 공평한 조세를 징수하기 위하여 공법을 제안하였다. 책문에는 세종대왕이 고대 중국에서부터 조세법의 기본으로 삼는 공법, 조법, 철법에 대한 역사와 편의성을 먼저 설명하고, 조선의 실정에 맞는 조세법을 입법하기 위해 "공법을 사용하면서 이른바 좋지 못한 점을 고치려고 한다면 그 방법은 어떻게 해야 하겠는가."라는 문제를 내었다. 전국 각 지역에서 과거에 응시한 약 240명의 유생들의 의견 즉, 여론을 듣고자 한 것이다. 그리고 그 의견들을 조세정책에 반영하겠다고 하였다. 조세혁신을 위한 일차적인 여론수렴이다.

「공법은 중국 하나라의 책에 기재되어 있고, 비록 주나라에서도 또한 조법이 있어서 공법을 사용하였다고 하나, 다만 그것이 여러 해의 중간을 비교하여 일정한 것을 삼음으로써 좋지 못하였다고 이르는데, 공법을 사용하면서 이른바 좋지 못한 점을 고치려고 한다면, 그 방법은 어떻게 해야 하겠는가. 그대들은 경술에 통달하고 정치의 대체를 알아 평일에 이를 강론하여 익혔을 것이니, 다 진술하여 숨김이 없게 하라. 내가 장차 채택하여 시행하겠노라.」

《세종실록》 09/03/16

이 책문은 과거시험에 응시한 전국에서 모인 선진 후학들에게 공법에 대한 지식과 함께 공법에 의한 조세개혁 방안을 묻는 시험이었다. 아직 정치에 때묻지 않고 관료에 입문하지 않은 유생들의 순수한 의견을 듣고자 한 것이다. 조세의 전문지식과 현실적인 해결책은 조정 대신들과 논하는 것이 더 효과적이겠지만, 세종대왕은 이보다는 전국 각지에서 모인 유생들의 순수한 의견을 듣고자 한 것이다. 한마디로 세파에 물들지 않은 젊은 유생들의 다양한 의견을 조사하여 공법의 입법 방향을 알고자 한 것이다. 따라서 세종대왕의 민주적인 공법의 입법은 이 과거시험부터 시작된다. 군주시대의 왕인 세종대왕은 이처럼 조세정책을 하루 아침에 왕권에 의하여 자신의 뜻대로 실행하려 하지 않았다. 세종대왕은 '공평하고 백성에게 편한 조세법'을 제정하기 위하여 가장 먼저 젊은 유생들의 뜻을 듣고자 한 것이다.

공법에 대한 백성의 여론조사를 실시하다.

현대에서는 중요한 국가정책을 결정하기 위해 여론조사를 하고, 공청회를 통하여 여론을 청취하기도 한다. 그것은 여론에 따른 정책결정이 합리적인 정당성을 갖기 때문이다. 그 중 여론조사는 사회 구성원이 각종 사회적 문제나 정부정책 등에 대하여 가지고 있는 견해나 의향 등을 밝히려는 목적에서 행하는 방법이다. 여론조사는 사회 전체의 이해가 설려 있는 문제에 대해 구성원의 뜻을 수렴하는 방법으로, 대중이 표명하는 집합적인 의견을 조사하는 것이다. 그래서 여론조사는 민주시대의 정책결정을 위한 기본적인 단계이다.

앞에서도 말하였지만 조선시대에도 국가정책을 결정할 때 여론인 민심을 돌아보곤 하였다. 민심을 살핀 것 자체가 여론조사라 할 수 있다. 하지만 그 민심이 어떻게, 얼마나 많이 형성되었는지를 알기

김득신의 「양반과 상인」 길에서 만난 상인이 양반에게 허리가 땅에 닿도록 인사를 한다. 이러한 조선시대에 세종대왕은 공법에 대한 여론조사를 가난하고 비천한 백성들까지 하게 하였는데, 이것은 양반에 의하여 정치적 결정이 이루어진 신분사회에서 조세와 직접 관련된 백성들을 간접적으로 정치에 참여시킨 것이다.

위한 조사는 세종대왕 이외에는 없었다. 세종대왕은 오르지 백성을 위한 편리하고 공평한 조세법을 만들되, 백성들이 찬성하는 법을 만들기 위해 여론조사를 한 것이다. 선거제도가 없는 조선에서 공법에 대한 찬반 의견을 묻는 여론조사는 그 의미가 매우 크다 할 것이다.

세종대왕은 이전의 조세법인 답험손실법을 폐지하고 새로운 조세법인 공법을 입법하고자 하면서, "시골의 가난하고 비천한 백성에 이르기까지 모두 가부를 물어서 아뢰게 하라"고 하여, 전국 백성들의 찬반을 묻는 여론조사를 실시하게 하였다. 이것은 양반·관료시대인 조선에서 양반이 아닌 일반 백성들을 정치에 참여시킨 사건이다.

「호조에서 아뢰기를, "청하건대 이제부터는 공법에 의거하여
전답 1결마다 조세 10말을 거두게 하되, 다만 평안도와 함길도
만은 1결에 7말을 거두게 하여, 예전부터 내려오는 폐단을 덜게
하고, 백성의 생계를 넉넉하게 할 것이며, 그 풍재(風災)·상재
(霜災)·수재(水災)·한재(旱災)로 인하여 농사를 완전히 그르친
사람에게는 조세를 전부 면제하게 하소서."하니,
임금이 명하여 "정부·육조와, 각 관사와 서울 안의 전직 각 관
리와, 각도의 감사·수령 및 품관으로부터 여염의 백성에 이르
기까지 모두 가부를 물어서 아뢰게 하라." 하였다.」

《세종실록》12/03/5

세종대왕이 일반 백성인 서민에게까지 여론조사를 하도록 한 것은
조세부담의 주된 주체인 백성을 조세정책 결정의 주체로서 인정하여,
백성들의 조세 의지를 반영하기 위한 것이라고 본다. 양반관료 사회
에서 가난하고 비천한 백성에게까지 조세법의 개정에 대해서 가부를
묻게 한 것은, 민본정신의 사고를 넘어서 민주적인 사고이다. 한마디
로 백성의 뜻에 따라 조세정책을 결정하겠다는 강력한 정치적 메시
지인 것이다. 법은 조정에서 만들되 그 법 시행의 찬반은 백성의 뜻
에 따르고자 한 세종대왕의 민주적인 의사결정과 정책결정을 보여
준 것이다. 여기서 세종대왕이 조세법인 공법을 입법하는데 있어서
백성들의 여론을 반영하도록 한 이유는 무엇보다도 조세가 백성들의

삶에 직접적으로 영향을 미치기 때문이다. 백성은 먹는 것을 하늘로 여기는데, 조세는 백성들의 먹을 것에서 취하는 제도이므로 조세정책을 가장 중요시 하여, 백성들의 뜻을 듣고자 한 것이다.

> 「백성은 나라의 근본이요, 먹는 것은 백성의 하늘이니, 백성에게 취하는 조세가 만일 혹시라도 중도(中道)를 잃으면, 백성이 그 폐단을 받는 것입니다.」
>
> 《세종실록》21/07/21

또한 그 당시 조세를 담당하는 양반관리들의 비리가 만연된 상황에서, 조정 대신을 비롯한 벼슬아치들의 의견만을 반영하는 것으로는 조세제도의 혁신을 이룩할 수 없다고 보았기 때문이다. 그동안 누리던 이권 때문에 양반관리들의 반대가 불 보듯 뻔한 상황에서 보다 강력하게 세제개혁을 이루기 위해서는 '백성들의 뜻에 따라야 한다.'는 당위성이 필요한 것이다.

호조에서는 여론조사 결과를 그 해 8월 10일 공법의 가부에 대한 의논과 함께 보고하였는데, 그 기간이 무려 5개월이 걸렸다. 공법의 시행에 무릇 가하다는 자는 98,657명이며, 불가하다는 자는 74,149명이었다. 총 172,806명에 대한 여론을 조사한 것이다. 그 당시 《세종실록지리지》에 기록된 조선의 인구가 692,477명(이 숫자는 남정을 가르키는 것으로 여자와 노비 등은 포함되지 않았다는 학설도 있다)인 것을 고려한다면 인구의 4분의 1이 참여한 것이다. 분석해보면 찬성이 57.1%로 반대 42.9%보다 많았지만 세종대왕은 공법을 바로 시행하지 않았다. 반대한 황희 등의 의견을 따른 것이다.

공법의 입법을 위한 이러한 여론조사는 조세법의 입법에 대한 국민투표로 여길 만큼 역사적 가치가 있다. 때문에 세종대왕이 공법을 입법하는 과정에서 전국적인 여론조사를 실시한 것은 세계사적인 사건이다. 왕권시대이며 양반관료 사회인 조선시대에 조세법인 공법을 입법하고자 정부 및 육조를 포함한 전현직 관료와 각 품관, 그리고 각 도의 감사·수령 및 아전으로부터 일반 백성에 이르기까지 가부를 물었다는 것은 현대의 조세법을 입법하는 과정과 별 차이가 없는 세종대왕만의 민주적인 리더십이다. 다시말해 세종대왕이 공법에 대한 여론조사를 대신부터 가난하고 비천한 모든 백성을 대상으로 하였다는 것은 양반에 의하여 정치적 결정이 이루어진 사회에서, 조세와 직접 관련된 백성들의 의사를 중시하고자 한 민본사상의 총합이라 볼 수 있다. 백성을 진정한 민본으로 여긴 것이다.

이때 조정 대신들은 90.2%가 공법의 시행을 반대하였으며, 중앙의 현직 관리는 60.3%가 반대하였지만, 전직 관리는 79.1%의 지지율로 찬성하였다. 지방관리 중 감사나 도사는 전원 반대하였으며, 수령들은 지역별로 그 의견이 나누어졌다. 수령들은 토질이 좋은 경상도, 전라도, 충청도, 경기도에서는 찬성이 많았으며, 토질이 좋지 않는 강원도, 함길도, 평안도에서는 반대가 많았다. 그리고 토질의 비척이 중간 지대라고 할 수 있는 황해도는 반반으로 나누어졌다. 관리들에 대한 여론조사의 특징은 조정 대신과 감사 등 고위직은 거의 모두 반대하였으며, 지방 수령은 지역의 토질에 따라 찬반이 나누어졌다는 것이다.

그리고 여론조사 결과를 도별로 찬반여부를 살펴보면 경기도, 경상도 및 전라도는 전체적으로 찬성하였으며, 평안도, 황해도, 충청도, 강원도 및 함길도는 반대하였다. 그런데 이러한 찬반의 결과는 도별로 너무 극한 대립을 보인 것이 특징이다. 경기도와 경상도, 전라도는 거의 99%정도가 공법을 찬성하였으며, 평안도 및 함길도는 90%이상을 반대하였다. 그 이유는 비옥한 지역은 조세부담이 줄어든다고 생각하고, 척박한 지역은 조세부담이 늘어난다고 생각하였기 때문이다. 1결에 무조건 10말씩 징수하는 중국식 공법을 우리나라에서 그대로 적용한다면 많은 문제점이 일어날 수 있다는 것을 보여 준 것이다.

세종대왕은 이 여론조사를 통하여 공법으로의 조세개혁을 전국적으로 공론화시켜, 많은 의견을 수렴하고자 한 것이다. 그 결과 공법의 시행과 방법 등에 대해서 대신을 비롯한 관리들의 의견과 대안이 다양하게 표출되었다.

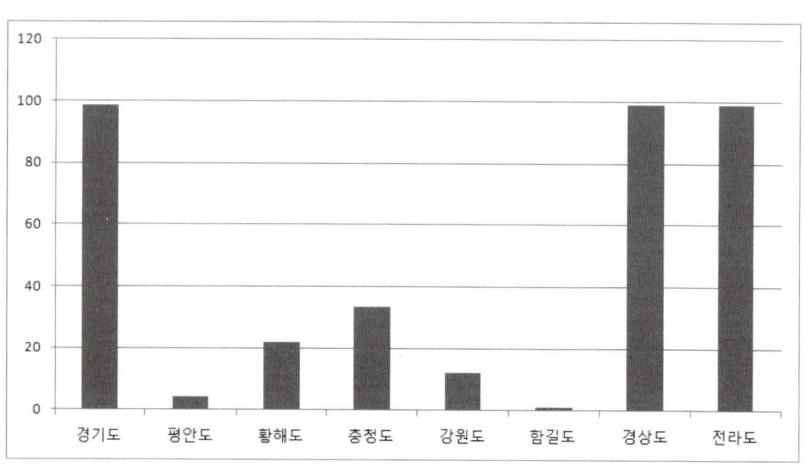

「1결 10말 거두는 공법의 도별 여론조사 결과」 여론조사 결과를 도별로 찬반 여부를 살펴보면 경기도, 경상도 및 전라도는 찬성하였으며, 평안도, 황해도, 충청도, 강원도 및 함길도는 반대하였다. 그 이유는 비옥한 지역은 조세부담이 줄어든다고 생각하고, 척박한 지역은 조세부담이 늘어난다고 생각한 것이다.

공법을 시범 실시하다.

시범실시는 정책결정 과정에서 문제점을 보다 구체적으로 파악하여 개선점을 도출할 수 있는 방법이다. 시범실시는 정책 시행의 부작용을 사전에 예방하기 위하여 일부분에 실시해보고, 차츰 문제점을 줄여나갈 수 있기 때문이다. 특히 정부정책에 대해서 시범실시 하는 이유는 첫째 구상하였던 정책의 현실적 타당성을 검토하기 위한 것이며, 둘째 시범실시를 통해 문제점을 사전에 발견하여 보완함으로써 제도 도입에 따른 시행착오를 줄이기 위해서이다.

세종대왕은 재위 11년 공법을 논의하는 초기부터 시범실시를 한 후에 구체적인 세법안을 결정할 것을 직접 제안하였다. 시범실시는 여론조사를 하는 것보다도 더 민의(民意)를 반영할 수 있기 때문이다.

「연전에 공법의 시행을 논의하고도 지금까지 아직 정하지 못하였으나, 우리나라의 인구가 점점 번식하고, 토지는 날로 줄어들어 의식이 넉넉하지 못하니, 참으로 슬픈 일이다. 만일 이 법을 세우게 된다면, 반드시 백성들에게는 후하게 되고, 나라에서도 일이 간략하게 될 것이다. 또 답험할 때에 그 폐단이 막심할 것이니, 우선 이 법을 행하여 1, 2년간 시범실시해 보는 것이 옳을 것이다.」

《세종실록》 11/11/16

그리고 공법이 본격적으로 논의된 세종 18년에도 세종대왕이 직접 시범실시를 제안하였다. 그 이유는 오르지 공법의 실시에 따른 폐단을 사전에 막기 위해서이다. 새로운 조세법의 시행으로 백성이 고통을 받거나 불편함을 겪게 해서는 절대 안된다는 의지이다.

> 「공법을 지금까지 시행하지 못했으나, 지금 그 폐단이 이와 같으니, 1, 2년 동안 이를 시범실시하는 것이 어떻겠는가. 그러나 조세의 수량이 많으면 백성들이 견딜 수 없으니, 만약 흉년을 만나면 수량을 감함이 옳을 것이다.」
>
> 《세종실록》 18/02/23

그 후 세종 18년 윤6월에 마침내 공법상정소가 설치되고 본격적인 논의가 이루어진 후, 의정부에서 3등도 3등전법과 해당 세율로 조세를 거두는 공법안을 1, 2년 동안 시범실시해 보자고 건의하니, 세종대왕은 이를 허락하였다. 3등도 3등전법이란 전국 8도의 토지를 먼저 비옥도에 따라 상중하로 나누고, 각 도의 토지를 다시 상중하 3등으로 나누어 1결당 10~18말의 세율로 조세를 징수하는 세법이다. 세종대왕은 한두 고을에 먼저 시범적으로 실시하고자 하였는데, 대신들이 '8도에서 시행하자'고 주장하여 온 나라에 시행하도록 결정하였다.

그러나 이듬해까지 공법의 시범실시는 시행되지 못하였다. 세종대왕은 가뭄 등의 재해로 백성이 살 수 없으니 공법을 갑자기 시행할 수 없다고 생각하였다. 백성의 아픔을 먼저 생각한 것이다. 하지만 공법 시행 여부의 판단을 "내 혼자 마음대로 할 수 없다"고 하여 공법상정소에서 다시 논의하여 결정하도록 하였다. 민주적인 리더십이다.

「지금의 공법을 당초에는 대신들과 더불어 의논을 정하여 한두 고을에 시범실시해 보고자 하였더니, 대신들이 청하기를, '한 도에서 시행하여 본 뒤에야 그 편의 여부를 알 수 있다.' 하고, 뒤에 또 청하기를, '팔도에서 시행하자.'고 하므로, 나 역시 금년 6월 이전은 비가 적당히 와서 혹시나 풍년이 되어 이 법을 시행할 수 있다고 하여, 이미 서울과 지방으로 하여금 시행하게 했지만, 7월 이후에는 비가 고르지 못하여 여러 도의 농사가 부실하고 혹은 태풍과 병충해도 있어서 백성이 살 수 없게 되었으니, 이 법을 갑자기 시행하기에는 어려울 것 같다. 그러나 당초에 대신들과 더불어 물어서 정한 일이라, 내 혼자 마음대로 할 수 없으니, 공법제조(貢法提調)에게 의논하여 아뢰라.」

《세종실록》 19/08/27

결국 공법의 시범실시는 중지되었고, 2년 후인 세종 20년 7월 공법의 시범실시를 의정부 및 육조와 함께 다시 논의하였다. 그 논의에서 황희 등은 먼저 강원·황해 양도에 시범실시를 할 것을, 우의정 허조는 반대를, 좌찬성 신개 등은 찬성을, 병조참판 신인손은 시행연기 등의 의견으로 나누어 졌다. 그 결과 안순 등의 "경상·전라 양도에 시범실시 하자"는 의견에 따랐다. 그리고 공법을 시범실시 한지 2년 후 경상·전라 양도 전체에 공법을 시행하게 하였다. 시범실시 한 결과 그다지 큰 폐단이 없었기 때문이다.

이 후에도 공법의 시범실시는 3등도 3등전법을 3등도 3고을 3등전의 전분9등법으로 수정하고, 세율은 1결에 10~20말의 9등급으로 다시 정하는 등 지속적으로 개정하였다. 세종대왕은 시범실시에 따라 발생하는 문제점을 그때그때 시정하도록 한 것이다. 그리고 공법에 대한 논의는 의정부를 비롯한 대신 등과 끊임없이 계속하였으며, 세종 23년에는 충청도에 공법을 시행하도록 하였다. 하삼도 전역에 공법이 시범적으로 실시된 것이다. 하지만 충청도까지 확대한 공법의 시범적인 시행 역시 좋다는 쪽과 나쁘다는 쪽이 팽팽하였다. 그래서 세종대왕은 영동현감 박여·연풍현감 이운몽·홍산현감 장안량이 하직하니, "공법은 곧 중국 하나라 우임금이 만든 좋은 법이므로 내가 시범적으로 실시하고자 하는데, 지금 듣건대 공법이 관(官)에 수입되는 것은 많은데도 백성에게 이익되는 것이 적으므로 백성들이 모두 이를 싫어한다 하니, 그대들은 편리한가 편리하지 않은가를 깊이 살펴서 아뢰라."라고 명하여(《세종실록》24/12/17), 이에 대해서 모니터링을 하도록 하였다.

세종대왕이 공법의 시행에 얼마나 철두철미하게 준비하고 심혈을 기울렸는지 알 수 있다. 더욱이 전라·경상·충청의 하삼도 감사들에게 각 고을 수령들과 백성들의 뜻을 참작하고, 자기의 의견을 합하여, 각기 경내 인민의 바라는 것과 공법과 답험손실법 가운데에 행해서 폐단 없는 것과 마땅히 행할 수 있는 조건을 다시 생각하고 의논을 더하여 밀봉해서 아뢰라고 지시한다. 백성들을 위한 조세법을 만들기 위해서 민주주의 시대인 지금에서도 하기 쉽지 않은 시범실시를 하고, 이에 따른 모니터링을 끝까지 한 것이다.

「내가 공법의 편부를 시범실시하려고 우선 하삼도에 시범실시한 것이 이미 여러 해 되었으나, 내가 깊이 궁궐 속에 있으므로 민간의 일을 알지 못하니, 어찌 공법과 손실의 편부를 살펴서 하나로 정하겠는가. 민간에 물어서 백성이 바라는 것으로 가부를 살피고자 하나, 서민의 마음이 무상하여서, 한 사람이 가하다고 하면 다 가하다고 말하고, 한 사람이 옳지 않다고 하면 역시 옳지 않다고 말하여, 바람에 타고 따라가는 것은 형세가 진실로 그러한 것이라, 내가 이미 시범실시 하여 알고 있는 것이다. 감사와 수령은 백성에게 가까운 직무이니, 이 법의 편부를 자세하게 알 수 있을 것이요, 서민들의 원하는 바를 역시 알지 못하는 것이 없을 것이다. 여러 사람의 일치하지 못한 말에서 지당한 하나의 결론을 듣고자 하니, 경은 나의 지극한 마음을 알아서, 그 각 고을 수령들과 여러 사람의 뜻을 참작하고, 자기의 의견도 합하고, 각기 경내 인민의 바라는 것과 두 가지 법 가운데에 행해서 폐단 없는 것과 마땅히 행할 수 있는 조건을 다시 생각하고 의논을 더하여 밀봉해서 아뢰라.」

《세종실록》25/07/19

3분의 2가 찬성하면 공법을 시행하겠다.

세종대왕은 민주적인 시범실시를 통하여 공법에 대해서 백성의 의견을 충분히 들었다. 그것이 세종대왕이 시범실시를 한 이유이다. 백성의 소리를 듣고 부족한 점이 있으면 과감히 버리고 다시 시작하겠다는 것이다. 이러한 세종대왕의 조세정책을 민주적이라 아니 할 수 없다. 이처럼 공법의 입법은 1·2년만에 이루어진 것이 아니다. 무려 25년의 세월을 걸쳐 15년이상 조정에서 논의되고 시범실시되고, 여론 조사를 통하여 완성되었다.

하지만 한 가지 또 살펴보아야 할 사건이 있다. 세종대왕이 다음과 같이 "인민의 3분의 2가 찬성할 경우 공법을 시행하겠다."라고 말한 것이다.

「공법은 지금 행하지 않더라도 후세 자손들이 반드시 다시 의논하여 행하려는 자가 있을 것이기는 하나, 이제 법제를 이미 제정하여 인민들도 익히 알고 있는 터인지라, 경솔히 버릴 수도 없거니와, 만약 고식적으로 여러 해 미루어 가게 되면, 그 일의 어렵고 쉬운 사정도 다시 거리가 멀게 될 것이다. 나는 경상·전라 양도의 인민들 가운데 공법의 시행을 희망하는 자가 3분의 2가 되면 우선 이를 양도에 시행하려니와, 3분의 2에 미달한다면 기어이 강행할 필요는 없다고 본다. 만약 이 법을 시행하여 어떤 폐단이 생기게 되면 즉시 이를 개정하곤 하면, 거의 그 폐단도 없게 될 것이다. 그러나 내 마음은 반드시 이 법을 시행하려는 것도 아니니, 경들은 이 법의 이해(利害)를 잘 알아서 속히 의논하여 아뢰도록 하라.」

《세종실록》 20/07/10

오늘날에는 다수결이 민주적인 의사결정 방법이다. 민주적 의사결정은 다수결로 이루어져야 한다는 것이 자명한 원칙으로 받아들여진 것이다. 이에 현대의 민주적 헌법 질서 내에서 다수결 원리는 다양한 형태로 나타나고 있으며, 학설도 다수결의 원리를 민주주의의 핵심적 제도라고 하는데 이의가 없다. 그런데 조선의 군왕인 세종대왕이 "나는 경상·전라 양도의 인민들 가운데 공법의 시행을 희망하는 자가 3분의 2가 되면 우선 이를 양도에 시행하려니와, 3분의 2에 미달한다면 기어이 강행할 필요는 없다고 본다."라고 하여, 공법 시행 여부를 다수결의 원칙에 의하여 민주적으로 결정하겠다고 하였다. 그것도 일반적인 다수결이 아닌 3분의 2의 가중다수결이다. 대의정치 시대도 아닌 조선시대에 다수결에 의해서 국가정책을 결정한다는 것은 정치적 이탈이다.

현대에 있어서도 '3분의 2의 다수결'은 매우 중요한 정책을 결정하는데 적용한다. 우리나라에서는 헌법 개정안을 국회에서 의결할 때 '재적의원 3분의 2 이상의 찬성을 얻어야 한다.'고 규정하고 있으며, 그 외의 결정은 일반적으로 '재적의원 과반수의 출석과 출석의원 과반수의 찬성으로 의결' 하도록 하고 있다. 그만큼 3분의 2의 가중다수결의 결정은 절대적이라 할 수 있다. 그것은 3분의 2의 찬성이 쉽지가 않다는 것을 말하는 것이다. 하지만 세종대왕은 공법의 시행에 3분의 2의 찬성 조건을 내걸었다. 그 이유는 오르지 한가지이다. 백성 중 한 사람이라도 피해와 고통을 당하지 않는 공법을 만들고자 한 의지인 것이다. 공법의 입법은 조정에서 이루어지지만 그 시행여부는 오르지 백성의 뜻에 따르겠다는 것이다.

더욱이 과반수의 '절대다수결'이 아닌 3분의 2의 '가중다수결'에 의하여 공법의 시행을 결정하겠다는 것은 공법에 대해서 더 많은 백성들의 지지를 이끌어 내어, 사회의 자발적인 조세순응을 최대화 시키고자 한 것이라고 본다. 시범실시한 결과 경상·전라 양도에서는 공법의 시행을 원하는 자가 3분의 2가 되었다. 물론 형조 판서 정연은 3분의 2의 찬성이 호족과 부유층의 소행이라고 말하고 있지만, 결과적으로 세종대왕에게는 공법 제정의 의지에 민주적 타당성을 실어준 것이다.

> 「형조 판서 정연은 의논하기를, "대개 부자는 좋은 전지를 많이 차지하고 있고 빈민들은 경작하고 있는 것이 거의가 다 척박하기 때문에, 공법을 부자는 좋아하지만 빈민들은 싫어하는 것이 온데, 이제 경상·전라 양도에서는 공법의 시행을 원하는 자가 3분의 2가 된다고 하오나, 신은 아마도 이것이 호족과 부유층의 소위가 아닌가 봅니다. 또 답험(踏驗)할 때에 호족 부유층의 전지가 많이 실(實)에 들어간 것이 없다는 것은 간혹 있을 법한 일이오나, 그 수효는 반드시 적을 것이니 어찌 공법의 시행으로 인하여 부익부(富益富)의 많은 것과 같겠습니까. 신은 전대로 답험하는 것이 편리하지 않을까 그윽이 의문시하는 바입니다.」
>
> 《세종실록》 20/07/10

민주시대가 아닌 왕권시대에 3분의 2의 찬성으로 조세법을 제정한 사례는 없을 것이다. 따라서 공법은 세계 역사에서 가장 민주적으로 입법된 세법이라 할 것이다.

백성을 위한 민주적 리더십이다.

민주적 리더십은 흔히 '협의 또는 합의 형' 리더십으로 불린다. 민주적 리더는 구성원들과 함께 의사를 결정한다. 리더는 구성원의 의견을 충분히 수렴한 후 최종 결정을 내린다. 즉, 민주적 리더십은 조직 구성원을 정책결정에 참여시켜 그들과의 합의(合意)에 의하여 의사결정을 하고, 그 구성원이 만족하는 방향으로 조직을 이끌어 가는 것이다.

그런데 세종대왕은 왜 민주적 리더십으로 백성들의 의견을 수렴하여 의사결정을 하고 나라를 이끌고자 하였을까? 한마디로 백성을 위해서이다. 물론 조선의 정치도 '민의(民意)에 따라야 한다'는 것을 근본으로 하였다. '민심은 천심이다'라는 말은 민본정치의 근본이다. 하지만 일반 백성들의 정치적 참여가 전혀 허용되지 않은 양반시대이며, 군주시대인 조선에서 민의를 반영하는 현실적인 정치는 쉽지가 않은 환경이다.

하지만 세종대왕은 민주적 리더십을 실천하였다. 그것도 조세법인 공법을 입법하면서이다. 이것은 세종대왕이 조세법을 제정하는데 양반정치의 틀을 깨고, 백성들의 민의를 적극적으로 수용하여 민주적으로 결정하고자 한 정치적 이념을 실현하고자 한 것이다. 나라의 정치에서 완전히 배제된 주된 납세자인 백성들을 조세의 정책결정에 참여를 허용함으로써, 사회의 자발적인 조세 순응을 이끌어 내고자한 세종대왕의 고도의 전략일 수도 있다.

현대 민주주의 국가도 사회로부터 가능한 더 많은 세금을 징수하는 것이 제일의 관심사항이며, 조세정책을 결정하는 일에 지배계급[납세자]의 참여를 허용함으로써 사회의 자발적인 순응을 이끌어 내고자 한다. 그래서 민주주의의 확대는 조세에 대한 사회의 자발적인 순응을 증대시켜, 조세수입의 최대화라는 국가의 목적을 실현하기 위한 전략의 추구라고 보는 것이다. 즉, 민주화는 더 많은 조세수입을 원하는 국가의 필요성에 순기능적으로 작용하기 때문이다. 아무튼 세종대왕은 그 당시 국가의 정책 중 가장 중요한 조세정책을 결정하면서 현대에서도 시행하기 힘들 정도의 민주적 리더십을 발휘하였다.

1215년 영국 존 왕의 실정(失政)에 격분한 귀족과 성직자가 왕의 권한을 제한하고, 귀족의 자유와 권리를 보장하기 위하여 국왕에게 강요하여 체결한 약정서인 대헌장(Magna Carta)의 내용 중 "과세는 과세당하는 자의 동의가 없으면 할 수 없다"는 조문이 있다. 이 대헌장의 조세관련 조항은 왕권으로부터 귀족들이 자신들의 재산을 보호하기 위하여 군왕에게 요구한 것이다. 이 조문은 현대 조세법률주의의 효시가 되었다. 하지만 세종대왕은 군왕으로서 귀족이 아닌 일반 백성들의 재산권을 보호하기 위한 조세법을 만들기 위하여 15년이상 조정에서 토론하고, 여론을 조사하고, 시범적인 실시를 하였다. 현대 민주주의 국가에서도 세종대왕만큼 민주적으로 세법을 입법하고, 조세정책을 시행하기는 어려울 정도라고 본다.

세종대왕은 공법의 혁신에 백성들의 의견을 광범위하고 다양한 방법으로 모으고 민주적인 방식으로 결정하였다. 그것은 혁신의 위험성을 최대한 줄이기 위해서이다. 혁신은 기존의 제도나 조직, 방법 등을 완전히 바꾸어서 새롭게 하는 것이다. 여기에는 혁신에 따른 문제점이 반드시 발생할 수 밖에 없다. 혁신은 미지의 세계이기 때문이다. 세종대왕은 공법의 혁신에 따른 문제점이 최대한 발생하지 않도록 하기 위하여 민주적이고 과학적으로 시행한 것이다. 이것이 성공할 수 있는 혁신의 본질이다. 혁신이 민주적이고 과학적이면 백성들의 불만이나 반대는 최소화 된다. 구성원들이 일체감을 갖기 때문이다.

2
과학적 리더십

과학적인 리더는 합리적이다.

세종대왕은 과학적 리더이다.

조선시대는 윤리적 사고를 강조하는 성리학이 주류로 자리 잡아 과학과 기술의 학문은 뒷전으로 밀려나 있었다. 공리공담에 빠진 유학자들은 과학·기술을 늘 천시하였다. 조선사회에서 유교의 사상은 가치기준과 생활양식의 근거가 되는 중요한 정신적 요인이다. 유학은 우주의 근원과 인간의 심성에 관한 형이상학적인 사상으로서 조선 초기에 국가 건설의 정신적 원동력이 되었으며, 사회 개혁에도 상당히 기여하였다. 하지만 세종대왕은 부국강병과 민생안정을 위하여 과학기술을 장려하고, 격물치지(格物致知: 사물이나 현상 속에 내재한 이치를 탐구하여 자신의 지식을 완전하게 이룬다)를 존중하여, 자신은 물론 정인지 등 당대 유명한 유학자들에게 과학과 기술을 겸하여 학습하도록 하였다.

세종대왕은 "경서를 깊이 연구하는 것은 실용하기 위한 것이다."라고 말했다. 학문의 실용성을 강조한 것이다. 경서와 사기를 깊이 연구하면 나라 다스리는 일이 손을 뒤집듯이 쉽게 생각되지만, 경서의 연구만으로 현실의 문제를 모두 해결할 수 없다는 것을 말한 것이다.

> 「경서를 깊이 연구하는 것은 실용하기 위한 것이다. 바야흐로 경서와 사기를 깊이 연구하여 다스리는 도리를 차례로 살펴보면, 그것이 보여 주는 나라 다스리는 일은 손을 뒤집는 것과 같이 쉽게 생각된다. 그러나 실지의 일에 당면하면 어찌할 바를 모를 것이 있는 것이다. 내가 비록 경서와 사서를 널리 찾아 읽었으나, 오히려 아직 능통하지 못하니, 이와 무엇이 다르겠는가.」
>
> 《세종실록》 07/12/08

이러한 세종대왕의 실용적 사고로 인하여 젊은 학자들을 등용하여 이상적 유교정치를 구현하는 것은 물론, 훈민정음을 창제하고 측우기 등의 과학 기구를 제작하게 하였다. 중국의 앞선 것들을 받아들이면서도 조선만의 고유한 과학과 문화를 창조하려 했다. 자주적인 과학기술의 전개와 산업기술의 혁신을 통하여 신생된지 얼마 안된 새 왕조의 기반을 튼튼히 하고자 한 것이다. 이는 세종대왕이 가장 중요시한 통치이념인 '민본의 안민'을 실현하기 위함이다.

하지만 세종대왕의 과학적 리더십은 죽은 나무에서 꽃을 피우는 것 만큼이나 더 많은 어려움을 극복하고 이룩한 것이다. 지배계급인 양반들은 유학 이외의 학문을 잡학이라 하여 천시하였다. 뿐만 아니라 지식층인 양반을 비롯하여 무지렁이라고 칭한 일반 백성의 과학적 사고는 너무도 빈약했다.

그 당시 일식(日蝕)을 재앙으로 여겨 이를 막기 위해 궁중에서 구식의(救蝕儀)을 행할 정도로 과학적 지식은 없었다. 가뭄이 계속되면 기우제를 지내는 의식과 같다. 일식이 진행되는 동안 신하들이 검은 관에 소복을 차려 입고 시위하면, 왕 역시 소복하고 들어와 절하며 의식을 진행했다.

「일식이 있으므로, 임금이 소복을 입고 인정전의 월대 위에 나아가 일식을 구(救)하였다. 임금 옆에 가까이 모시는 신하가 시위하기를 의식대로 하였다. 백관들도 또한 소복을 입고 조방(朝房; 신하들이 조회 때를 기다리느라고 모여 있던 방)에 모여서 일식을 구하니 해가 다시 빛이 났다. 임금이 섬돌로 내려와서 해를 향하여 네 번 절하였다.」

《세종실록》 04/01/01

일식을 정치적으로 불길한 사건으로 여긴 풍속이다. 왕이 소복을 입은 것은 나라에 불길한 기운을 불러온 죄인이라고 생각한 까닭이다. 일식의 '식(蝕)'자가 '좀 먹는다'는 뜻일 정도로 그 당시 사람들은 일식을 흉조로 봤다. 제왕을 상징하는 태양이 빛을 잃는 것은 곧 제왕이 힘을 잃는 것과 같다고 여겼기 때문이었다. 신이 노해 '달이 해를 먹어 삼키게 해서' 하늘의 빛을 거둬갔으니 신의 노여움을 풀어 빛을 되찾아야 한다는 것이 옛 사람들의 생각이었다. 이러한 가운데에서도 세종대왕은 일식과 월식이 일어나는 시간과 끝나는 시간 등의 천문을 정확하게 측정하기 위하여 우리나라의 역법을 만들게 하였다. 부국강병과 민생안정을 위해 세종대왕의 과학적 열린 사고가 태동한 것이다.

> 「천문을 추산하는 일이란 전심전력해야만 그 이치를 구할 수 있을 것이다. 일식·월식과 별의 변화, 그 운행의 도수가 본시 약간의 차이가 있는 것인데, 앞서 다만 중국의 역법인 선명력만을 썼기 때문에 착오가 꽤 많았던 것을, 정초가 원나라의 수시력을 연구하여 밝혀 낸 뒤로는 우리나라 책력 만드는 법이 좀 바로잡혔다.」
>
> 《세종실록》12/08/03

과학적 리더십은 과학적 사고와 경영을 말한다. '과학적'이라는 말은 누구나 신뢰할 수 있는 객관적이고 체계적인 지식을 의미한다. 그래서 과학적 리더는 직감이나 경험에 따른 소위 주먹구구식 방법과는 차원이 다른 과학적이고, 합리적이며, 객관적인 사고와 경영을 한다. 과학적 리더십은 구성원에게 신뢰에 대한 타당성을 줄 수 있기 때문에 필요하다. 사람들은 '그것은 이미 과학적으로 증명되었다.' 또는 '그것은 과학적인 근거가 있다.'라는 말을 듣게 되면, 그것은 사실이거나 참된 지식이라고 믿게 된다. 현대에 있어서는 '과학적'이라는 말을 하지 못하면 쓸모없는 지식으로 분류되거나, 사람들의 신뢰를 상실한다.

세종대왕은 이러한 과학적 사고와 경영을 최대한 이용하여 백성의 삶의 질을 높이고자 하였다. 그것은 세종대왕이 과학적 리더십을 가지고 국가가 처한 환경의 변화를 빨리 인식하여, 그 누구보다도 한 발짝 앞서 갈 수 있는 사고를 가졌기 때문이다. 세종대왕의 과학적 리더십 덕택에 하늘의 자연 현상을 객관적으로 인식하고, 미래에 대한 예견도 가능하게 되었다. 세종대왕의 이러한 과학적 사고와 경영은 공평한 조세를 거두기 위해서 가장 적극적으로 활용되었다. 공평한 과세를 위해서 과학적 관리 기법을 도입한 것이다.

공평한 조세를 위해 주척을 사용하다.

세종대왕은 공법을 입법하면서 조세의 과학화를 추구하였는데 그 중 하나가 주척(周尺)을 사용하여 전답을 측량하도록 한 것이다. 주척이란 중국의 주나라에서 만들어 사용한 자이며, 그 당시 모든 문물제도가 주나라에 기원을 두고 있다는 유가사상(儒家思想)에서 나온 명칭이다. 따라서 주척은 가장 오래된 자[尺(척)]로 모든 자의 기준이 되었으며, 세종대의 주척 1자(尺)는 약 20.81cm 정도였다. 《증보문헌비고》에는 주척의 역사에 대해서 다음과 같이 기록하고 있다.

"우리나라 자의 제도는 《주자가례(朱子家禮)》에 기재된 중국 송나라 사마광(司馬光)이 돌에 새긴 주척(周尺)에 의한 것이다. 그러나 《주자가례》의 인쇄한 책으로 세상에 돌아다니는 것은 한

가지가 아니며, 그 주척의 장단 또한 모두 같지가 않다. 태조 36년(1393)에 판중추원사 허조가 원나라 진우량의 아들 진리(陳理)가 사당에 두는 신주(神主: 죽은 사람의 넋이 담긴 위패) 만드는 법을 얻어 그대로 모방해서 기본척(基本尺)을 만들었다. 진리는 명나라에서 고려말에 귀화하였다. 이로부터 관리와 선비 집 사당의 신주, 도로의 거리, 활터의 거리를 재는 법이 모두 이 자를 기준으로 정식을 삼았다."

《증보문헌비고》 상위고2/의상1/조선

주척에 대한 《조선왕조실록》의 기사 중 첫번째 기록은 《태종실록》에 있으며, 각 품의 관원과 서인의 묘지 면적을 제한하는 것을 법으로 정한 내용이다. 관직의 계급에 따라 묘지의 넓이를 제한하는 법이다. 일반 백성의 묘지는 영의정 등 정승의 324분의 1인 약 39㎡(12평) 정도였다.

「관직 1품의 묘지는 90보(步: 보는 거리를 나타내는 단위로 6자을 1보로 한다.) 평방에, 사면이 각각 45보이고, 2품은 80보 평방, 3품은 70보 평방, 4품은 60보 평방, 5품은 50보 평방, 6품은 40보 평방이며, 7품에서 9품까지는 30보 평방이고, 서민은 5보 평방인데, 이상의 보수는 모두 주척을 사용한다.」

《태종실록》04/03/29

이와 같이 신분에 따라 묘지의 면적을 제한하기 위하여 규격화된 주척을 사용하도록 하면서, 조세의 징수를 위해서는 수지척(手指尺: 농부의 손마디의 폭을 이용하여 만든 자)을 사용하게 하였다. 공평과세를 위해 누구도 표준화된 주척을 사용해야 한다는 생각을 하지 못했다. 현대적 사고로 생각하면 규격화된 자로 토지를 측정하는 것은 당연하기 때문에 별다른 의미를 부여할 수 없지만, 그 당시 정확하고 통일된 주척을 이용하여 전답을 측정하는 것은 혁신이었다. 백성의 공평한 조세부담이 신분 계급의 유지를 위해 묘지의 크기를 정하는 것보다 덜 중요시 된 것이다. 하지만 세종대왕의 생각은 달랐다. 공평하고 법에 따른 조세부담은 백성들의 삶과 직결되었기 때문이다. 이를 위해 세종대왕은 혁신적인 공법을 만들고 표준화된 자를 사용하게 한 것이다. 세종대왕의 과학적인 리더십이다.

세종대왕이 공법에서 전지의 측량에 주척을 사용하도록 규정하기 전까지는 농부의 수지척을 사용하였다. 수지척이란 손가락의 폭을 이용하여 만든 자이다. 그 당시 전지는 비옥도에 따라 상·중·하의 3개 등급으로 나누고, 등급에 따라 면적을 달리하지만 조세는 똑같이 1결에 쌀 30말을 징수하는 결부법이었다. 따라서 자(尺)도 3개가 있었는데, 농부의 손가락 두 개의 폭으로 열 번을 재서 상전척(上田尺)을 만들고, 두 개의 폭으로 다섯 번 재고 또 세 개의 폭으로 다섯 번을 재서 중전척을 만들고, 세 개의 폭으로 열 번을 재서 하전척을 만들었다.

「고려때부터 전답은 상·중·하의 3개 등급으로 법식을 정해왔사온데, 농부의 손 이지(二指)로 열 번을 재서 상전척으로 삼

고, 이지로 다섯 번 재고, 또 삼지(三指)로 다섯 번을 재서 중전
척으로 삼고, 삼지로 열 번을 재서 이를 하전척으로 삼고는, 이
자들을 사용하여 6척(尺)을 1보(步)로 치고, 둘레 3보 3촌(寸)을
1부(負)로 치며, 25보를 1결로 쳐서 계산하고, 거두는 조세는 모
두 30말를 받고 보니, 3개 등급의 전세의 차이가 그리 많지 않
습니다.」

《세종실록》12/08/10

따라서 3등급에 따른 수지척의 길이는 20 : 25 : 30의 비율로 만들
어 졌는데, 상전척은 약 38.7㎝이고, 중전척은 약 48.6㎝이며, 하전척
은 약 58.2㎝ 정도였다. 농부에 따라 손가락 굵기가 달라 질수 있는
수지척을 사용한 이유는 무엇 때문이었을까? 규격화된 자가 귀한 시
절 그리고 규격화된 자라고 하여도 그 길이가 통일되지 않아 들쭉날
쭉하므로, 언제 어디서 편리하게 쓸 수 있는 수지척을 사용하게 한

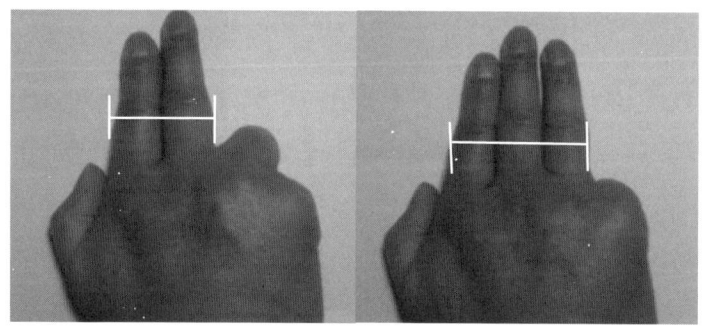

약 3.87㎝   약 5.82㎝

「수지척」 수지척이란 손가락의 폭을 이용하여 만든 자이다. 농부의 손가락 두 개의 폭
으로 열 번을 재서 상전척을 만들고, 두 개의 폭으로 다섯 번 재고 또 세 개의 폭으로
다섯 번을 재서 중전척을 만들고, 세 개의 폭으로 열 번을 재서 하전척을 만들었다.

것이다. 하지만 수지척은 객관적이지 못했다.

이에 세종대왕은 합리적이고 객관적으로 조세를 징수하기 위하여 공법에 따른 양전시 수지척의 사용을 폐지하고 주척을 사용하도록 하였다. 논밭을 측량하는 자를 수지척에서 주척으로 바꾸게 한 것에서 세종대왕의 공평과세에 대한 과학적 사고를 볼 수 있다. 공평과세의 실현을 위해서는 주관적 요인이 배제되어야 한다는 것을 지적하고 있는 것이다. 세종대왕이 주척으로 전답을 측정하게 하는 것은 법으로 정해져 《경국대전》에 수록되어 조선말까지 시행되었다.

말과 되를 규격화하다.

쌀과 콩 등의 곡물로 조세를 납부하는 조선시대에서 그 곡물의 수량을 재는 말[斗(두)]과 되[升(승)]의 통일된 규격은 매우 중요했다. 현대처럼 표준화되고 규격화된 도량형이 많이 보급되어 있지 않은 상황에서 세금을 거두는 관리가 가장 쉽게 부정을 저지를 수 있는 방법이 바로 말과 되를 속이는 것이다. 실제로 그 당시에는 **말과 되를 속**이는 일이 비일비재하였다. 그래서 태종은 관리들에게 명하여 조세를 거둘 때 말과 되는 속이는 폐단을 엄하게 금지하였다. 관리들이 검정받은 말과 되를 쓰지 않고 큰 말로 과다하게 거두는 폐단이 일어났기 때문이다(《태종실록》 07/12/28). 조세를 징수할 때 통일된 규격의 말과 되를 쓰도록 한 것이다. 그리고 태종은 각 관아에서 말과 되를 마음대로 조작한 경우 다음과 같이 처벌하도록 하였다.

> 「서흥 현령 박지를 인주로 귀양보내었다. 사헌부에서 상언하기를, "박지는 정해년에 풍해도 녹전 차사원이 되어 수령이 사용하여야 할 검정받은 말과 되를 쓰지 않고 임의로 관아에서 말과 되를 마음대로 조작하여, 매 한 말에 한 되를 남기고, 한 되에 두 홉을 남기었으니, 백성을 병들게 하고 걱정을 끼친 죄가 심합니다." 하여, 귀양을 보내었다.」
>
> 《태종실록》 08/03/21

이러한 일은 세종시대에서도 마찬가지였다. 세종대왕 역시 공전(公田)이나 사전(私田)에서 조세나 소작료를 거두어들이면서 공정하게 검정되지 아니한 말과 되를 사용한 경우 이를 죄로 다스리게 하였다.

> 「공전이나 사전에 조세를 받아들이면서 표준이 균평하게 검정되지 아니한 말이나 되를 가지고 받아들이다가 소작인의 고발이 나오게 되면, 소재지 수령이 죄를 받아야 되고, 심한 자는 감사에게 보고하여 죄를 다스리게 하라.」
>
> 《세종실록》 02/11/07

그래서 세종대왕은 전국적으로 도량형의 규격을 표준화하였다. 객관적이지 못하여 발생할 수 있는 부정부패를 원천적으로 차단하기 위해서이다. 세종대왕은 조직의 성공적인 관리는 주관적인 요소를 배제하고, 보다 객관화 시키는 것에 달려 있음을 확실하게 인지한 것이다. 현대적인 사고이고 과학적인 사고이다.

세종대왕은 공법을 최종 입법하고 시행한지 2년이 되는 재위 28년 (1446) 9월에 새로 만든 영조척(31.24cm)을 기준으로 하여, 말과 되 등의 양기(量器) 체제를 다음과 같이 고치게 하였다.

「새 영조척(營造尺)으로써 곡(斛)·말·되·홉[合(합)]의 체제를 다시 정하여 곡의 용량이 20말인 것은 길이는 2척(尺), 넓이는 1척 1촌(寸) 2푼(分), 깊이는 1척 7촌 5푼으로서 용적이 3,920촌이 되게 하고, 용량이 15말인 것은 길이는 2척, 넓이는 1척, 깊이는 1척 4촌 7푼으로서 용적이 2,940촌이 되게 하며, 말(斗)의 길이는 7촌, 넓이도 7촌, 깊이는 4촌으로서 용적이 196촌이 되게 하고, 되(升)의 길이는 4촌 9푼, 넓이는 2촌, 깊이도 2촌으로서 용적이 19촌 6푼이 되게 하고, 홉의 길이는 2촌, 넓이는 7푼, 깊이는 1촌 4푼으로서 용적이 1촌 9푼 6리가 되게 하소서.」

《세종실록》28/09/27

이 때 영조척을 기준으로 하여 곡(斛: 섬 또는 석)·말·되·홉의 양기를 표준화 시킨 목적에 대해서는 명확히 제시하지 않고 있지만, 도량형의 담당 관서인 공조(工曹)가 아닌 호조에서 양기의 개량을 시행한 것은 조세징수의 공평을 위해서라고 본다. 조세를 징수할 때 관리와 아전들이 눈속임할 수 있는 말과 되를 정확히 표준화 하는 일은, 세종대왕이 공법을 입법한 취지인 조세의 부정부패를 척결하고 공평과세를 실시하여, 백성을 행복하게 만들고자 한 목적과 합치되기 때문이다. 영조척은 주로 부피의 측정, 병기·선박의 건조, 건축, 특히 성곽의 축조 등에서 많이 사용한 자이다. 이 영조척 역시 세종 28년(1446)에 황종관(黃鐘管)의 길이를 기준으로 새로이 만든 것이며, 세종대왕은 규격화한 영조척을 보급하도록 명하였다.

「새로 만든 영조척 40개를 서울과 지방에 나누어 주도록 하라.」

《세종실록》28/11/04

그 뒤 세종대왕이 만든 도량형에 대한 규격은 법으로 시행되어, 《경국대전》에는 기본적인 사항이 수록되었고, 《속대전》에서는 용량의 자세한 내용이 수록되어 조선말까지 시행되었다. 세종대왕이 조선사회의 정의와 공평에 끼친 영향은 무한하다고 볼 수 있다. 세종대왕은 나라를 다스리는데 보다 타당성을 높이기 위해서는 합리적이고 객관적인 사고로 접근하는 과학적인 방법이 중요하다는 것을 제시한 것이다.

조세를 체계화하기 위해 《지리지》를 편찬하다.

정도전은 편찬한 《조선경국전》에서 "조세의 출입을 안다면 민생을 후하게 하지 아니할 수 없고, 주군(州郡)을 다스리지 않을 수 없으며,

호적을 상세하게 하지 않을 수 없다."라고 하였다. 이는 농업국가인 조선에서 조세를 확충하기 위해서는 국가의 행정구역을 체계화하고, 인구를 명확히 파악하여 관리해야 한다는 말이다. 또한 전지의 소유 자와 비척의 정도를 기록하여 관리할 필요가 있다는 것이다. 국가의 재정은 나라의 흥망을 결정할 수 있기 때문에 조세징수를 위해 행정 구역을 체계화하고, 인구와 토지의 실태를 정확히 조사하는 것이 필 요한 것이다. 이러한 일은 현대에서도 근본적으로 필요하다.

따라서 조세의 과학화와 선진화를 이룩하려는 세종대왕에게는 행 정구역별 인구의 실태와 전지의 결수 및 비옥도의 파악은 필수였다. 이러한 요소는 농업 중심의 재정에서 공평하고 정확한 조세의 부과 와 징수를 위해 절대적으로 필요하기 때문이다. 그래서 세종대왕은 "우리나라는 호적의 관리가 명확하지 못하다."고 하면서 호적의 법은 조세와 관계된다는 것을 강조하였다.

「우리나라는 호적이 밝지 못하여 가끔 의견을 말하는 자가 '지 방의 백성 수효를 호적에 올려 호구의 증감을 보게 하소서.' 하 였으나, 다만 어리석은 백성들이 대체를 모르고 새 법이라 하여 놀래고 의심하고 소동할까 두려워 지금까지 시행하지 못하였다. 이는 대개 백성의 마음이란 오랜 습관을 편안히 여기고 새 법 은 싫어하여, 비록 백성을 이롭게 하는 일이라도 오히려 모두 꺼리거든, 하물며 호적의 법은 조세와 관계되는 것이니, 변경의 무지한 백성들이 반드시 싫어하고 꺼릴 것이다.」

《세종실록》19/03/19

하지만 호적 관리 즉, 인구조사는 백성들이 싫어하여 쉽지 않았다. 호적은 조세와 직결되기 때문에 백성들은 가족 수가 정확히 관에 파악되는 것을 싫어한 것이다. 그러나 나라의 경영을 위해서는 인구의 실태를 파악하는 것은 기본이다. 현대에서 구성원을 인적자원이라 한 이유도 여기에 있다. 세종대왕은 국가 경영을 위해서 호적과 각 고을별 지리적 특성을 파악하는 것이 매우 중요하다고 생각하였다. 그래서 왕명으로 1425년(세종 7)에 발간된 《경상도지리지》를 비롯한 《8도지리지》를 편찬하게 하고, 1432년(세종 14) 1월에는 《신찬팔도지리지(新撰八道地理志)》를 편찬하게 하였다. 그리고 이를 수정한 《세종실록지리지》가 《세종실록》에 실린 것이다.

《세종실록지리지》에는 당시의 고을 명칭의 변천, 행정 단위의 변화 등이 기록된 행정관계 사항과 호구·군정·공부·전결·토산 등의 경제·재정관계 사항, 명산·군영·성곽·목장·관방조 등의 군

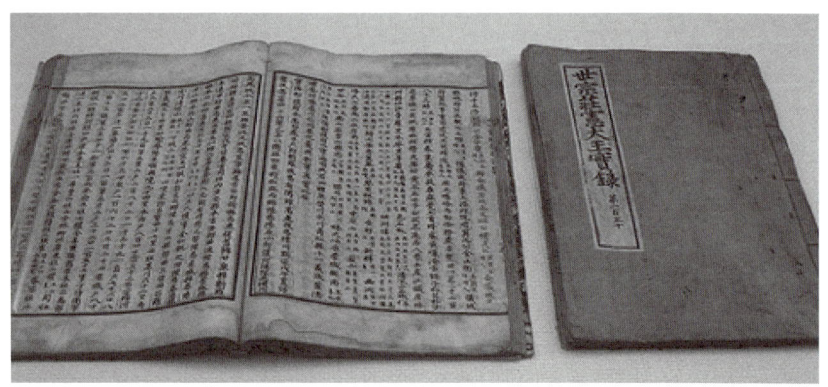

《세종실록지리지》 이 책은 고을별 호수와 인구, 토지의 비옥도와 농지 면적, 해당 지역에서 생산되는 농작물뿐만 아니라 현물로 납세하는 곡식의 종류까지 명확히 기술하고 있어, 조세를 객관적이고 체계적으로 관리하기 위한 지침서가 되었다.

사관계 사항, 성씨·인물조 등 주민들의 신분 구성에 관한 사항 등이 상세하게 기록되어 있다. 그 중에서도 고을별 호수와 인구, 토지의 비옥도와 농지 면적, 해당 지역에서 생산되는 농작물뿐만 아니라 현물로 납세하는 곡물의 종류까지 명확히 기술하고 있다. 이것은 조세를 객관적이고 체계적으로 관리하기 위한 세종대왕의 과학적 사고의 성과물이다. 그 결과 공법의 전분6등법에 따른 '전지의 등급'을 논의할 때 신하들이 지리지를 참고할 것을 다음과 같이 말하고 있다.

「신이 망령되이 생각하건대, 그 지리지를 참고하여 토지를 비옥하였다고 인정하는 것을 10분으로 율을 삼아, 상등 전지를 3등급으로 나누고 중등 전지를 3등급으로 나누며 하등 전지를 3등급으로 나누되, 나머지는 또 평지의 일갑전(一甲田)은 20분의 1로 하고, 토지의 비옥하고 척박함이 서로 반반이 된 것은, 상등의 전지는 1등급으로 나누고, 중등의 전지는 3등급으로 나누고, 하등의 전지는 5등급으로 나누며, 평지의 일갑전은 1등급으로 나누고, 토지가 척박한 것은, 상등의 전지는 20분의 1로 하고, 중등의 전지는 10분의 2로 하고, 하등의 전지는 6등급으로 나누되, 일갑전은 2등급으로 나누어, 대략 이것으로써 예로 삼아 토지를 친히 조사하고 참작하여 가감한다면, 그것이 건국 초기의 3등급의 제도에 있어서는 진실로 배나 거듭될 것입니다.」

《세종실록》28/07/02

이는 《세종실록지리지》가 공평한 조세의 징수에 있어서 중요한 역할을 하였다는 것을 말하는 것이다.《세종실록지리지》에는 8도의 고을별 토지의 비척이 표시되어 있기 때문이다. 땅이 기름지다는 '비(肥)', 메마르다는 '척(堉)'과 두 표현을 사용한 '비척상반(肥堉相半: 기름지고 메마른 것이 반반임)', '비소척다(肥少堉多: 기름진 것이 적고 메마른 것이 많음)' 등으로 그 지역의 비옥도를 나타내고 있는데, 이는 그 지역의 전품의 상중하를 반영한 것이다. 전품은 조세와 직결된다. 예를 들면《세종실록지리》에는 다음과 같이 전라도 김제군의 토지를 '비척반지(肥堉半之)'라고 하여 '땅이 기름지고 메마른 것이 반반이다'라고 기록하고 있다.

「호수는 409호이요, 인구가 2,065명이다. 군사는 시위군이 23명이요, 진군이 48명이요, 선군(船軍: 해군)이 353명이다. 땅이 기름지고 메마른 것이 반반이며[厥土肥堉半之(삭토비척반지)], 개간한 밭이 7,281결이요, 그 중 논이 8분의 5이다. 토산물은 오곡·삼이 있다. 공물로 바치는 것은 여우가죽·삵괭이가죽·족제비털·고니·죽순·모시이며, 약재로 바치는 것은 잉어쓸개·겨우살이풀뿌리이다.」

《세종실록지리지》전라도/전주부/김제군

이처럼《세종실록지리지》는 정치·경제·국방의 핵심적이고 필수적인 내용을 담고 있지만, 그 중에서도 조세와 관련된 부분이 대부분을 차지하고 있다. 한마디로《세종실록지리지》는 조세 징수를 위한 최고의 지침서로서 정확하고 체계적인 과세, 편리한 조세 징수, 객관적인 근거과세를 위한 세종대왕의 과학적 조세의 바이블이었다.

양전을 과학적으로 체계화하다.

세종대왕이 실시한 공법에 따른 새로운 결부제는 전답의 실지 면적의 좁고 넓음에 따라 조세징수가 보다 객관화 되었다. 이러한 점에서 이전 고려때부터 사용한 결부제에 비한 공법의 결부제는 선진적인 과학성이 있다. 중국의 경무법과 다른 결부법이 신라시대부터 우리나라에 존속한 근거는 수조권적 토지지배에 근거한다. 즉, 중국과 달리 평야지대가 적은 우리나라에서 어떻게 하면 공평하고 편리하게 세금을 거둘 수 있을까 하여 만든 방법이 결부제이다.

평야지대에서는 각 전답에서 생산된 수확량이 거의 일정하여 '동일한 면적에 동일한 조세'를 거두는 것이 공평하지만, 평지가 적고 산이 많은 우리나라에서 '동일한 면적에 동일한 조세'를 거두는 것은 오히려 불공평해 진다. 물론 '동일한 면적에 차등 조세'를 거두면 역시 공평하겠지만 산술적 기술이 발달하지 않는 그 시대에 그 차이를 계산해 내는 것 또한 쉽지가 않았다. 한마디로 나라에서 징수할 세수를 파악하는 것이 쉽지 않은 것이다. 따라서 수확량을 기준으로 하여 '차등 면적에 동일한 조세'가 가능한 결부법을 실시하여 조세징수를 편리하게 하였다. 그 당시 상황을 살펴보면 다음과 같다.

「중국의 하나라 우 임금이 토지의 비옥하고 척박한 데 따라 조세의 차등을 제정하니, 재정을 맡은 관원들이 이를 잘 운영하여 모든 일이 다 잘 다스려졌습니다. 다만 우리나라에는 높은 산과 큰 강이 서로 얽혀 험하게 막혀 있고, 기후와 풍토의 관계로 차고 더운 기온의 차이가 각기 다르기 때문에, 사방의 토질과 오곡의 생산도 달라서 인민의 생업이 일정하지 않고 빈부의 차가 심한 것의 주된 이유가 되는 것입니다. 경상·전라도와 같은 연해 지대의 논에는 1, 2두의 볍씨를 뿌리면 그 소출이 10석이 달하여, 1결의 소출이 많으면 5, 60석을 넘고 적어도 2, 30석을 내려가지 않으며 밭도 역시 아주 비옥하여 소출이 매우 많은 데 반하여 경기·강원도와 같은 산을 의지해 이루어진 고을들은 비록 1, 2석의 볍씨를 뿌린다 해도 소출이 5, 6석에 불과하오니, 일률적으로 조세를 거둘 수 없다는 것은 명백한 사실입니다.」

《세종실록》12/08/10

하지만 결부제 또한 현실적인 문제를 해결하기가 쉽지 않았다. 아담 스미스는 《국부론》에 그 문제점을 지적하고 있다. 그것은 전답에서 공평한 조세를 징수하기 위해서는 짧은 기간마다 양전(量田)을 지속적으로 실시해야 한다는 것이다. 하지만 양전을 위해서는 전문 인력과 많은 경비가 필요하기 때문에 조선시대의 경우 수십 년, 혹은 백 년이 더 지난 뒤에 실시하기도 하였다. 《경국대전》에는 20년 마다 양전을 실시하도록 규정되어 있다.

"전국적인 토지측량과 평가에 따라서 부과되는 조세는 그 최초에 제아무리 공평하게 할지라도 극히 짧은 기간이 경과하면 반드시 불공평하게 되는 것이다. 때문에 이것을 방지하기 위해서는 나라는 각 전답의 상태와 생산물의 일체의 변화에 대해서 정부는 끊임없이 힘든 주의를 할 필요가 있다."

《국부론》제5편/제2장/제2절 조세에 대하여

정약용도 《목민심서》에서 수령의 직책 54가지 중에서 전정(田政) 즉, 양전이 가장 어렵다고 하였다. 그것은 우리나라의 양전법이 좋지 않기 때문이라고 하였다. 결부법에 따른 양전이 쉽지 않기 때문이다. 중국의 경무법은 단순히 토지를 동일 면적으로 나누어 전답의 결수를 산정하면 되지만, 결부법은 비척에 따라 차등하여 1결의 면적을 계산한 후 전답의 결수를 산정해야 하기 때문이다.

"중국은 경(頃)·무(畝)로써 토지를 헤아리고 우리나라는 결(結)·부(負)로써 토지를 헤아린다. 길고 짧으며 넓고 좁은 것은 그 형체가 있으나 비옥하고 척박하며 기름지고 메마른 것은 그 형체가 없는 것이다. 그런데 그 형체는 옛날이나 오늘날이나 변함이 없지만 그 토질은 때에 따라 다른 것이니, 토지의 비척은 사람의 노력에 달렸다. 결부로써 토지를 다스리는 것은 좋은 법이 아니다."

《목민심서》호전/전장

정약용이 한 이 말은 양전 그 자체만 놓고 본다면 맞다고 할 수 있다. 하지만 조세를 거두는데 발생할 수 있는 비리와 불편함은 그 이상일 것이다. 세종대왕 역시 양전하는 일이 가장 어려운 일이며, 양전할 때 산술에 능한 전문가 조차도 결수를 정확하게 계산하지 못했다는 문제점을 지적하였다. 세종대왕은 이러한 문제점을 파악하기 위하여 양전할 때 미리 시험하게 하였다. 세종대왕이 중요한 정책을 결정할 때 예상되는 문제점을 사전에 파악하고, 그 문제점을 최소화시키기 위해 항상 논의하여 시험하는 절차를 밟도록 한 것은 주도면밀한 과학적 리더십이라 할 수 있다.

「양전하는 일은 가장 어려운 것이다. 요사이 경차관 등으로 하여금 한양 근교에 나아가 밭 하나를 시험하게 했는데 소견이 각기 다르니, 대저 양전이란 것은 결(結) 수를 바르게 하고자 함인데 정밀하게 계산한다고 하는 자들도 오히려 이와 같으니, 하물며 그 나머지 사람들을 여러 도에 나누어 보낸다면 경중이 필경 한결같지 못할 것이다.」

《세종실록》10/09/17

세종대왕은 양전할 때 발생한 문제점으로 과학적이지 못한 두 가지를 생각하였다. 하나는 아주 기본적인 것으로 측량하는 자이고, 또 하나는 구불거리는 논밭의 면적을 측정하는 계산법의 부재이다. 양전할 때 표준화되지 아니한 수지척의 사용으로 양안에 기재된 면적이 실재의 면적과 거리가 있었으며, 결부를 측정하는 계산법은 전문 관리들 조차도 이해하기 어려웠다.

　그래서 앞에서 말한 것처럼 세종대왕은 양전하는데 사용한 자를 아무런 준거를 갖지 못한 농부의 '수지척'에서 주척으로 개혁한 것이다. 또한 전제상정소를 통하여 《전제상정소준수조획(田制詳定所遵守條畫)》을 제정하여 전답의 측정 방법과 계산법을 표준화시켰다. 세종대왕은 이처럼 과학과 수학적 지식을 총 동원하여 적정하고 공평한 조세부과를 위해 양전 방법을 혁신하였다.

공법에 따른 세수를 추계하다.

　현대에서 세수추계는 세법 개정안을 평가할 때 매우 중요한 작업이다. 세수추계가 정확하지 않으면 세법 개정안에 대한 세수 변화의 효과를 올바르게 평가할 수 없으므로 사회적 손실이 발생한다. 따라서 현대에서는 세법 개정안들이 제안될 때마다 그 개정안이 재정과 조세정책에 미치는 영향을 분석하기 위해 기본적으로 세수추계가 동반된다.

　그런데 조선시대 세종대왕은 공법으로 세법을 개정하고자 하면서 세수추계를 하게 하였다. 세법의 개정에 따른 국가의 재정과 백성들이 부담할 조세에 대해서 과학적인 방법으로 검증하고자 한 것이다. 다음 기록은 공법 논의의 초기단계인 세종 11년에 세수추계를 명한 것이다.

「연전에 공법의 시행을 논의하고도 지금까지 아직 정하지 못하였으나, 우리나라의 인구가 점점 번식하고, 토지는 날로 줄어들어 의식이 넉넉하지 못하니, 참으로 슬픈 일이다. 만일 공법을 세우게 된다면, 반드시 백성들에게는 후하게 되고, 나라에서도 일이 간략하게 될 것이다. 또 답험할 때에 그 폐단이 막심할 것이니, 우선 이법을 행하여 1, 2년간 시험해 보는 것이 옳을 것이다. 가령 토지 1결에 쌀 15말을 받는다면, 1년 수입이 얼마나 되며, 10말을 받는다면 얼마나 된다는 것을 호조로 하여금 계산하여 보고하도록 하고, 또 신민들로 하여금 아울러 그 가부를 논의해 올리도록 하라.」

《세종실록》11/11/16

그리고 세종대왕은 공법의 핵심 사항인 전분6등법과 연분9등법을 결정하고 나서, 최종안을 입법하기 3개월 전에 여러 고을의 기준이 되는 세율을 정하기 위하여, 충청도 청안지역과 비안지역에 영의정을 비롯한 좌의정·우의정의 삼대신을 친히 보내 세수를 살펴보게 하였다. 그 결과 당시 1결당 새로 정한 6등 전품으로 세수를 추계하니, 두 고을에서 산출한 조세 수량이 너무 과중한 듯 하였다. 이때 세종대왕은 정인지에게 "장차 대신들과 함께 다시 의논할 것이니, 경은 그런 줄 알고 비밀에 붙여 누설하지 말라."고 하였다. 그것은 이 두 고을을 포함한 여섯 고을의 전품이 다 결정된 뒤에, 징수할 조세로 계산하여 너무 무겁다고 의심되면 공법의 세율을 낮추고, 너무 가볍다고 의심되면 세율을 높이겠다는 생각이었다. 세수추계 결과 다음과 같이 답험손실법을 적용할 때보다 최종 공법안은 2배 이상의 조세부담이 늘어날 것으로 예상되었다.

「지금 정부에서 조세법을 상정하였는데, 상상년에는 57무(畝)의 토지에 대하여 1등전의 생산량은 40석, 6등전의 생산량은 10석이니, 청안의 새로 정한 전품으로 계산한다면 상상년에는 3,841석, 상중년에는 3,457석, 상하년에는 3,073석이 되고, 중상년에는 2,689석, 중중년에는 2,304석, 중하년에는 1,920석이 되며, 하상년에는 1,536석, 하중년에는 1,152석, 하하년에는 768석이 된다. 공법을 적용할 때에는 신유년(세종 23)은 미두(米豆) 합계하여 2,580석, 임술년(세종 24)에는 2,358석, 계해년(세종 25)에는 특히 감면하여 1,194석이 되고, 답험손실법을 따를 때에는 기미년(세종 21)은 1,003석, 경신년(세종 22)은 1,515석이 된다. 비인의 새로 정한 전품으로 계산한다면 상상년에는 2,225석, 상중년에는 2,002석, 상하년에는 1,780석이고, 중상년에는 1,557석, 중중년에는 1,335석, 중하년에는 1,112석이 되며, 하상년에는 890석, 하중년에는 667석, 하하년에는 445석이 된다. 공법을 적용한 때에는 신유년에는 1,336석, 임술년에는 1,359석이 된다. 답험손실법을 따를 때에는 무오년은 790석, 기미년은 1,200석, 경신년은 292석이 된다.」

《세종실록》 26/08/24

이처럼 세종대왕은 공법을 입법하면서 매번 세수를 추계하여 국가

재정과 백성들의 조세부담을 살펴보았다. 세수추계는 적정한 세율을 파악하게 하여 백성들의 조세부담이 무겁지 않도록 하는데 필요하기 때문이다. 그래서 공법의 마무리 단계에서도 세종대왕은 전제상정소로 하여금 하삼도에 각각 두 고을씩 시험적으로 시행해 볼 것을 다시 명하였다. 세수추계의 적정성을 다시 한번 분석하도록 한 것이다.

「토지 결부의 개정 및 전품의 등급과 연분의 고하를 분간하여 조세 받는 법을 정하되, 먼저 충청도의 청안·비인과, 경상도의 함안·고령과, 전라도의 고산·광양 등 6고을에 금년부터 시험으로 시행하고자 하니, 그 시행할 수 있는 조건들을 의논하여 올리라.」

《세종실록》 26/11/13

3
창조적 리더십

창조는 조직의 미래이다.

열린 사고가 창조를 낳는다.

세종대왕이 국가의 비전을 달성하기 위해 선택한 길은 '창조적인 혁신'이었다. 그 결과 세종대왕의 재위 중에는 그 어느 시대보다도 많은 발명품이 나왔다. 그의 '창조적 혁신'은 위대한 조선 건설의 기틀을 마련했다. 세종대왕의 이러한 창조경영은 백성을 사랑하는 진정한 마음에서 나온 것이다. 자신을 위해서가 아니라 자신에게 맡겨진 백성을 위해서이다. 백성을 위한 열린 사고가 그의 창조경영의 원동력이 된 것이다.

세종대왕의 창조적 리더십은 그 누구도 부인할 수 없을 정도로 역사상 최고라고 하여도 과언이 아닐 것이다. 그 결과 우리 문자인 훈민정음이 탄생되었으며, 천문관측기인 혼천의와 간의, 물시계인 자격루가 제작되고, 해시계인 앙부일구 및 강우량 측정기인 측우기와 하천수를 재는 수표가 발명되었다. 물론 《의방유취》나 《농사직설》과 같은 책들도 창조경영의 성과이다. 또한 세종대왕의 이러한 창조적 리더십이 조세 개혁에서도 적용되어 공평과세를 실현하도록 하였다.

자전거 수리 기술자이었던 오빌과 윌버 라이트 형제는 세계 최초로 비행기를 발명하였다. 그리고 정치가이자 발명가인 벤저민 프랭클린은 뇌우 속에서 연을 날리는 실험을 통해 번개가 전기를 방전한다는 사실을 입증했고, 그 결과 세계 최초로 피뢰침을 발명하였다. 모두 창조적인 발명이다. 자신들의 끊임없는 도전정신과 불굴의 의지로 인류에게 꼭 필요한 유산을 남긴 것이다. 하지만 세종대왕처럼 창조경영의 결과는 아니며, 더욱이 백성의 평안과 행복을 위해서 발명한 것은 아니었다.

창조는 개방적인 환경에서 실현이 가능하다. 창조를 위해서는 벽 없는 조직을 만들어 상호 의견을 교환하는 어울림의 장을 만드는 한편, 혁신을 위한 구성원들의 심리적 에너지를 하나로 모으는 리더의 비전 제시가 필요하다. 소수 천재들의 창조성이라기 보다는 많은 사람들이 참여하여 개발할 수 있는 창조성이다. 창조성은 이미 그 자체로 가치가 있을 뿐 아니라, 우리를 좀 더 풍요로운 삶으로 이끈다. 또한 창조성은 우리 사회에 여러가지 긍정적인 효과를 초래할 수 있을 뿐 아니라, 우리가 그것들을 잘 육성하기만 한다면 성공적인 기회를 낳을 수 있다.

그래서 리더는 사람들에게 잠재된 창조성을 살아 움직이게 하여야 한다. 그것은 발상의 전환이다. 구성원의 사고를 관성의 법칙에서 이탈시켜야 한다. 일상적인 환경에서 벗어나지 않으려 하는 것이 관성이다. 다람쥐 쳇바퀴 도는 일상적인 환경에서 벗어나 무엇인가에 도전하는 의욕을 갖도록 만드는 것 또한 리더의 역할이다. 세종대왕은 이러한 리더였다. 세종대왕의 열린 사고는 훈민정음의 창제, 농사직설의 편찬, 노비 장영실을 발탁하여 과학기구를 발명하게 한 업적 등 많은 부분에서 볼 수 있지만, 왕위에 오른지 나흘만에 명한 호위병 복장을 간소하게 한 다음 《세종실록》 기사에서도 볼 수 있다. 이 때 신하 하연은 "전례는 폐지할 수 없습니다."라고 하였지만, 세종대왕은 "일에 폐단이 있으면, 그것을 폐지하는 것이 옳다."라고 하였다. 이러한 열린 사고가 세종대왕의 창조경영을 이룩하게 한 것이다. 창조경영은 유형과 무형을 따지지 않고 새로운 가치를 창조하는 것이다. 그 가치는 우리들의 삶을 풍요롭고 편리하게 한다.

「임금이 명하기를, "예를 갖추어 거둥할 때에는 보갑사(步甲士)가 갑옷을 입고, 행수는 거둥 행렬의 맨 앞에서 보행할 것이요, 보통 거둥 때에는 갑사가 평상복의 차림으로 칼을 차고, 행수는 말을 타고 따르게 하라." 하니,
지신사 하연 등이 말하기를, "전례는 폐지할 수 없습니다." 하매, 임금이 말하기를, "내가 하루 이틀의 간격으로 상왕전에 문안을 드리는데, 만일 늘 예를 갖춘다면 어찌 폐단이 없겠느냐. 대저 일에 폐단이 있으면, 그것을 폐지하는 것이 옳다."고 하였다.」

《세종실록》 즉위년/08/14

조직의 리더는 '나는 창조한다, 고로 존재한다.'는 생각을 하지 않으면 안된다. 창조하지 못한 조직의 미래는 없기 때문이다. 창조는

새로운 아이디어이다. 창조적인 리더십의 부재는 조직 발전을 가로막는다.

창조적인 리더는 다른 사람이 실패하는 곳에서 실패를 통해 배우며 성공을 거둔다. 창조적인 리더는 문제에 직면했을 때 회피하거나 포기하지 않고, 기꺼이 새로운 방식으로 문제를 해결하여 처리할 준비가 되어 있다. 창조적인 리더는 창조성을 추구하는 과정에서 끊임없이 학습하고 지속적으로 변화를 갈망하며, 마음의 문을 열고 유연한 창조적 사고를 할 준비가 되어 있다. 창조적 사고에 뛰어들면 자신과 자신을 둘러싼 세상을 새로운 시각으로 보게 된다. 창조적 리더는 현재 상태에 만족하지 않으며 흥미진진하고 감동적인 모험을 제공할 줄도 안다. 창조적 리더는 침체되지 않으며 문제를 해결하기 위해 안전지대로부터 기꺼이 벗어나려 한다. 이러한 창조적 과정은 우리의 잠재된 창조성을 성장하게 해준다. 세종대왕의 창조적 사고가 그리하였다.

창조적인 리더는 나보다 모두를 생각한다.

세이크 모하메드는 "성공적인 팀이라면 1+1을 2가 아닌 11로 만들 수 있어야 한다."고 말했다. 조그마한 중동의 항구도시 두바이를 세계적 명품도시로 탈바꿈시킨 세이크 모하메드의 말이다. 그는 또 "인간에게 두 가지 선택이 놓여 있다. 남의 뒤를 따라갈 것인가, 아니면 창조적으로 주도할 것인가. 우리는 기꺼이 선각자의 길을 가고자 한다.”고 말하였다. 현실과 타협하지 않고 자신이 상상한 것을 실제로 만들었던 창조적 지도자 세이크 모하메드이다. 그 당시 그를 조롱하던 사람들은 이젠 세이크 모하메드가 마음만 먹으면 불가능해 보이던 일도 가능해진다는 것을 인정하였다. 세이크 모하메드의 창조적 리더십을 모두가 인정한 것이다. 세이크 모하메드는 “내 심장을 뛰게 하는 것이야말로 국민의 심장을 뛰게 하는 것이다.”고 하여, ‘두바이의 기적’으로 불리우는 자신의 놀라운 상상력과 추진력이 온전히 국민들을 위한 마음에서 우러나온 것임을 말했다. 이러한 세이크 모하메드의 창조적 리더십도 훌륭하지만 세종대왕과는 견줄 수 없을 것이다.

세종대왕의 창조적인 리더십은 우주선을 타고 지구의 중력을 벗어나 우주로 나아가려는 힘보다 더 강력한 사고의 일탈에서 시작된다. 그것은 중국에 대한 고압적이고 전통적인 사대주의(事大主義)로부터 벗어나는 것이다. 세종대왕은 우리나라에는 우리 중심의 문물제도가 있어야만 백성들이 편안하고 행복해 질 수 있다는 것을 직시한 것이다. 조선은 독립된 한 나라로서 강산뿐만 아니라 풍습과 기질이 중국과 다르므로, 우리나라를 중심으로 한 문물제도를 바로 세우는 것이 필요하다고 세종대왕은 생각하였다.

이러한 세종대왕이 가장 먼저 창조하고자 한 것이 농사법이다. 우리나라의 기후적 환경과 풍속이 중국과 다른데도 불구하고 중국의 농사법을 마냥 쓰는 것은 옳지 못하다고 생각한 것이다. 따라서 우리 농사법에 대한 좋은 사례를 수집하고 연구하여 책을 편찬케 하였다.

백성이 하늘로 여기는 먹을 것에 대한 자족의 의지이며, 백성을 행복하게 하고자 한 마음에서 시작한 것이다.

「우리나라의 풍속이 중국과 다르니, 민간에서 농사짓는 괴로움과 부역하는 고생을 달마다 그림으로 그리고 거기에 경계되는 글을 써서 보는데 편하게 하여 영구히 전하려고 한다.」

《세종실록》06/11/15

그 결과 《농사직설》이 편찬되었다. 정초가 쓴 이 책의 서문에서 "풍토가 다르면 농사의 법도 다르기 때문에 이미 간행된 중국의 농서와 같지 않았다. 그러므로 각 도 감사에게 명하여 각지의 익숙한 농군들에게 물어 땅에 따라 이미 경험한 바를 자세히 듣고 수집하여 편찬하고, 인쇄, 보급하게 된 것이다."라고 하여, 세종대왕의 자주적 농법의 창조성을 말하고 있다.

세종대왕의 또 하나의 창조적 유산은 역서인 《칠정산》의 편찬이다. 조선 초기에는 명나라와 사대(事大)관계를 맺고 천자가 만든 역서를 받아서 사용하였다. 당시 매년 가을에 연경(북경)에 보냈던 동지사는 바로 다음해의 역서를 받아오기 위해 보낸 사신이었다. 하지만 우리나라는 중국과의 지리적 차이로 인해 중국에서 반포한 역서를 그대로 사용할 경우 시기와 절후가 맞지 않았을 뿐만 아니라, 중국으로 간 동지사가 역서를 받아 들여와 사용하기에는 시일이 많이 걸려, 절기의 빠르고 늦은 것을 바로 알지 못하여 농사일에 때를 놓치는 경우가 있었다. 그래서 제왕의 정치는 역법과 천문으로 때를 맞추는 것보다 더 큰 것이 없다고 하였다.

「제왕의 정치는 역법과 천문으로 때를 맞추는 것보다 더 큰 것
이 없는데, 우리나라 일관(日官: 천문관측과 점성을 담당한 관원)들
이 그 방법에 소홀하게 된 지가 오래인지라, 세종 25년(1433) 가
을에 우리 전하께서 거룩하신 생각으로 천문기계와 해시계, 물
시계며, 천문과 역법의 책을 연구하지 않은 것이 없어서, 모두
극히 정묘하고 치밀하시었다.」

《세종실록》27/03/30

세종대왕은 왕조의 정통성을 확립하고, 우리가 만든 역서에 따라
농사를 짓도록 하기 위해 역법의 혁신에 착수하였다. 한양의 일출·
일몰 시간을 기준으로 한 우리 하늘에 맞는 역법을 개발하여, 최초의
우리나라 역서라 부르는 《칠정산》을 재위 24년에 제작하고, 명나라
《대통력》과 함께 사용하게 하였다. 《칠정산》은 글자 그대로 해와
달, 수성, 금성, 목성, 토성[이를 칠요(七曜)라고도 한다]의 운행을 계산
하는 '일곱 천체의 운행 계산법'이다. 세종 24년(1442) 이를 완성함으
로써 조선왕조의 천문·역산학 수준은 당시로서는 세계 최고의 수준
에 도달하게 되었다. 그 기본적인 틀은 물론 중국의 원(元)시대에 완
성해 놓은 수시력을 한양(서울)에 맞게 고친 정도라고 할 수 있다.

그러나 그 전까지는 알지 못하였던 여러 가지 수학적이고 천문학
적인 문제들을 해결하고, 그것에 기초하여 한양을 기준으로 한 모든
천체 운동을 정확히 계산할 수 있게 되었다는 사실은 대단히 중요한
의미를 갖는다. 이로써 우리나라에서 일어나는 일식과 월식 정도는

아주 정확한 예보가 가능해졌던 것이다. 우리의 과학기술로 직접 역법을 교정했다는 사실은 조선이 전 세계에서 지방시를 시행한 몇몇 국가 가운데 하나였다는 것을 의미하며, 이는 역사적으로나 과학적으로 매우 큰 의의를 갖는다. 《칠정산》의 완성은 그야말로 조선시대의 민족 천문학의 완성을 의미한다. 《칠정산》 편찬은 훈민정음 창제와 더불어 세종대왕의 자주·실용·민본사상을 찬란하게 구현한 결정체이며, 당시 동아시아의 첨단과학을 일구어낸 위대한 업적이었다.

우리 민족의 가장 위대한 유산인 훈민정음 역시 다음과 같이 사대적 사고의 일탈로부터 비롯되었다.

「나랏말이 중국과 달라 한자와 서로 통하지 아니하므로, 우매한 백성들이 말하고 싶은 것이 있어도 마침내 제 뜻을 잘 표현하지 못하는 사람이 많다.」

《세종실록》 28/09/29

하지만 이러한 창조적 사고의 태동은 쉽지가 않았다. 훈민정음을 창제했을 때 이를 반대하는 집현전 부제학 최만리가 한 상소문을 보면 세종대왕의 창조적 사고가 얼마나 힘든 것인가를 알 수 있다. 대국을 섬기고 중화를 사모하는데 역행하는 일이기 때문이다.

「우리 조선은 조종 때부터 내려오면서 지성스럽게 중국을 사대(事大)하여 섬기어 한결같이 중화(中華)의 제도를 준행하였는데, 이제 글을 같이하고 법도를 같이하는 때를 당하여 언문을 창작하신 것은 보고 듣기에 놀라움이 있습니다. 만일 중국에라도 흘

러 들어가서 혹시라도 비난하여 말하는 자가 있사오면, 어찌 대
국을 섬기고 중화를 사모하는 데에 부끄러움이 없사오리까.」

《세종실록》26/02/20

과학적 창조의 동역자 장영실을 발탁하다.

세종대왕의 창조적 동역자 중 가장 으뜸은 장영실이라 할 수 있다.
노비 출신인 장영실과 같은 인재를 발탁하는 것은 세종대왕의 창조
적 리더십의 결과라 할 수 있다. 세종대왕은 재위 2년 3월에 첨성대
를 세우라 명하고, 또 천문에 밝고 산수에 능한 사람을 뽑아 천문을
맡기었다. 그 해 10월 보름날에 지진이 크게 일어나고, 20일에 혜성
이 동쪽에 나타났다. 이를 임금께 아뢰니, 임금이 크게 놀라 몸소 첨
성대에 올라가 관측하였다.

이때 세종대왕이 이르기를, "천문관의 수고로움을 오늘 목격하게
되었다. 천문관에게 벼슬을 설치하여 직책을 맡겼던 본래의 의도가
진실로 가벼운 것이 아니로다."라고 하였다. 과학과 기술의 실용적
가치를 높이 평가한 것이다. 그래서 천문관에서 이러한 상황을 살펴
보고한 관리 중 윤사웅을 남양의 수령에 제수하고, 이무림에게 광주
를, 최천구에게 부평을, 정영국에게 인천을 제수하였다. 모두 한양 부
근에 임명하는 것은 혹 천재지변이 뜻밖에 일어나면 자주 불러야 했
기 때문이었다. 이 때 승정원에서 아뢰기를, "미관의 무리들에게 하
루 동안에 특명으로 네 큰 고을 수령의 책임을 제수하오니 듣는 사람

중에 놀라지 않는 이가 없습니다. 청컨대, 즉시 명을 도로 거두소서."
라고, 연일 두 번씩 아뢰었다. 그러나 허락하지 않고 오히려 상의원
에 명하여, 이들에게 각각 겨울 갖옷 한 벌씩을 식년(자·묘·오·유
따위의 간지가 들어 있는 해로 3년마다 한 번씩 돌아온다.)마다 새로 만들
어 주게 하고, 내의원에서 날마다 술 5병씩 주게 하였다. 세종대왕은
과학 발전을 위하여 양반관리들이 천시한 기술직을 중하게 여긴 것
이다.

　그후 세종대왕 3년에 남양부사 윤사웅, 부평부사 최천구, 동래의
관노 장영실을 관상감으로 불러서 천문 관측기구인 혼천의를 논의하
여 연구하게 하니, 임금의 뜻에 합하지 않음이 없었다고 하였다. 세
종대왕은 이를 크게 기뻐하였다. 그 결과 천문·과학 등의 발전을 위
해 장영실 등을 중국으로 유학 보냈다.

> "장영실은 비록 지위가 천하나 재주가 민첩한 것은 따를 자가
> 없다. 너희들이 중국에 들어가서 각종 천문 기계의 모양을 모두
> 눈에 익혀 와서 빨리 모방하여 만들어라."
>
> 《연려실기술》별집/제15권/천문전고(天文典故)

　이들이 중국에서 돌아오자 세종대왕은 본격적으로 물시계와 천문
관측을 위한 기구를 설치하게 하였다. 그리고 세종 7년 10월에 이것
들이 준공되니 임금이 친히 관상감에 가서 두루 보고 "기이하다. 훌
륭한 장영실이 중한 보배를 성취하였으니 그 공이 둘도 없다."라고
치하 하였다. 그 공으로 세종대왕은 장영실을 면천시키고 상의원(尙

衣院: 궁중의 옷을 만드는 기구)의 별좌라는 벼슬을 내리려 하였다. 별좌는 별 실권은 없으나 동반직 정5품에 해당한다. 관노 출신으로는 감히 넘볼 수 없는 자리였다. 이 일을 이조판서인 허조, 병조판서인 조말생과 상의하였는데 허조는 반대하고 조말생은 찬성하였다.

「허조가 말했다. "영실은 기생의 소생을 상의원에 임용할 수 없다."
조말생은 말했다. "이런 천한 출신은 상의원에 더욱 적합하다.」

《세종실록》15/09/16

두 의논이 일치되지 아니하니 세종대왕은 원래 신하의 말을 존중한 탓으로 더 이상의 논의를 그치고, 장영실에게 벼슬자리 주는 것을 뒤로 미루었다. 그 뒤에 다시 대신들과 의논하니 유정현 등이 "상의원에 임명할 수 있다."라고 하기에 별좌에 임명하였다. 장영실은 사람됨이 비단 공교한 솜씨만 있는 것이 아니라 성품이 똑똑하여 보통을 뛰어넘으니, 매번 강무할 때에는 세종대왕을 곁에서 가까이 모시고 내시를 대신하여 명령을 전하기도 하였다. 이러한 장영실이 자격루를 만들자 "그 만듦새가 정교하여 만대에 이어 전할 기물을 능히 만들었으니 그 공이 작지 않다."고 하여, 세종대왕은 다시 호군의 관직을 주었다. 호군은 정4품 관직이다.

세종대왕의 명을 받아 장영실이 세운 업적은 조선 최초의 천문관측대인 간의대를 비롯하여, 대간의·소간의·규표·앙부일구·일성정시의·천평일구·정남일구·현주일구·갑인자 등 이루 헤아릴 수 없을 정도로 많다. 그 결과 노비 출신인 장영실은 벼슬이 정3품(상호군)에 이르렀다. 문신 중심의 조선사회에서 일개 관노출신의 장인(匠人)으로서 그 높은 벼슬에 오른다는 것은 결코 쉬운 일이 아니었다. 이는 세종대왕이 장영실의 지혜와 남다른 재주 및 솜씨를 높이 사 그를 매우 중히 기용하였기 때문이다. 세종대왕의 창조적 열린 생각이 최고의 인재가 최고의 역량을 잘 발휘할 수 있도록 한 것이다.

이를 두고 허균의 이복형인 허봉은 "박연과 장영실은 모두 우리 세종대왕의 제작을 왕성하게 하기 위하여 때에 맞추어 태어난 인재들이다."라고 하였다(《해동야언》 1).

전분6등법과 연분9등법은 공평을 위한 창조이다.

세종대왕의 공법은 15세기의 과학 발달과 농업 생산력 수준에서 나올 수 있었던 가장 치밀한 혁신으로서, 공법의 입법과정에서 검토된 조세제도에 대한 이론은 이 시기까지 문제되고 있었던 조세에 관한 모든 폐단들을 일거에 해결하고자 한 데서 논의된 것이다.

전분6등법은 전국의 선납을 비척에 따라 6등으로 구분하여 1결의 면적을 정하는 것이다. 세종대왕이 조선 초기부터 시행된 상·중·하 3등급 제도를 좀 더 세분화하여 6등급으로 전환한 것이다. 우리나라는 비옥한 땅보다는 척박한 땅이 많기 때문에 전답의 등급을 세분화한 것으로 기존 1등급이나 2등급 전답은 대부분 그대로 두고, 하등전인 3등급을 4~6등급으로 세분화하여 가난한 백성들의 조세부담을 덜어 주고자 한 것이다. 즉 3등급 제도는 세금 내는 정도의 차이가 크지 않아 공평하지 못할 뿐만 아니라, 부자가 더 부자가 되고 가난한 사람이 더욱 가난해 지는 현상이 발생할 수 있기 때문에 이를 해결하기 위해 다음과 같이 전분6등법을 채택한 것이다.

「지금까지 우리나라는 고려 때의 옛 법을 그대로 적용하여 전답을 3등급으로 나누었습니다. 하지만 땅의 기름지거나 척박함이 남쪽 지방과 북쪽 지방이 같지 아니한데, 그 전분의 매김도 8도를 통한 표준으로 계산하지 아니하고, 다만 각 도별로 나누었기 때문에 3등급의 전답이 기름지거나 척박함이 전국적으로 같지 않으므로 세금의 경중이 아주 달라서, 부자는 더욱 부자가 되고 가난한 자는 더욱 가난하게 되니, 심히 옳지 못한 일입니다. 만약 여러 도의 전분을 체계적으로 계산하여 6등급으로 나눈다면 거의 전분이 바로잡히게 되고 세금도 고르게 될 것입니다.」

《세종실록》 26/11/13

그래서 세종대왕은 온 나라의 전답을 비옥도에 따라 6등급으로 나누어 1결의 면적을 정하도록 한 것이다. 전분6등법은 전답의 면적은 달라도 모두 1결이라 하며, 1결은 논은 쌀 400말(26석 10말), 밭은 콩 400말의 수확량을 기준으로 하여 면적을 계산하였다. 따라서 토지의 등급이 낮을수록 전답의 면적은 그 만큼 더 넓었다. 그 당시 6등전의 면적은 1등전보다 4배나 더 넓었다.

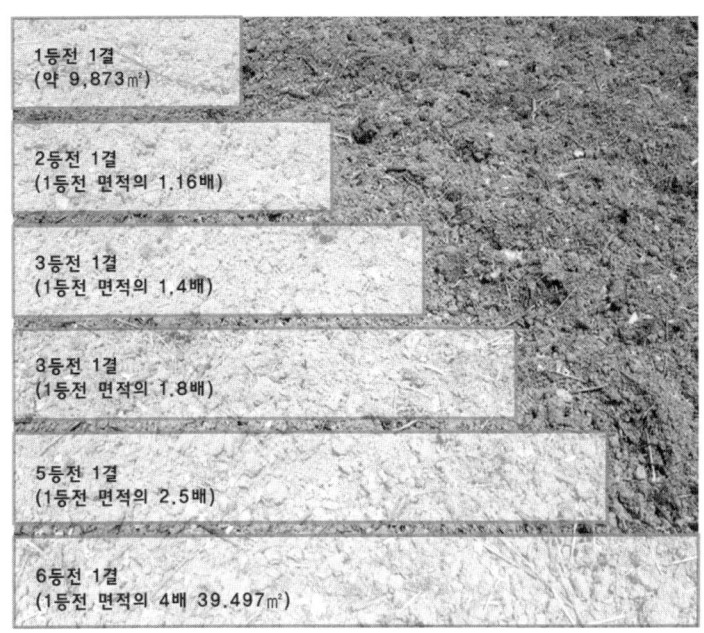

1등전 1결
(약 9,873㎡)

2등전 1결
(1등전 면적의 1.16배)

3등전 1결
(1등전 면적의 1.4배)

3등전 1결
(1등전 면적의 1.8배)

5등전 1결
(1등전 면적의 2.5배)

6등전 1결
(1등전 면적의 4배 39.497㎡)

「전분6등법에 따른 1결의 면적」 전국의 전답을 비옥도에 따라 6등급으로 나누어 1결의 면적을 정하였는데, 1결은 논은 쌀 400말(26석 10말), 밭은 콩 400말의 수확량을 기준으로 하여 면적을 계산하였다.

연분9등법은 풍흉을 고려하여 해마다 고을별로 9등급으로 나누어 세금을 거두는 방법이다. 여기서 연분은 전답 1결에 논은 쌀 26석 10말, 밭은 콩 26석 10말의 수확량을 기준하여 결실률에 따라 정하였다. 결실률이 100%인 전실(全實)이면 상상년이라 하여 1결에 세금으로 논은 쌀로 밭은 콩으로 각각 20말을 거두었었으며, 그 다음부터는 수확량이 10퍼센트씩 감소할 때마다 세율도 2말씩 줄어들어, 수확량이 평년 기준의 20퍼센트에 그치면 하하년이라 하여 쌀 또는 콩으로 각각 4말을 거두었다. 수확량이 10퍼센트 이하가 되면 조세를 면제하도록 하였다.

매년 풍흉을 고려하여 공평한 세금을 거두도록 한 연분9등법은 '중국식 공법'과는 완전히 다른 창조적인 조세법이다. 여기서 주의할 점은 연분은 개인별 전답의 작황에 따라 조세를 정하는 것이 아니라 고을별로 정하도록 한 것이다. 연분9등법은 세종대왕이 공법에서 가장 중점을 둔 부분으로 개인별로 전답을 답험하지 않고 조세를 거두는 방법이다. 개별적인 답험에 따른 비리를 근절하기 위해서이다. 물론 이에 대한 반대도 있었다. 헌납 김순은 연분9등법의 시행을 반대하였는데, 연분을 공평하게 살필 사람이 없다는 것이다.

「해를 9등으로 나누는 것은 불가할 듯합니다. 이 앞서 각도에서 해의 등급을 나누는데 대개는 하등 해를 중등 해로, 중등 해를 상등 해로 하였습니다. 지금 비록 나누어 9등으로 만들게 하더라도, 누가 능히 연분(年分)을 정하여 살피어 9등을 만들겠습니까.」

《세종실록》 25/10/27

이는 세종대왕이 측우기 등 과학적인 방법으로 연분을 평가하고자 한 의도를 알지 못했기 때문이다. 아무튼 전분6등법과 연분9등법을 원칙으로 한 공법은 입법되어 시행되었다. 처음부터 끝까지 공법을 반대한 영의정 황희도 전분6등과 연분9등의 제도가 완성되면 조세법이 바르게 될 것이라고 다음과 같이 말하였다.

상상년의 1결당 세액 (1등급) (전실:결실률 100%) 20말		
상중년 (결실률 90%) 18말		
상하년 (결실률 80%) 16말		
중상년 (결실률 70%) 14말		
중중년 (결실률 60%) 12말		
중하년 (결실률 50%) 10말		
하상년 (결실률 40%) 8말		
하중년 (결실률 30%) 6말		
하하년 (결실률 20%) 4말		

「**연분9등법에 따른 연분 등급과 1결당 세액**」 연분9등법은 풍흉을 고려하여 해마다 고을별로 9등급으로 나누어 세금을 거두는 방법이다. 세율은 5%로 결실률이 100%인 전실(全實)이면 상상년이라 하여 1결에 세금으로 논은 쌀로 밭은 콩으로 20말을 거두었었으며, 하하년에는 쌀 또는 콩으로 4말을 거두었다.

「조용조(租庸調)의 3법은 우리나라에서 시행한 것이 비록 다 당나라 제도와는 같지 않으나, 그 대략은 이미 갖추어졌사오니 만일 지금 전분6등과 연분9등의 제도가 완성되면 조세법이 바르게 될 것입니다.」

《세종실록》28/04/30

전분6등법과 연분9등법은 공평한 조세 징수를 위해서 '조선식 공법'으로 창조된 것이다.

연분을 정하기 위해 측우기를 창조하다.

강우량의 많고 적음을 측정하는 것은 농경사회인 조선에서 매우 중요한 일이므로, 측우기의 용도에 대해 우리들은 그것이 강우량의 측정을 위해서만 사용된 것이라고 생각한다. 하지만 측우기의 제작이 공평한 조세징수를 위한 목적도 있었다는 점을 간과해서는 안된다. 세종대왕은 조세를 징수하는 과정에서 관리들이 재량권을 남용하여 농간을 부리는 폐단이 답험에서 발생하므로 이를 결단코 배제하기 위하여 공법을 만들었고, 군현 단위의 연분9등법을 도입한 것이다.

연분이란 조세의 징수를 위해 농사의 풍흉에 따라 고을 단위로 세율의 등급을 정하는 것이다. 하지만 그 당시 군현 단위로 상상년부터 하하년까지 9단계의 연분을 결정하는 것 또한 쉽지가 않았다. 이에 세종대왕은 연분결정에 강우량을 이용하고자 하였고, 그 도구로 측우기를 창조하였다고 본다. 수리시설이 부족한 조선시대에 농사의 풍흉은 강우량에 절대적으로 의존할 수밖에 없었기 때문이다.

측우기가 만들어지기전 조선초기의 강우량 측정법은 호미 등으로 땅을 파, 땅속에 스며든 빗물의 깊이로 측정하였다. 이러한 측정도 처음에는 정기적으로 시행된 것이 아니고 농사철이나 가뭄이 계속되어 토지의 조습(燥濕: 마름과 축축함) 정도를 알 필요가 있을 경우에 명을 내려 조사케 하였다. 그러나 이러한 측정법은 땅이 말랐을 때와 젖어 있을 때에 따라 땅 속에 스며드는 빗물의 깊이가 일정하지 않아, 정확히 헤아리기가 어려움으로 보다 과학적인 측정법이 필요했다. 이에 세종 23년(1441) 8월에 세계에서 최초로 원통형 철제우량계인 측우기를 다음과 같이 만들었다.

「호조에서 아뢰기를, "각도 감사가 우량을 보고하도록 이미 법
이 있사오니, 토성의 조습이 같지 아니하고, 흙속으로 스며 든
깊이도 역시 알기 어렵사오니, 청하옵건대, 서운관에 받침대를
놓고 쇠로 그릇을 부어 만들되, 길이는 2척(약 41cm)이 되게 하
고 직경은 8촌(약 16cm)이 되게 하여, 받침대 위에 올려놓고 비
를 받아, 해당 관원으로 하여금 깊이를 측량하여 보고하게 하
고, … 또 지방 각 고을에도 한양의 측우기 제조법에 의하여, 혹
은 자기를 사용하던가, 혹은 토기를 사용하여 관청 뜰 가운데에
놓고, 수령이 역시 물의 깊이를 재어서 감사에게 보고하게 하
고, 감사가 보고하게 하소서." 하니, 그대로 따랐다.」

《세종실록》23/08/18

호조에서는 서운관과 각 고을의 관청 뜰 가운데에 측우기를 설치
하여, 수령이 비가 온 뒤 측우기의 빗물 깊이를 재어서 감사에게 보
고하고, 감사가 임금에게 보고하게 하는 절차를 정하였다. 하지만 이
첫 번째 측우기는 미비한 점이 있어 다시 제작하였다. 강우량을 보다
정밀하게 측정하기 위하여 1년 후에 측우기의 규격을 개량한 것이다.
그리고 측우기를 이용하여 측정한 강우량을 주척을 사용하여 정확하
게 빗물의 깊이를 제어 기록한 후 곧바로 임금에게 보고하게 하였으
며, 이를 후일에 증빙자료로 삼도록 하였다. 그 내용은 다음과 같다.

「**측우기의 우량 측정**」 세종대왕은 각 고을에 측우기를 설치하게 하고, 비가 올 때마다 해당 일시와 강우량을 측정하여, 즉시 수령이 임금에게 직접보고 하도록 하였다. 이 강우량 보고는 후에 조세징수를 위한 연분 결정의 객관적인 자료가 되었다. (사진 세종대왕유적관리소 제공)

「호조에서 아뢰기를, "우량을 측정하는 일에 대하여는 일찍이 벌써 명령을 받았사오나, 그러나, 아직 다하지 못한 곳이 있으므로 다시 갖추어 조목별로 열거합니다.

1. 한양에서는 쇠를 주조하여 기구를 만들어 명칭을 측우기라 하니, 길이가 1척 5촌(약 31cm)이고 직경이 7촌(약 14cm)입니다. 주척을 사용하여 서운관에 받침대를 만들어 측우기를 받침대 위에 두고 매양 비가 온 후에는 본관의 관원이 친히 비가 내린 상황을 보고는, 주척으로써 물의 깊고 얕은 것을 측량하여 비가 내린 것과 비오고 갠 일시와 물 깊이의 척 · 촌 · 분의 수를 상세히 써서 뒤따라 즉시 임금에게 보고하고 기록해 둘 것이며,

1. 지방에서는 쇠로써 주조한 측우기와 주척 매 1건을 각도에 보내어, 각 고을로 하여금 한결같이와 같은 측우기의 체제에 의거하여 혹은 자기든지 혹은 토기든지 적당한 데에 따라 구워 만들고, 관사의 뜰 가운데에 받침대를 만들어 측우기를 받침대 위에 두도록 하며, 주척도 또한 위의 체제에 의거하여 혹은 대나무로 하든지 혹은 나무로 하든지 미리 먼저 만들어 두었다가, 매양 비가 온 후에는 수령이 친히 비가 내린 상황을 살펴보고는 주척으로써 물의 깊고 얕은 것을 측량하여 비가 내린 것과 비오고 갠 일시와 물 깊이의 척·촌·분의 수를 상세히 써서 즉시 임금에게 보고하고 기록해 두어서, 후일의 증빙 자료로 삼게 하소서." 하니, 그대로 따랐다.」

《세종실록》 24/05/08

　여기서 호조가 측우기의 규격을 보다 정확히 하고, 비가 올때마다 강우량을 주척으로 측정한 후 수령이 친히 기록하여 감사를 거치지 않고 직접 임금에게 보고하게 하여, 이를 증빙자료로 삼도록 한 그 이유는 무엇일까? 연분의 최종 결정자는 임금이다. 그런데 구중궁궐 안에 있는 왕이 어떻게 각 고을별 연분의 적정성을 알 수 있었을까? 그것은 전국 8도 334개의 군현에 설치된 측우기로 측정한 강우량에 대한 수령들의 보고를 증빙자료로 이용한 것이다.

　답험손실법은 관리들이 논밭에 직접 나아가서 개인별 수확량을 조사하여 손실을 감안하여 세액을 정한 다음 조세를 징수하였다. 하지만 공법은 관리들이 논밭에 직접 나아가서 개인별 수확량을 조사하여 세액을 결정하는 과정을 생략하고, 수령이 자기 고을의 여러 해 평균 수확량을 고려하여 해당 연도의 연분을 산정하여 감사의 재심을 걸쳐 임금에게 보고하면, 조정에서 논의하여 연분을 확정하였다. 확정된 연분을 고을에 내려 보내면 수령은 개인별 결수에 연분 세율을 곱하여 조세를 징수하도록 하였다.

강우량이 연분을 결정하는 가장 객관적인 자료였고, 이 자료는 측우기에 의해 측정되어 보고된 것이다. 그래서 호조에서는 강우량의 측정을 전국적으로 통일시킬 필요가 있었으며, 측우기를 보다 규격화하고 주척으로 강우량을 측정하여 보고하게 한 것이다. 그것도 빠뜨리거나 혹시 모를 조작을 방지하기 위해 비가올 때마다 해당 일시와 강우량을 측정하여, 즉시 수령이 임금에게 직접보고 하도록 한 것이다. 측우기를 조세 징수를 위한 객관적인 도구로 사용한 것은 국가의 창조경영이라 할 수 있다.

신기전(神機箭)으로 국토를 방어하다.

태조때 최무선의 졸기에는 최무선이 화약 전문가로서 여러 차례 간청하여 나라에 화약국을 설치하였으며, 여러 가지 화포를 비롯하여 신기전의 전신인 주화(走火: 달리는 화포)를 개발하였는데, 이를 보는 사람들이 놀라고 감탄하지 않는 자가 없었다고 하였다.

「일찍이 말하기를, "왜구를 제어함에는 화약만한 것이 없으나, 국내에는 아는 사람이 없다." 라고 하였다. 최무선은 항상 중국 강남에서 오는 상인이 있으면 곧 만나보고 화약 만드는 법을 물었다. 어떤 상인 한 사람이 대강 안다고 대답하므로, 자기 집에 데려다가 의복과 음식을 주고 수십 일 동안 물어서 대강 요령을 얻은 뒤, 도당(都堂)에 말하여 시험해 보자고 하였으나, 모두 믿지 않고 최무선을 속이는 자라하고 험담까지 하였다. 여러 해를 두고 헌의(獻議)하여 마침내 성의가 감동되어, 화약국(火藥局)을 설치하고 최무선을 제조(提調)로 삼아 마침내 화약을 만들어 내게 되었다.」

《태조실록》 04/04/19

그러나 최무선이 죽은 후부터 세종대왕전까지 《조선왕조실록》에는 화포에 대한 기록은 없다. 세종대왕은 재위 1년부터 화포를 시험 발사하게 하고(《세종실록》 01/05/13), 이후 지속적으로 왜구와 야인의 침략을 막기 위해 화포를 실전에 배치하여 교습하게 하였다.

「지난 해에 화포를 여연·강계 등지에 보내어 뜻밖에 일어나는 사변에 대비하게 하였다. 그러나 개수가 적은 것이 염려되어 군기감의 관원을 더 보내어 교습케 하고자 하는데 어떻겠느냐.」

《세종실록》 14/12/11

「신기전」　세종대왕은 대장간을 행궁 옆에다 설치하고, 멀리 정확하게 쏘는 다연발 화포를 연구 개발하게 하였다. 개발된 화포와 신기전은 실전에 배치되었고, 북방에서는 매년, 나머지 도에서는 2년마다 한 번씩 쏘기를 연습하도록 하였다.

하지만 세종 15년(1433)까지는 화포가 실제로 사용된 적이 없었던 것 같다. 그래서 세종대왕은 화포를 말에 실어 사용하는 방법을 구체적으로 논의하였다. 이때 황희는 화포는 성을 지키는 데는 사용할 수 있으나, 넓은 들판에서는 마땅치 못하다고 하였다.

「임금이 또 말하기를, "화포의 법을 우리나라에서 정밀하게 익히지 않음은 아니나 한 번도 이용하지 않았으니, 나의 생각으로는 화포를 말에 싣고 한 사람이 타며, 화포를 쏘는 사람도 말을 타고 전장에 들어가서는, 말에서 내려 화포를 쏘면 잘 쓸 수 있을 것이라 생각된다." 하니, 영의정 황희가 아뢰기를, "화포는

성을 지키는 데는 사용할 수 있으나, 넓은 들판에서는 마땅치 못하옵니다. 그러나, 이대로 시험하여 보는 것이 편리하겠습니다." 하였다.」

《세종실록》 15/01/15

세종대왕은 함길도 도절제사 김종서에게 "화포가 적에 대응하는 데에는 그 이익이 큰 것이다. 왜구나 야인들이 두려워하는 것도 이것에 있는 것이다."라고 하여(《세종실록》 20/11/24), 화포의 위력을 피력하였다.

그래서 세종대왕의 화포에 대한 개발의 진념은 끝이 없었다. 기존의 화포에 만족하지 못하고 매번 새로운 화포를 연구 개발하도록 하였다. 더욱이 세종대왕은 대장간을 행궁 옆에다 설치하고, 화포를 다시 만들어서 멀리 쏘는 기술을 연구하게 하였다. 그 결과 다음과 같이 화포의 거리를 늘리고 한꺼번에 많은 화살을 쏠 수 있게 하는 커다란 성과를 거두었다. 신기전을 개발한 것이다. 세종대왕은 창조적인 진념으로 화포를 개발하여 국방을 튼튼히 하고 백성의 안녕을 지키기 위해 혼신을 다한 것이다.

「내가 즉시 군기감에 명하여 대장간을 행궁(行宮) 옆에다 설치하고 화포를 다시 만들어서 멀리 쏘는 기술을 연구하게 하였더니, 전의 천자화포(天字火砲)는 4,5백 보를 넘지 못하였는데, 이번에 만든 것은 화약이 극히 적게 들고도 화살은 1천 3백여 보를 가고, 한번에 화살 4개를 쏘매 다 1천 보까지 가며, 전의 지자화포는 5백 보를 넘지 못했는데, 이번 것은 화약은 같이 들어도 화살이 8,9백 보를 가고, 한 번에 화살 4개를 쏘매 다 6,7백 보를 가며, 전의 황자화포는 5백 보를 넘지 못했는데, 이번 것은 화약은 같이 들어도 화살이 8백 보를 가고, 한번에 화살 4개를 쏘매 다 5백 보에 이르며, 전의 가자화포는 2,3백 보도 못갔는데, 이번 것은 화약은 같이 들어도 화살이 6백 보를 가고, 한번에 화살 4개를 쏘매 다 4백 보를 가며, 전의 세화포는 2백 보를 넘지 못했는데, 이번 것은 화약은 같이 들어도 화살이 5백 보에 미치게 되었으며, 전의 여러 화포들은 화살이 빗나가서 수십 보 안에서 떨어지는 것이 태반이었는데, 이번 것들은 화살 하나도 빗나가는 것이 없다. 이번 것들이 비록 이러하지마는, 더욱 정밀 함을 구하느라고 지금은 아직 제도를 정하지 못하였다.

내 이제 왕위에 있은지 28년 동안에 화포에 관심을 두고 자주 자주 강론하고 연구하여 제도를 많이 고쳤더니, 여러 신하들이 볼 때마다 잘된 양으로 칭찬한다. 오늘날의 만듦새로 보면 전의 화포들은 모두 못쓸 것이 되니 곧 깨뜨려 버림이 마땅하다. 전 에는 이러한 새 제도를 모르고서 그때 만든 것을 완전히 잘된 것으로 여겼었으나, 이제는 그 우스운 일임을 알게 되었고, 따 라서 뒷날에 오늘 것을 볼 때 오늘날에 전날 것을 보는 것과 같 게 될까 싶기도 하다.」

《세종실록》 27/03/30

세종대왕이 재위 28년 동안 화포에 대한 관심의 결과이다. 이렇게 개발된 화포와 신기전은 실전에 배치되고 북방에서는 매년, 나머지도에서는 2년마다 한 번씩 쏘기를 연습하였다. 신기전은 최무선에 의하여 제조된 '달리는 불'이라는 뜻의 주화(走火)가 개량되어 바뀐 다연발 로켓 화포이다.

「팔전총통·사전총통·장총통·세총통·중소 신기전은 양계(兩界)에는 매 년 한 번씩, 그 나머지 여러 도에는 2년마다 한 번씩 쏘기를 연습할 것입니다.」

《세종실록》 30/12/06

4

법치 리더십

법치는 조직을 바로 이끈다.

조선의 법치를 굳건히 하다.

조선은 법전(法典)을 끊임없이 정비하고 반포한 왕조이다. 이는 조선왕조가 성문법전의 편찬을 통하여 정치의 타당성과 통일성을 높여 중앙집권을 강화하고, 관습법으로 인한 불합리성을 해소함으로써 사회적 통합을 이루기 위함이다. 그 결과 조선은 태조 6년에 최초 법전인 《경제육전》을 편찬 하였고, 최고 법전인 《경국대전》을 성종 7년에, 《속대전》을 영조 22년에, 《대전통편》을 정조 9년에, 그리고 마지막 법전인 《대전회통》을 고종 2년에 편찬하였다. 물론 이외에도 많은 법전이 편찬되었다.

세종대왕 역시 짧은 기간에 법전을 두 번이나 편찬하게 하였다. 세종대왕이 편찬케 한 첫 번째 법전은 재위 10년에 이직 등이 만든 《신속육전》이다. 전문(箋文: 임금이나 왕후, 태자에게 올리던 글)에 따르면, 치밀한 세종대왕은 아버지 태종이 만든 《속육전》의 미비로 관리나 서민들이 법의 같음과 다름을 분별하지 못하고, 관리들은 법을 받들어 행하는 데에 혼동을 일으키는 등 문제가 있어, 이를 바로 잡아 법전을 편찬케 한 것이다.

> 「태종께서 예조에 유시하여 이르기를, "《속육전》안에 《원전(元典)》을 고친 부분은 모두 삭제하게 하고, 만일 부득이하여 그대로 둘 것은 《원전》 본조(本條) 아래에 주를 내라." 하였습니다마는, 그대로 그쳤을 뿐 능히 그 성문을 보지는 못한 것입니다. 이러므로 혹은 서로 어긋나게 되고, 혹은 자못 중복되기도 하여, 관리나 서민들은 같음과 다름을 분별하지 못했고, 관리들은 받들어 행하는 데에 혼동을 일으켰는데, 우리 주상 전하께서 온갖 중요한 정사를 살피옵시는 여가에 법과 관례에 유의하사 신 등에게 모두 편찬하라고 거듭 명하셨습니다.」
>
> 《세종실록》 10/11/29

세종대왕이 편찬케 한 두 번째 법전은 재위 15년에 황희 등이 만든 《신찬경제속육전》이다. 《신속육전》을 편찬한지 5년만이다. 이 법전은 황희 등에게 명하여 《신속육전》의 미진함과 하윤·이직 등이 빠트린 법령 조문을 가지고 자세히 채택을 하여, 그 중복된 것과 번잡한 것은 빼고, 그 버리고 취하는 일체의 일을 왕의 재결을 받아 좋은 것을 모아서 편찬케 한 것이다.

조선의 법전 편찬은 법을 새로 만드는 것이 아니라 각 관아에 등록되어 있는 왕의 명령인 수교를 수집 정리하는 과정이다. 각 관아에서는 수교에 년월일을 붙여 모아 등록(謄錄)을 만든다. 세월이 경과하면서 등록 상호간의 모순이나 중복이 발생하고, 영구적으로 시행해야할 것과 편의에 따라 준용해야 할 것의 구별이 필요함으로써 법령 상호간의 혼란을 해결하기 위해 새로운 법전의 편찬이 시행된 것이다.

세종대왕은 조선의 왕 중에서도 가장 법치를 강조한 왕이다. 이러한 세종대왕의 법사상은 《세종실록》에서 많이 볼 수 있는데, 법적안정성과 예측가능성을 강조한 것이다. 법적안정성과 예측가능성은 현대에서도 법이 갖추어야 할 중요한 원칙이다. 법이 자주 바뀌면 법을 집행하는 관리들뿐만 아니라 법을 따르는 백성들의 혼란은 가중된다. 그래서 세종대왕은 법적안정성을 선언했다. 선왕이 만든 법을 지키고, 새로운 법 만드는 것을 삼가며, 만든 법의 시행을 철저히 하여법을 금석같이 굳게 하겠다는 말이다.

「나는 조종(祖宗)이 이루어 놓은 법을 지키고자 하기 때문에 새로 법을 세우는 것을 좋아하지 아니한다.」

《세종실록》07/11/29

「법을 시행하려고 할진대, 모름지기 금석(金石)같이 굳어야 하고 빈번히 변경하지 말아야 할 것이다.」

《세종실록》12/08/13

다음으로는 법의 예측가능성이다. 백성이 법을 지키고 그에 복종할수 있도록 하기 위해서는 법을 성문화하여 모든 백성이 알도록 하고,보편적 사고를 지닌 사람들이 법의 결과에 대해서 예측할 수 있어야 한다. 그래서 세종대왕은 법전을 두 번이나 편찬하여 반포케 하였다. 세종대왕은 법의 예측가능성은 미더움이라고 하였다. 그러기 위해서는 법은 신뢰성이 있어야 하고, 나라 전체에 통용되는 법을 세워야 하며, 백성이 만든 법을 알도록 인쇄하여 반포하여야 했다. 세종대왕은 이러한 일을 위해 다음과 같이 힘썼다.

「그 내용을 보니 취지는 좋다마는, 법을 세우는 것은 백성에게 미더움[信]을 나타내는 것인데, 어찌 백성이 좋아하거나 싫어한다 하여 다시 변경하겠는가.」

《세종실록》 08/02/26

「나라 전체에 통용되는 법을 세우지 않고 특히 하윤의 손자에게만 과거를 응시하게 하는 것은 온당하지 않았다.」

《세종실록》 14/03/14

「백성으로 하여금 알지 못하고 죄를 범하게 하는 것이 옳겠느냐. 백성에게 법을 알지 못하게 하고, 그 범법한 자를 벌주게 되면, 조사모삼(朝四暮三)의 술책에 가깝지 않겠는가. 더욱이 조종(祖宗)께서 율문을 읽게 하는 법을 세우신 것은 사람마다 모두 알게 하고자 함이다.」

《세종실록》 14/11/07

「지금 올린 《육전(六典)》을 마땅히 속히 인쇄해 반포하여, 신료와 백성들로 하여금 모두 법을 세운 것을 알게 하고, 나도 경연에서 강(講)하겠다. 무릇 사람이 죄에 빠지는 것은 그 법을 알지 못하기 때문이다.」

《세종실록》 15/03/05

이처럼 세종대왕의 법사상은 현대적인 사고와 차이가 없다. 오히려 법의 기본원칙에 대해서는 민주시대에 사는 우리들보다도 더 깊은 이념을 가지고 있었다. 군주시대이지만 법에 대한 넓은 사고로 법치 리더십의 역량을 발휘한 것이다. 여기서 세종대왕의 법치는 법을 위한 법이 아니라, 백성의 마음을 헤아리는 것이었다. 신문고를 잘못친 자에게 벌주는 법을 만들기 보다는, 신문고를 치지 못하여 억울한 이를 구하는 법을 만들고자 하였다.

「지난번에 '신문고를 함부로 치는 자에게는 죄를 주라.' 했었는데, 이제 다시 생각하니, 이렇게 하면 품은 생각이 있어 아뢰고 싶은 사람도 법을 두려워하여 말하지 못할 것이요, 또 어리석은 사람은 이것을 모르고 치게 될 것이다. 그러므로 나는 그들에게 죄를 주지 않을 터이니, 경들은 그리 알라.」

《세종실록》12/10/29

한비자의 법치를 타산지석으로 삼다.

존 로크는 인간다운 삶을 유지하기 위해 보호되어야 할 기본적인 요소로 생명, 재산, 자유를 들었다. 그리고 국가 안에서의 삶은 그것을 보호받기 위한 인간의 자발적 구속이라고 하였다. 즉 법에 의한 구속을 감내하여야 한다는 것이다. 그래서 현대국가에서는 이러한 요소를 기본권으로서 보호하고, 법률에 의하여 수호하고 있다. 법의 필연성을 말한 것이다.

여기서 법치는 국가가 정립된 법에 의하여 운영되고 다스려 지는 것을 말한다. 법에 의한 정치 또는 법에 의한 지배이다. 현대 민주국가에서 법치는 국가를 받치는 기본적인 틀이고, 국가를 유지하고 운

「한비자」 그는 강력한 법치에 의해서만 혼란이 극복될 수 있다고 확신하였다. 상과 벌을 분명하고 엄격히 할 때, 비로소 백성들이 모여들고 올바른 신하가 군주를 보필하게 된다고 하였다.

영하는 원칙이다. 그래서 법치 리더십은 현대에서는 당연한 리더십이라 할 수 있다.

이러한 법치를 말할 때 중국 한나라의 한비자를 빼놓을 수 없다. 법가 사상을 집대성한 한비자는 유가에 의한 덕치(德治)나 예치로써는 춘추전국시대의 사회적 혼란을 극복하는 것이 불가능하다고 보고, 오직 강력한 법치에 의해서만 그러한 혼란이 극복될 수 있다고 확신하였다. 한비자는 상과 벌을 분명하고 엄격히 할 때, 비로소 백성들이 모여들고 올바른 신하가 군주를 보필하게 된다고 말하였다. 그래서 그는 한 나라의 백성을 책임진 군주는 늘 법의 냉철함을 잃지 말아야 한다고 다음과 같이 주장하였다.

> "법에 따라 형벌을 집행하는데 군주가 이 때문에 눈물을 흘리는 것은 인자함을 드러내는 것이지 다스리는 것은 아니다. 눈물을 흘리며 형을 집행하지 못하는 것은 인(仁)이고, 형을 집행하지 않을 수 없는 것은 법(法)이다. 선왕이 법을 우선하고 눈물에 따르지 않은 것은 인만으로는 백성을 다스릴 수 없음이 분명하기 때문이다."
>
> 《한비자》 오두편

한비자의 이러한 법치사상은 진(秦)나라의 지배원리로 받아들여져, 진시황으로 하여금 천하대란을 평정하고 천하통일을 이룩하게 하였다. 하지만 한비자의 법치는 형법을 위한 법으로 입법권을 가진 군주는 법의 구속으로부터 자유로운 것이 문제였다. 그래서 군주는 유아독존(唯我獨尊)으로 자신을 구속할 수 있는 것은 세상에 아무 것도 없었다. 그 결과 진시황의 환관 조고는 냉혹한 법치를 내세워 가혹하게 백성을 다스리고 군신들을 숙청하였다. 이는 유가사상에 배치되는 치도이다. 유가는 올바른 국가운영과 도덕성의 회복을 위해서 공자의 덕치, 맹자의 왕도, 순자의 예치를 근본으로 한다. 군주의 경우에도 수신제가 치국평천하(修身齊家 治國平天下)에서 자유로울 수 없다는 것이 유가의 근본이념이다. 군주는 법보다 덕에 예속된다는 것이다. 세종대왕은 이러한 한비자의 법치를 타산지석(他山之石)으로 삼아 경계하도록 하였다.

「형벌은 정치를 돕는 일이라, 예전에 교화(敎化: 가르치고 이끌어서 좋은 방향으로 나아가게 함)가 성하던 시대에도 진실로 없앨 수 없었던 것이다. 성인 순(舜)이 천자가 되어 오직 형벌을 삼가고, 고요가 사사(士師: 고대 중국에서 법령과 형벌에 관한 일을 맡아보던 재판관)가 되어 오형(五刑: 범죄자에 대한 5가지 형벌)을 밝혀서 오교(五敎: 군자가 사람을 가르치는 5가지 방법)를 도와 능히 화합하고 밝은 정치를 이루었으니, 아아, 성하도다. 진시황에 이르러 잔인하고 포학함을 숭상하여, 조고의 무리들이 가혹하고 급박한 법을 힘쓰고, 어진 은혜가 없어 두 세대만에 망하였으니 어찌 경계하지 않으랴. 옥사란 것은 사람의 생사에 다린 것이니 진실로 참된 정상을 얻지 못하고 매질로 자복을 받아서, 죄가 있는 자를 다행히 면하게 하고, 죄가 없는 자를 허물에 빠지게 하면, 형벌이 적당하지 못하여 원망을 머금고 억울함을 가지게 하여, 마침내 원통함을 풀지 못하게 되면 족히 천지의 화기를

상하게 하고, 수재와 한재를 부르게 되니, 이는 고금의 통환이
었다.」

《세종실록》13/06/02

그래서 세종대왕은 선왕의 법을 준수하여, 예로써 보이고 법으로써
규찰한다고 하였다. 법치의 리더십을 말한 것이다. 세종대왕은 법의
수호자로서 법위에 굴림하지 않았으며, 형벌을 남용하지 못하도록 하
였다. 법의 공명정대함을 원칙으로 한 것이다. 법이 바로서면 나라가
바로 선다는 것이다.

「내가 부덕한 몸으로 외람되게 왕업을 계승하게 되매, 밤낮으로
조심하고 두려워하여 편안히 다스리기를 도모하되, 지나간 옛
날의 실패를 거울로 삼고 조종의 이루어 놓은 법을 준수하여,
예로써 보이고 법으로써 규찰하였다.」

《세종실록》15/10/28

공법은 대법이다.

세종대왕은 법을 세운 목적을 다음과 같이 간결하게 정의하였다.
법을 세운 본의가 백성이 날로 불어나게 하는 것에 있다는 것이다.

「조종에서 법을 세운 본의가 양민(良民)이 날로 불어나게 하고

자 한 것이다.」

《세종실록》11/07/25

　이 말의 뜻은 무엇인가? 백성이 날로 불어나게 하려면 백성의 삶이 풍요롭고 편안해야 하는데, 법이 이러한 기능을 하여야 한다는 것이다. 백성이 행복한 법을 만들어야 하며, 법의 집행 또한 백성의 행복을 위해 시행되어야 한다는 말이다. 세종대왕이 법 중에서도 가장 중요하게 여긴 것은 조세법이다. 조세가 백성의 삶을 좌우하기 때문이다. 다음의 "공법을 세우게 된다면 반드시 백성들에게는 후하게 된다."는 내용은 세종대왕이 말한 세법의 목적과도 일치한다.

　　「연전에 공법의 시행을 논의하고도 지금까지 아직 정하지 못하였으나, 우리 나라의 인구가 점점 번식하고, 토지는 날로 줄어들어 의식이 넉넉하지 못하니, 참으로 슬픈 일이다. 만일 이 공법을 세우게 된다면, 반드시 백성들에게는 후하게 되고, 나라에서도 일이 간략하게 될 것이다.」

《세종실록》11/11/16

　그래서 세종대왕은 공법을 대법(大法)이라 하였다. 공법을 대법이라고 한 말은 법 중에서 조세법이 가장 중요하다는 뜻이다. 먹는 것이 백성의 하늘인 조선시대에 백성에게 취하는 조세법만큼 중요한 법은 없다는 뜻이다. 세종대왕은 공법의 입법을 반대하는 사간원의 상소에 "지금 대법을 세우고자 하는데 너희들이 어찌 이렇게 번거롭게 하는가." 하였다.

> 「사간원에서 상소하여 "태조께서 창업하시고 답험손실법을 세
> 워 논 1결마다 쌀 30말을 거두고, 밭 1결마다 잡곡 30두를 거두
> 고, 태종께서 계승하시어 답험의 법을 세워 공사가 모두 유족하
> 였는데, 어찌하여 지금에 이르러 갑자기 공법을 시행하십니까."
> 라고 하자,
> 임금이 말하기를, "지금 대법(大法)을 세우고자 하는데 너희들이
> 어찌 이렇게 번거롭게 청하는가." 하였다.」
>
> 《세종실록》21/07/21

세종대왕은 즉위하면서부터 법에 따라 조세를 부과하고 징수하도
록 엄하게 명하였다. 하지만 조부인 태조가 만든 《경제육전》에 규정
된 답험손실법은 시행에 어려움이 많았다. 답험손실법은 고을 수령
혼자서 해당 고을의 수확량을 조사하여 조세를 징수하도록 규정되어
있었기 때문이다. 더 복잡한 문제는 손실에 따라 조세를 차감해 주는
일이다.

> 「여러 도의 손실을 답험하는 것은 일절 《경제육전》에 따라, 관
> 과 민 양편이 다 편하도록 힘쓸 것이오나, 그러나 지방의 수령
> 들이 한 몸으로 수확전에 두루 다니며 살펴보기란 어렵습니다.」
>
> 《세종실록》즉위/08/17

그래서 세종대왕은 법의 시행이 어렵고 관리들의 재량권이 난무한

답험손실법을 폐지하고 공법으로 조세법을 개혁하고자 하였다. 하지만 조세법이 백성에게 미치는 영향 때문에 쉽사리 정할 수 없어 조정에서 논의케 하고, 백성들의 여론을 직접 조사하여 공법을 만들고자 하였다. 그 기간이 무려 25년 이상이 걸린 것이다. 세종대왕은 온전한 조세 법치를 위해서 법의 집행도 중요하지만, 법 자체에 결함이 있어 백성이 불편을 당해서는 안된다고 생각한 것이다.

「내가 공법을 행하고자 한 것이 이제 20여 년이고, 대신들과 모의한 것도 이미 6년이었다. 공법을 이제 정하였으나 오히려 백성에게 불편이 있을까 염려하는 까닭으로, 이제 전라·경상 두 도에만 행하여 그 편리한 여부를 시험하게 하였다.」

《세종실록》 21/05/04

법규를 보다 명확히 하고, 관리의 재량적 요소를 배제하여 법적안정성과 예측가능성을 실현 할 수 있는 조세법을 입법하고자 한 것이다. 세종대왕은 법치 리더십을 발휘하여 법으로 나라를 다스리게 하기 위하여 법을 바로 세웠다. 공법도 마찬가지이다. 세종대왕은 전답의 수확량에 따라 공평한 조세를 거두는 것이 얼마나 어려운 일인지 알고 있었다. 그리고 공평한 조세법을 입법한다는 것 또한 어렵다는 것을 알고 있었다. 그래서 공법을 만들기 위해 그 긴 시간동안 논의하고, 연구하고, 시범실시 하고, 백성의 의견을 들은 것이다.

세종대왕은 300년 후 아담 스미스가 "전답에서 거두는 조세의 공평을 실현하는 것은 어렵다."라고 말한 것을 이미 알고, 혼신을 다해 전분6등법과 연분9등법의 공법을 만든 것이다. 아담 스미스는《국부론》에 "전국적인 토지측량과 평가에 따라서 부과되는 조세는 그 최초에 제아무리 공평하게 할지라도 극히 짧은 기간이 경과하면 반드시 불공평하게 되는 것이다."라고 하면서, "이것을 방지하기 위해서는 나라는 각 전답의 상태와 생산물의 일체의 변화에 대해서 정부는 끊임없이 힘든 주의를 할 필요가 있다."고 하였다.

공법이 《경국대전》에 수록되다.

세종대왕이 만든 공법은 세계 역사에서 그 유례를 찾아볼 수 없을 정도의 '긴 시간과 많은 논의, 시범실시 및 여론조사'의 과정을 걸쳐 완성되었다. 군주시대에 군왕이 조세법을 제정하기 위하여 이렇게 혼신의 힘을 다한 이유는 무엇 때문이었을까? 그것은 '백성에게 편의하고 공평한 조세법'을 만들어 조세 법치를 실현하고자 한 것이다. 그 결과 세종대왕이 만든 공법은 《경국대전》의 호전에 성문화 되어, 조선의 기본법이 되었다.

세조는 즉위 후 양성지의 건외를 받아 당시까지의 모든 법을 전체적으로 조화시켜, 후대에 길이 전할 법전을 만들기 위해 1457년(세조 3) '육전상정소'를 설치하고, 최항 등에게 명하여 《경국대전》의 편찬 작업을 시작하게 하였다. 그리고 세조 6년(1460) 7월에 《경국대전》중 첫번째로 재정·경제의 기본이 되는 호전(戶典)이 반포되고 시행되었다. 이때에 공법의 규정이 《경국대전》 호전에 실린 것이다. 세종대왕이 공법을 제정한지 약 16년이 지난 후에 조선왕조의 완전한 조세법의 지위를 얻게 된 것이다.

다음 《세조실록》기사를 보면 그동안 《경제육전》의 원속전과 등록 내의 호전을 거두도록 하였는데, 이는 건국 이후 시행된 답험손실법을 폐지하고 세종대왕이 입법한 공법을 조선조의 기본적인 조세법으로서 기능하게 한 것이다.

「명하여 새로 제정한 《경국대전》호전을 반행하고 《원속전》과 등록 내의 호전을 거두도록 하였다.」

《세조실록》06/07/17

그리고 다음 《성종실록》기사를 보면 《경국대전》의 최종본이 완성되기 전에 호전은 이미 《경국대전》으로써 효력을 가지고 있음을 알 수 있다. 성종 3년의 기사이다. 《경국대전》의 최종본은 성종 16년 (1485)에 완성 반포되었다. 《경국대전》호전이 만들어진지 13년 후에

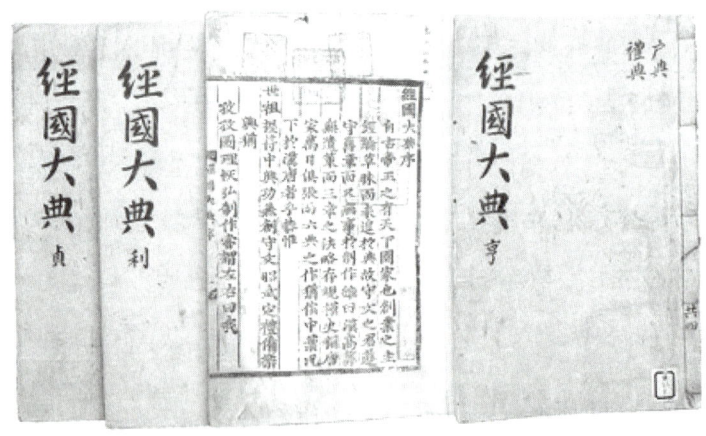

《경국대전(經國大典)》 《경국대전》은 조선 최고의 법전인데, 「호전」에는 세종대왕이 만든 공법이 '수세조'와 '양전조'에 수록되어 있다.

최종본이 완성된 것이다.

> 「이보다 앞서 손실답험법의 폐단으로 민간이 이를 괴로워하나,
> 공법은 행해진 지가 이미 오래 되었고 《경국대전》에도 실려 있
> 어서, 이제 다시 손실답험법을 행하기가 어렵게 되었습니다.」
>
> 《성종실록》03/08/04

　조선시대의 조세법은 각 법전의 '호전'에 규정되어 있다. 호전은 경비·호구·토지제도·조세 기타 재정경제 등 29조문으로 구성되어 있으며, 조세관련 조문은 양전과 제전, 어염, 수세 등에 규정되어 있다. 호전의 조문 중 조세와 직접 관련된 중요한 조문은 양전조와 수세조이다. 공법의 조문 중 양전조의 결부법에 의한 전분6등법은 조선 말까지 약 450년 동안 바뀌지 않고 유지되었다. 수세조의 연분9등법은 약 190년간 지속되다가 1635년(인조 13) 풍흉에 관계없이 1결당 4말의 세율로 과세하는 영정법으로 개정되었다. 세종대왕만큼 세금에 대한 전문지식을 가지고 공평하게 세금을 징수하려는 왕이나 신하들이 없었기 때문이다. 많은 사람들이 연분9등법은 등급이 많아 한결같이 복잡하고 어렵다고 하였기 때문에 폐지된 것이다. 연등9분법이 폐지되고 시행된 법이 영정법이다.

　영정법은 전분6등법에 따른 1결에 풍흉을 고려하지 않고 무조건 4말의 세금을 징수하도록 하였다. 세금은 줄어든 것처럼 보이나 세금의 공평을 전혀 고려하지 않은 악법 중의 악법으로, 부자들에게 좋으나 가난한 백성에게는 고통의 세법이 된 것이다. 영정법은 연등9등법의 하하년 세율만을 적용한 것으로 새로 만든 법이 아니다.

제5부

감동의 혁신은 나눔과 섬김의 리더십에 있다.

- 모두를 아우를 수 있는 리더십 -
- 구성원에게 감동을 주는 리더십 -

1
나눔의 리더십

나눔은 공동체의 화합이다.

나눔은 공동체의 선이다.

나눔은 공동체의 선(善)이다. 나눔으로 사회의 빈부 격차와 갈등을 해소하고, 사회의 통합과 공동체의 결속을 이룩할 수 있다. 그래서 허드슨연구소의 창시자 허만 칸은 "나눔은 미래학의 종점이다."라고 주장하면서, 미래에는 나누지 않는 사람은 생존하기 힘들고, 협업하지 않으면 공존할 수 없는 세상이 온다고 강조하였다. 허만 칸은 미래사회는 2030년 정도가 되면 결국 빈부격차가 서서히 해소되는 시기가 온다고 보았다. 사람들이 무엇이든 나누고 서로 돕는 협업사회로 가는데, 이것은 나누고 싶어서 나누기 보다는 사실상 나누지 않으면 소외되는 사회가 오기 때문이라고 말하였다.

이러한 나눔은 이 시대에만 필요한 것이 아니다. 동서고금을 막론하고 나눔을 강조하지 않은 사람은 없다. 《성경》에서는 나눔을 가난한 자를 위해 논밭에 남기는 이삭으로 비유하였다. 농경사회에서의 나눔을 말한 것이다.

"너희가 너희의 땅에서 곡식을 거둘 때에 너는 밭 모퉁이까지 다 거두지 말고, 네 떨어진 이삭도 줍지 말며, 네 포도원의 열매를 다 따지 말며, 네 포도원에 떨어진 열매도 줍지 말고 가난한 사람과 거류민을 위하여 버려두라."

《성경》레위기/19/9-10

밀레의 '이삭줍기' 그림은 최고의 걸작으로서, 풍성한 수확이 쌓여 있는 여유로운 넓은 대지에 허리를 굽혀 이삭을 줍고 있는 농촌의 세 여인들을 그리고 있다. 이 작품은 풍요로운 추수의 기쁨을 뒤로하고,

밀레의 「이삭줍기」 추수가 끝난 황금빛 들판에서 이삭을 줍고 있는 나이 든 세 농촌 여인의 모습을 그린 작품이다. 나눔의 그림이다.

추수 후에 남은 이삭이라도 주워 끼니를 해결하려는 가난한 아낙네들을 묘사한 그림이라고 한다. 농경시대의 나눔을 그린 것이다.

《시경》에도 이와 비슷한 내용이 있다.

> 저기에는 남긴 볏단이 있고,
>
> 여기에는 흘린 이삭이 있으니,
>
> 이는 과부의 몫이로다.[伊寡婦之利(이과부지리)]

《시경》 소아/제6 보전지십

《시경》의 이 표현은 사회의 대표적인 약자층인 과부에 대한 나눔을 말한 것이다. 사회적 약자와 소외계층에 대한 배려이다.

세종대왕은 대군시절 착한 동생 경안공주와 함께 궐내에서 어진 왕자로 소문이 났다. 그래서 구호품을 제대로 받지 못한 걸식자들이 담당 관서에 가지 않고, 충녕대군을 찾아와 도움을 요청하기도 하였다고 한다. 왕이 되기전부터 나눔을 실천한 것이다. 그래서 세종대왕은 나누어 주는 것은 대단히 좋은 일이라고 하였다.

> 「내가 일찍이 《사기(史記)》를 읽어 보매, '나누어 주는 것은 대단히 좋은 일이며, 파는 것은 잘못이라.'는 말이 있었다.」

《세종실록》 17/04/08

세종대왕은 가난한 자에게 항상 나눔으로 함께하였다. 세종대왕은 나이 많은 노인에게 저고리와 쌀을, 진제소(賑濟所: 굶주리는 사람을 구제하는 곳)에 있는 자들에게 저고리를, 광대와 나인에게 비단 등을, 농사 짓는 농부에게 술을, 셋 쌍둥이 나은 부인에게 쌀과 콩을, 죽은 화포장에게 제물과 제문 및 관을 내려 주어 나눔으로 백성과 함께 하였다. 그 내용들은 다음과 같다.

「경기도 고양현에 나이 105세나 된 노인이 있으므로, 임금께서 남자가 입는 저고리와 모관(毛冠: 모피로 만든 방한용 모자)과 쌀 3석(石)을 내려 주었다.」

《세종실록》즉위/11/21

「진제소의 굶주리고 옷이 없는 백성 51인에게 저고리를 각 한 벌씩 내려 주었다.」

《세종실록》04/11/22

「제야(除夜: 일년의 마지막날 밤)에 잡기(雜伎: 광대)와 나인(儺人: 귀신 쫓는 자)들에게 목면 150필, 넓은 비단 35필, 정포(正布) 4백 필, 저포(苧布: 모시) 9필, 동전 15관을 차등 있게 내려 주었다.」

《세종실록》08/12/30

「서울 서대문 밖에 거둥하여 농사짓는 것을 보고 농부들에게 술과 먹을 것을 내려 주었다.」

《세종실록》18/04/07

「함경북도 온성 백성 서덕춘의 아내가 한꺼번에 3남을 낳으니, 쌀과 콩 10석을 내려 주었다.」

《세종실록》27/04/17

「이번 군기감에서 화상으로 죽은 화포장 녹생 등 11인에게 군역을 면제하고 치제(致祭: 임금이 제물과 제문을 보내어 죽은 신하를 제사 지내던 일)·치부(致賻: 임금이 신하가 죽었을 때에 부의를 내림)하소서." 하니, 그대로 따르고 또 관을 내려 주었다.」

《세종실록》29/10/12

뿐만 아니라 가난하고 청빈한 관리에게도 전답이나 쌀과 콩을 내려주었다. 세종대왕은 의정부 찬성(의정부의 차관인 종1품 관직) 조용에게 전토 30결과 쌀 및 콩 20섬을 내려 주었다. 조용은 학문이 정밀하고도 해박하며, 덕행이 있어 그 때에 선비의 종장(宗匠: 경학에 밝고 글을 잘 짓는 사람)이 되었으나, 집이 가난하여 스스로 살아갈 수가 없었다.

「임금이 어느 날 《율려신서(律呂新書)》를 가지고 좌우 대신에게 물었으나 아는 이가 없었다. 좌우 대신이, "조용이라야 안다."고 말하므로, 집현전 교리 유상지 등에 명하여 조용에게 가서 배우도록 하였더니, 이때에 이르러 그가 집이 가난하였다는 것을 듣고, 또 그의 아들 조담으로 의영고사(義盈庫使: 궁중에서 쓰는 기름·꿀·과일 등의 물품을 관리하던 관원)를 시켰다.」

《세종실록》03/08/18

나눔이 몸에 베인 임금이다.

우리 속담에 "상전 배부르면 종 배고픈 줄 모른다."는 말이 있다. 권세 있고 잘 사는 사람들이 자기 배가 부르면 자기에게 매여 사는 아랫사람들이 배 곯는 줄을 알지 못함을 이르는 말이다. 임금은 상전 중 상전이다. 그 임금이 백성의 배고픔을 알면 얼마나 알았을까? 하지만 세종대왕은 정말 이 속담을 무색하게 한 군왕이다. 백성들의 아픔과 배고픔을 마치 자기가 체험하고 있는 것처럼 느끼면서 말하였다. 그래서 세종대왕은 백성들을 다스리는 감사와 수령들에게 "나의 뜻을 잘 받들어서 구제할 물품을 가지고, 병신이나 병든 사람을 우선적으로 구제하라."고 강력하게 명하였다.

> 「근년 이래로 수재와 한재가 잇따라서 연년이 흉년이 들었고, 지난해가 더욱 심하여 민생이 불쌍하게 되었으니, 각도 감사와 수령들은 나의 뜻을 잘 받들어서 구제할 물품을 가지고 병신이나 병든 사람을 우선적으로 구제해 주되, 장차 조관을 보내어 순행하여 물어 볼 것이니, 만약에 여염 가운데 한 백성이라도 굶어 죽은 자가 있었다면 중죄로 처단할 것이다.」
>
> 《세종실록》 03/02/05

조선의 주된 산업은 농업이다. 농사는 가뭄을 비롯한 수해·풍해·충해 등의 자연재해를 피할 수 없었고, 그에 따른 곡식의 수확량 감소는 불가피 하였다. 그래서 그 재해로 인한 백성들의 기아와 질병은 끊임없이 발생하였으며, 이에 따른 백성의 민생안정은 국가정책 중 가장 중요한 부분이었다. 그래서 세종대왕은 즉위한 해에 늙은 홀아비, 늙은 홀어미, 고아, 늙고 자식 없는 사람 등에게 환곡과 구휼미를 나누어 주도록 하였다.

> 「환과고독과 병든 노인·불구자는 왕도의 정치에서 마땅히 불쌍히 여겨야 될 바이니, 안으로는 한성부의 5부와 밖으로는 감사와 수령이 상세히 조사하여, 환곡과 구휼미를 우선 나누어 주어 그들의 처소를 잃지 말게 할 것이다.」
>
> 《세종실록》즉위/11/03

세종대왕이 왕에 오른 그 해에는 가뭄이 심하였다. 그래서 제주도 백성이 굶주린다는 말이 나오자, 저 멀리 제주도까지 곡식을 수송하여 구제하도록 하였다.

> 「예조 판서 허조는 아뢰기를, "〈제주도〉 난민을 구제하는 일은 벌써 지난해 10월에 명령이 내렸는데, 아직도 거행하지 못하고 있으니, 빨리 미곡을 수송하어 나누이 주게 헤아 마땅합니다." 하고, 호조 판서 최이는 아뢰기를, "먼저 미곡 3백 가마를 보내고 굶주리는 상황을 자세히 살피어 계속 실어 보내는 것이 좋을 것 같습니다." 하니,
> 임금은 말하기를, "빨리 사람을 시켜 운반해서 군색한 백성에게 나누어 주는 것이 마땅하다."고 하였다.」
>
> 《세종실록》01/01/30

이후 세종대왕은 "각도의 수령 중에서 기민 구제를 정성스럽게 하지 않은 자는 형조에서 이미 조사하여 알았을 것이니, 네가 그 죄상을 잘 살펴서 누가 경하고 누가 중하며, 누구는 면제될 만한지를 일일이 열거하여 내일 아침 조사에 우선으로 아뢰어 올리되, 착오가 없게 하라."고 명하여(《세종실록》01/08/13), 나눔을 실천하게 하였다.

더욱이 세종대왕은 구휼하기 위하여 나누어 준 쌀과 콩은 거두어들이지 말라고 명하였다(《세종실록》01/12/11). 고을 수령과 아전들이 구휼미를 나누어 준 다음 관아의 창고를 채우기 위하여 환곡처럼 징수하는 경우가 많았기 때문이다. 수령들은 환곡과 구휼미를 구분하지 않으려고 하였지만 세종대왕은 구휼미는 나눔임을 강조한 것이다. 또한 세종대왕은 호조에 명령하여 창고를 열어 구제하게 하고, 수령들에게는 "나의 지극한 뜻을 몸받아 밤낮으로 게을리 하지 말고 한결같이 힘껏 구제하라."고 다음과 같이 명하였다.

「슬프다, 한 많은 백성들의 굶어 죽게 된 형상은 부덕한 나로서 두루 다 알 수 없으니, 감사나 수령으로 무릇 백성과 가까운 관원은 나의 지극한 뜻을 몸받아 밤낮으로 게을리 하지 말고 한결같이 그 경내의 백성으로 하여금 굶주려 처소를 잃어버리지 않게 유의할 것이며, 궁벽한 촌락에까지도 친히 다니며 두루 살피어 힘껏 구제하도록 하라.」

《세종실록》01/02/12

관리들에게 '노블레스 오블리주'를 명하다.

나눔은 '노블레스 오블리주(noblesse oblige)'와 떼려야 뗄 수 없다. 노블레스 오블리주는 높은 사회적 신분에 상응하는 도덕적 의무를 뜻하는 말이다. 이는 초기 로마시대에 왕과 귀족들이 보여 준 투철한 도덕의식과 솔선수범하는 공공정신에서 비롯되었다. 로마사회는 사회 고위층의 공공봉사와 기부·헌납 등의 전통이 강하였고, 이러한 행위는 의무인 동시에 명예로 인식되면서 자발적이고 경쟁적으로 이루어졌다. 따라서 '노블레스 오블리주'의 대표적인 형태는 나눔이라 할 수 있다.

조선시대는 왕토사상에 의하여 나라안의 모든 땅은 임금의 것이지만, 수조권(收租權: 전답에 대한 조세 징수권)에 따라 공전과 사전으로 나누어진다. 공전(公田)은 국가가 수조권을 소유하는 전답을 의미하며, 개인이 수조권을 소유한 사전(私田)에 대립되는 것이다. 공전은 국가나 관청이 전답 소유자인 백성으로부터 조세를 직접 징수하는 전답이며, 사전은 국가가 관리 등에게 녹봉 대신에 지급한 전답을 말한다. 조선초 사전에는 관리에게 지급되는 과전(科田)과 공신들에게 지급된 공신전 등이 있다. 태조는 고려말 겸병에 의한 토지제도의 문란을 막기 위해서 사전을 혁파하였지만, 과전법의 시행으로 사전제도가 완전히 사라진 것은 아니었다. 조선초 과전은 경기도 내의 토지를 주었으며, 과전은 직급에 따라 18등급으로 나누어 차등하여 지급하였는데 품계에 따라 최고 110결(정1품)에서 최하 10결(9품)을 주었다. 그런데 공전은 당연히 국가에서 답험하지만, 사전은 전주(田主)가 답험하도록 법으로 정해져 있었다. 문제는 전주가 답험하는 사전의 경우 많은 소작료를 받기 위하여 손실을 인정해 주지 않는 횡포를 부렸다. 그래서 세종대왕은 즉위한지 10일만에 사전의 경우에도 나라에서 파견한 경차관이 공전과 같이 답험하도록 명하였다. '노블레스 오블리주'를 망각한 양반관리들에게 나눔을 강제한 것이다.

> 「임금이 호조에 명하여, "올해에는 태풍과 홍수의 재앙으로 벼 곡식이 잘 익지 않아 백성들의 생계가 염려되니, 각도의 경차관에게 영을 내려 모름지기 벼를 베어 거두기 전에 사전(私田)도 아울러 답사하게 하되, 아무쪼록 정확하기에 힘써서 백성들로 하여금 원망하지 않도록 하라 하였다.」
>
> 《세종실록》즉위/08/21

세종대왕이 사전을 국가에서 답험하게 하자 신료들은 벌때 같이 일어나 반대하였다. 국가에서 사전을 답험하게 하니 대소의 신료들에게 들여온 조(租: 소작료)가 이전보다 심히 적어졌기 때문이다. 세종대왕은 신료들의 수입이 줄어든 만큼 가난한 소작농이 더 가지고 가길 바란 것이다. 나눔을 강제한 것이다. 이때 신료들은 절충안으로 흉년에는 국가에서 사전을 답험하고, 풍년에는 지주가 답험하자고 제안하였다.

김홍도의 「타작」 조선시대에는 논밭이 많은 양반집에서 소작인에게 논밭을 나누어 주고, 추수할 때 날을 미리 정하여 마름을 보내어 추수를 관리 감독케 하였다. 마름(갓쓴 사람)은 농사의 작황을 조사하고 직접 소작인들로부터 소작료를 징수하여 일괄해서 지주에게 상납하는 것을 주된 직무로 하였다.

「올해의 공전의 수확 실태를 현지 검사할 때에 사전까지 함께 현지 검사하게 하였습니다. 신이 생각하옵건대, 작년의 사전 현지 검사 경차관들은 모두 다 용렬해서 잘된 것을 못 된 것으로 하여, 대소의 신료들의 조세 들여온 것이 심히 적어, 서울의 쌀값을 오르게 만들었습니다. 또 과전(科田)이 이미 영구히 하사해준 것인 바에야, 그 땅의 수확 실태의 현지 검사를 지주에게 맡기는 것이 만세를 두고 변하지 않는 법이라고 하겠사옵고, 만약에 부득이 하다면, 흉년에는 경차관에게 맡기고, 풍년에는 지주에게 맡기면 될 것입니다. 올해는 오곡이 퍽 잘되었사오니, 지주를 시켜서 현지 검사케 함이 마땅할 것입니다.」

《세종실록》01/09/19

하지만 세종대왕은 공평과세와 백성들의 넉넉함을 위해서 물러서지 않았다. 세종대왕은 "사전은 지주에게 맡겼기 때문에 야박한 사례가 많았다."라고 지적하면서, 사전의 경우에도 "경차관을 시켜서 답험케 하는 법"이 만세를 두고 변치 않는 좋은 법이라고 하였다. 누가 보아도 진정 백성을 위해 나눔의 리더십을 발휘한 것이다.

「임금이 말하기를, "공전과 사전은 다 나라의 땅이니, 수확 실태의 현지 검사에 다른 점이 있어서는 아니 되오. 내가 듣기로는, 옛날에는 공전의 현지 검사는 경차관에 맡겼기 때문에 허위와 꼼꼼하지 못한 일이 많았고, 사전은 지주에게 맡겼기 때문에 야박한 사례가 많았다는 거요. 올해는 공전과 사전의 수확 실태의 현지 검사는 다 경차관에게 맡기고, 경차관이 떠날 때에 재삼 타일러서 실제와 꼭 맞는 검사를 하도록 힘쓰게 한다면야, 어찌 사전에서만 다 허위와 꼼꼼하지 못한 일을 초래하게 되겠소. 하물며 주·현마다 위임관이 많지 않은데도 오히려 맞지 않는 자가 생기는데, 전담을 받은 관원인 지주가 시키는 대로 현지를 답험하는 종들이야 어떻게 그들이 민폐가 되지 않는다는 것을 보증하겠소. 만세를 두고 변치 않는 법을 만들려고 한다면, 경차관을 시켜서 사전을 현지 검사케 하는 것보다 더 좋은 것은 없을 것이오."라고 하였다.」

《세종실록》01/09/19

세종대왕이 사전을 국가에서 답험하도록 하자 세종 2년에는 조세를 관장하는 호조까지도 "공전을 심사할 때에 아울러 사전도 심사함은 마땅하지 않습니다."라고 반대하였다. 신료들은 자신들로 하여금 소작료를 박하게 거두어 가난하게 만들려고 한다는 억지를 부렸다. 그러나 세종대왕은 사회적 약자인 백성들이 좀 더 넉넉해질 수 있는 나눔의 첫 번째 정책인 '사전(私田)의 국가 답험'을 강행하였다.

「과전도 아울러 심사하자는 의논이 어찌 조신으로 하여금 소작료를 박하게 거두어 들여 가난하게 만들려고 함이었겠느냐. 매우 긴요하게 공사(公私)로 하여금 다 편리하게 하려고 함이었을 뿐이니, 경차관으로 하여금 아울러 다같이 심사하게 하라.」

《세종실록》 02/07/30

현대에도 부(富)의 불균형은 더욱 심화되고 있다. 국가에서는 부의 균형을 위해서 법과 제도를 만들고 시행한다. 이 또한 나눔을 강제한 것이다. 600년 전의 세종대왕도 부의 균형을 통한 나눔을 강제한 것이다.

백성들에게 국둔전의 땅을 나누어 주다.

국둔전(國屯田)은 조선시대 변경이나 군사요지에 있는 땅을 개간하여 군량에 충당하게 한 토지로, 군사들이 경작하여 그 수확을 모두 군자(軍資)에 사용하게 하였다. 국둔전의 관리는 그 지역의 수령이 맡았는데, 국둔전은 '차경차전(且耕且戰)' 즉, "한편으로 경작하고 한편으로 전투한다."는 취지 아래 주둔지 부근의 빈 땅을 개간하여, 군량을 현지에서 조달함으로써 군량 운반의 수고를 덜어 국방을 충실히 수행하기 위한 것이다. 하지만 국둔전에 대한 불평과 비리 또한 많았다. 그래서 함길도 감사는 국둔전의 폐지를 주장하였다. 국둔전이 주둔지에서 멀고 토질이 좋지 않아 힘만들지 수확량이 많지 않았기 때문이다.

「국둔전의 토지가 메말라서 수확이 매우 적으니, 우수한 군사로써 방어를 하게 함이 가장 긴요합니다. 4, 5개월 동안을 20리 밖의 땅에 왔다갔다 하면서 농사를 짓는데, 혹 적의 침입을 당하면 미처 급변에 대응할 수 없을 것이니, 군사를 길러 방어에 대비하는 계책에 어긋납니다. 청하건대 국둔전을 폐지하고 군사를 양성하는 데에만 오로지 힘쓰게 하소서.」

《세종실록》07/11/25

국둔전은 주로 주둔하여 방어를 하는 군사가 경작하고 일부 내륙지방에서만 공노비나 군역을 면제받은 농민이 경작했는데, 이들 경작자들은 자신의 소유지인 민전(民田)을 가지고 있는데도 농번기에 국둔전의 경작에 우선적으로 동원되었기 때문에 그 타격이 심했다. 또한 해당 관청들이 온갖 편법을 부려 백성들이 소유한 전답을 탈취하여 국둔전을 확대하면서, 힘없는 백성들은 삶의 터전인 논밭을 잃게 되었고 가난의 고통을 당하였다. 그래서 세종대왕은 충청도 감사 유계문에게 국둔전의 폐단을 상세히 진술하라고 명하였다.

「국경 지방을 지키는 군영에서 군인을 모아 농사를 짓는 일은 옳지마는, 별도로 국둔전을 만들어 농민을 시켜 농사를 짓는 것은 옳지 않으니, 경도 폐단이 있는 것을 알 것이다. 성인이 말하기를, "백성이 넉넉하면 임금은 누구와 더불어 넉넉하지 않겠는가."라 하였는데, 나도 국둔전의 옳지 못한 점을 알고 있으나, 다만 태종 때부터 행하여 온 것이므로 감히 경솔하게 고치지 못할 뿐이다. 경도 다시 살피어 그 폐단을 상세히 진술하라.」

《세종실록》08/04/16

그리고 10여일 후 세종대왕은 정부와 육조의 참판 이상의 관원을 불러 "국둔전을 혁파하여 백성에게 농사짓도록 허가하고자 하니, 아울러 의논하여 계하라"고 명하여(《세종실록》08/04/28), 국둔전의 혁파를 의논하게 하였다. 토지의 올바른 나눔을 실현하여 백성을 넉넉하게 하고 싶은 마음에서이다. 이후 세종대왕은 재위 8년 국둔전을 혁파하고, 그 국둔전을 토지가 없는 백성들에게 나누어 주게 하였다.

「호조에 전지하여 각도의 국둔전과 관둔전을 모두 혁파하게 하였다.」

《세종실록》08/05/11

> 「진주 관내 반성현의 국둔전을 혁파하여 토지가 없는 백성들에
> 게 나누어 주다.」
>
> 《세종실록》 09/07/15

뿐만 아니라 국둔전을 받은 사람에게는 1년 동안은 조세를 반만 징수하고, 2년까지는 부역을 면제해 주게 하였다. 진정으로 백성의 행복을 생각하는 나눔의 정치였다.

> 「만약 국둔전과 각 사사전(寺社田)을 받은 사람에게는 1년에는
> 반을 징수하고, 2년까지를 한하여 부역을 면제해 주라.」
>
> 《세종실록》 08/05/11

양녕대군과 우애를 나누다.

양녕대군은 누구인가? 태종의 장자로 세자에 올랐으나 엄격한 궁중생활과 왕세자로서 지켜야 할 예의법도에 잘 적응하지 못하고, 사냥을 좋아하고 기생을 탐하여 궁궐 내 처소에 여자를 불러들여 태종의 노여움을 사 패세자된 세종대왕의 형님이다. 그는 남의 첩인 어리라는 여자를 탐하여 임신까지 시켜 궐 밖에서 아이를 낳게 하였고, 그의 비행을 감싸주던 장인 김한로를 귀양가게 하였다. 결국 유정현 등의 상소로 패세자된 양녕대군은 즉시 강화로 거처가 옮겨졌다. 하지만 세종대왕은 즉위하자마자 이런 양녕대군에게 환관을 보내어 술

과 고기, 면포와 비단을 내려주었다. 형제간의 우애이며 나눔이다.

「양녕대군에게 술과 고기, 면포, 비단 각 10필과 베 100필을 주었다.」

《세종실록》즉위/08/15

그 후 양녕대군은 경기도 광주로 물러나 살게 되었다. 광주에 살 때도 기생을 집에 드리기도 하고, 밤 자정에 편지를 써 놓고 담을 넘어 도망간 경우도 있었다. 뿐만 아니라 매사냥을 하다가 광주 아전의 첩을 보고 빼앗으려 한 경우도 있었다. 이에 신료들의 주청으로 양녕대군이 타고 다니는 말을 빼앗고 사람을 시켜 파수를 보게 하여 집밖으로 드나드는 것을 금지하였는데, 세종대왕은 이를 풀어 주고 싶어 유정현 등에게 다음과 같이 물었다. 형님에 대한 예우를 하고자 함이다.

「양녕은 죄가 일신에 관계된 것뿐인데, 항상 사람을 시키어 파수를 보게 하여 그 드나드는 것도 금지하니, 내 마음에 미안하여 상왕께 아뢰었더니, 상왕께서도 역시 허락하시었다. 그 찬수를 공궤하는 것은 자기 집 노비를 시키어 장만하게 하고, 만일 출입할 일이 있으면, 자기 말을 타는 것을 허락하고, 또 자기 집 환관 한 사람을 시켜 그 돈과 재물을 맡게 하고, 구속하고 감시하지 아니하는 것이 어떠하냐.」

《세종실록》02/05/04

태종이 승하하자 조정 대신들은 합심하여 이때다 하고 양녕대군을 탄핵하였다. 탄핵 사유는 광주로 내쫓긴 이후에도 허물을 고치지 않고 담을 넘어 기녀를 범하고, 태종이 죽어 관이 빈소에 있는데도 사람을 청하여 농가를 부르게 하고, 종자에게 이르기를 '즐겁다.'라고 한 것이다. 또한 장례를 마치자마자 들판을 달리면서 개를 놓아 짐승을 쫓게 하고 틀을 설치하여 짐승을 잡았으며, 사람에게 술을 먹여 사망하게 한 것이다. 그래서 다음과 같이 양녕대군을 처벌하는 것이 공명정대한 일이라고 하였다.

「원컨대, 전하께서는 천지의 공명정대한 원리를 본뜨고, 옛 성인의 지극히 공변된 마음을 본받아, '이제'의 죄악을 법대로 처리한다면 종사에 매우 다행한 일이며, 신민에게도 매우 다행하겠습니다.」

《세종실록》 05/02/16

하지만 세종대왕은 대신들의 탄핵을 윤허하지 않았고, 대신 양녕대군의 거처를 청주로 옮기게 하였다. 이에 대신들은 거처가 궁에서 가까우면 불측의 변란이 만들어 진다고 하면서, 더 멀리 보낼 것을 주청하였다. 하지만 청주로 옮긴지 얼마 되지 않아 세종대왕은 오히려 양녕대군의 거처를 경기도 이천으로 옮기도록 하였다.

「환관 이귀를 청주로 보내어 양녕대군에게 유시하여 이천으로 돌아오게 하였다. 지신사 곽존중이 여러 대언과 함께 중지하도록 간하였으나, 윤허하지 아니하였다.」

《세종실록》06/02/10

그 후 정치적 분란의 가능성을 우려한 신하들은 그에게 조금만 잘못이 있어도 격렬하게 탄핵하였다. 재위 6년 3월 청주 호장 박광과 같은 해 10월 갑사 지영우는 "양녕대군이 즉위하면 백성들이 자애로운 덕을 받게 될 것"이라 하거나, "그가 병권을 장악하려고 한다"는 등의 유언비어를 퍼트려 처벌되기도 했다.

「벌로 악한 자를 징계하는 것은 임금의 큰 권한이요, 사건이 일어나기 전에 금하는 것은 나라의 떳떳한 법입니다. 이제 지영우는 미세한 무리로서 문제도 되지 아니하는 것이라 할지라도, 양녕군 이제가 병권을 장악한다고 하였으니, 그 말의 해로움은 이보다 더한 것이 없습니다. 이것은 신 등이 함께 분개하여 베어 죽이려고 하는 것인데, 전하께서 특히 구휼하여 생명을 보전하게 하시니, 실로 악한 자를 징계하는 뜻에 어긋납니다.」

《세종실록》06/11/02

그럼에도 세종대왕은 그런 탄핵이나 난언에 휘둘리지 않았고, 1년에 한 번 정도 양녕대군을 궁궐에 불러 우애를 나누었다. 뿐만 아니라 좋은 것이 있으면 항상 나누어 주었다. 이런 사실들은 세종대왕의 형제간의 나눔이라 할 수 있다. 《세종실록》에는 세종대왕이 때에 따라 양녕대군에게 고기 등 특별한 음식을 내려주는 경우가 다음과 같이 많이 기록되어 있다.

「양녕 대군에게 술 빚을 쌀 30석과 간장 담글 콩 30석과 탄 25
석을 이천 사저에 내려 주었다.」

《세종실록》06/02/13

「약주 10병과 청밀 한 그릇을 양녕 대군에게 내려 주었다.」

《세종실록》06/03/07

「양녕대군에게 노루를 내려 주었다.」

《세종실록》07/03/17

「양녕대군에게 연어를 내려 주었다.」

《세종실록》07/09/10

「양녕대군에게 귤을 내려 주었다.」

《세종실록》07/11/02

「내선(內膳; 궁궐 안 음식)을 양녕대군에게 내려 주었다.」

《세종실록》08/01/17

「양녕대군 이제에게 별선(別膳; 궁궐의 특별 음식)을 내려 주었다.」

《세종실록》10/08/30

「술과 고기를 양녕대군 이제에게 내려 주었다.」

《세종실록》11/05/22

「양녕대군 이제에게 고기를 내려 주었다.」

《세종실록》12/06/15

「양녕대군 이제에게 고기를 내려 주었다.」

《세종실록》 13/02/12

「양녕대군 이제에게 별선을 내려 주었다.」

《세종실록》 14/10/20

이처럼 세종대왕의 양녕대군에 대한 우애는 계속되었으며, 더욱이 궁중에 머물게 하는 날도 많았다. 이때마다 대신들은 강하게 반발하였지만 세종대왕은 흔들리지 않았다.

「양녕대군 이제는 임금과 아버지께 죄를 얻었으니 전하께서 사사로이 할 바가 아니온데, 전하께서 특별히 우애의 정으로 불러서 접견하시고 인하여 수일씩 머무르게 하시와 태종의 유교를 어기시니, 온 나라 신민이 실망하지 않는 이가 없습니다. 엎드려 바라옵건대, 전하께서 급히 집에 돌아가도록 명하시어 신민의 소망을 위로 하신다면 대단히 다행한 일이겠습니다."하였으나, 윤허하지 아니하였다.」

《세종실록》 16/11/17

세종대왕이 우애를 지키지 못하고 대신들의 뜻에 따라 양녕대군을 벌하기에 급급했다면 세종대왕의 정치에 오점을 남겼을 것이다. 우애는 좁게는 형제의 관계이지만 넓게는 친구이고 직장 동료이고, 우리 모두와의 관계로 확대된다. 형제간에 없는 우애가 직장 동료간에 우애가 있기를 바라는 것은 고목나무에 꽃이 피기를 바라는 격이다. 공동체 안에서 우애는 그 어떤 이상과 이념의 실현보다 중요하다. 세종 대왕은 우애의 나눔과 같이 백성과도 항상 나눔을 실천하였다.

2
공평 리더십

공평은 많은 사람을 행복하게 한다.

공평은 동서고금의 덕목이다.

《예기(禮記)》의 공자한거(孔子閑居)편에서 공자는 "하늘은 사사로이 덮어주는 것이 없으며, 땅은 사사로이 실어주는 것이 없고, 해와 달은 사사로이 비춰주는 것이 없는데, 이것을 세 가지 사사로움이 없는 것이라 한다."고 말하였다. 이를 삼무사(三無私)라 하며, 임금은 만백성을 공평하게 다스려야 한다는 뜻이다. 공평은 군주가 마음 가짐과 판단에서 기본적으로 지켜야할 덕목인 것이다.

유교적 통치질서에서 공평은 주요한 덕목이자 원칙이다. 따라서 성리학을 국가이념으로 받아들인 조선은 공평을 통치의 기본원칙 중 하나로 삼았다. 공평은 형벌이나 조세, 사면, 소송 등 모든 국가의 공권력 집행이 개인을 위해 편파적으로 이루어지거나 사사로운 이익을 위해 이루어져서는 안되며, 바르고 고르게 이루어져야 한다는 뜻이다. 한마디로 법의 집행이 공평하고 공정하게 시행되어야 한다는 말이다.

　건국초 정도전은《조선경국전》치전(治典)에서 "백관은 제각기 직책이 다르고 만민은 제각기 직업이 다르니, 재상은 공평하게 해서 그들로 하여금 각기 그 적의함을 잃지 않도록 하고, 고르게 해서 그들로 하여금 각기 그 처소를 얻게 해야 한다."라고 하였다. 세종대왕 역시 조정과 나라를 다스리는데 공평을 원칙으로 하였다. 세종대왕은 그 누구보다도 공평한 통치가 왕도를 펼치는 길임을 분명히 하였다. 정사가 공평하지 못하면 하늘이 재앙을 주어 백성이 근심하고, 고통을 당하기 때문에 이를 지켜야 한다는 것이다.

「내 들으니, "임금이 덕이 없고, 정사가 공평[均]하지 못하면, 하늘이 재앙을 보여 잘 다스리지 못함을 경계한다." 하는데, 내가 변변하지 못한 몸으로 신민(臣民)의 위에 있으면서 밝음을 비추어 주지 못하고, 덕은 능히 편안하게 하여 주지 못하여, 수재와 한재로 흉년이 해마다 그치지 아니하여, 백성들은 근심과 고통으로 호구(戶口)가 유리되고, 창고도 텅 비어서 구제할 수 없다.」

《세종실록》05/04/25

　세종대왕 시대에는 가뭄이 심하여 기우제를 지내는 경우도 많았다. 그 제문에서 세종대왕은 덕이 없어 정치를 잘못함을 사죄하면서, 항상 조세와 부역 등의 정무가 공평하지 못함을 고하였다. 공평의 중함을 말한 것이다.

「눈으로 미처 보지 못하고 귀로 미처 듣지 못한 중에서 광범한 여러 고을들과 수많은 여러 백성들이 공평하지[均] 못한 부역으로 괴로움을 당하고, 번다한 납세에 쪼들리어 원망과 한탄이 일어나고, 평화로운 기분이 상하게 된 자가 얼마나 되는지 헤아릴 수 없으니, 이는 다 나의 부덕함에서 비롯된 것입니다.」

《세종실록》 09/06/14

특히 세종대왕의 공평은 힘없는 백성을 보호하는 측면에서 엄격하게 적용하도록 한 것이 특징이다. 그 예로 세종대왕은 범죄하여 함길도에 옮겨진 '이기'라는 자의 전토를 몰수하여, 왕 장모의 집 종 원만과 진양대군의 집 종 도라대에게 많이 주고, 다른 사람에게 적게 주는 것은 공평하지 못하다고 하여 다시 나누어 주도록 명하였다. 세종대왕의 공평 원칙이 친인척과 신분의 고하를 가리지 않고 적용된 것이다.

「대저 빈 땅의 전지는 마땅히 먼저 빈궁하고 의지할 데가 없는 사람에게 주어야 하겠는데, 지금 범죄하여 함길도에 옮겨진 이기의 전토를 삼한 국대부인 안씨(세종대왕의 장모)의 집 종 원만과 진양대군(후에 세조)의 집 종 도라대 등에게는 넉넉히 주고, 그 나머지 사람에게는 다만 두어 부(負)를 주었으니 심히 공평하지 못하다. 원만·도라대 등이 받은 전지를 모두 가난한 백성에게 나누어 주라.」

《세종실록》 22/06/04

수령의 근무평가를 공정하게 하라.

조선시대는 양반과 천민이 존재하는 계급사회이다. 차별이 존재할 수밖에 없는 사회인 것이다. 오죽하면은 죽어서 만드는 묘지에도 신분과 직급에 따라 그 크기가 엄격히 법으로 정해졌겠는가! 이러한 조선시대 관리들의 근무성적 평가는 신분 상승과 밀접한 관계가 있으므로 모든 관리들이 지대한 관심을 기울이고 있는 부분이다. 조선시대에 근무평가를 전최(殿最) 또는 포폄(褒貶)이라고 하였고, 1년에 2번 실시하였다. '전' 또는 '폄'은 최하 등수이고 '최' 또는 '포'는 제일 높은 등수를 말한다. 수령들의 근무평가는 봄과 여름에는 6월 15일 전으로 하고, 가을과 겨울에는 11월 15일 전에 하도록 하였다.

세종대왕은 수령들의 근무평가를 공정하게 해야 한다고 강조하였다. 세종대왕이 공평을 리더의 근본으로 생각한 것이다. 그래서 즉위한지 얼마 안되어 중앙과 지방의 신료들에게 마땅히 행해야 될 조목들을 유시하면서, 수령들의 중요성을 강조하여 그들의 근무평가를 위하여 30년의 치적을 사실대로 파악하여 보고하라고 명하였다.

「수령은 백성에게 가까운 관직이니, 그 선임이 더욱 중요하였다. 감사의 한 때의 포폄(褒貶)이 혹시 그 본질을 잃을 수도 있으니, 각 도와 각 고을에서는 30년 동안의 수령의 치적을 사실대로 찾아내어, 이름을 자세히 적어서 아뢸 것이다.」

《세종실록》즉위/11/03

그런데 공평을 리더십으로 생각한 세종대왕 때에도 관리들은 좋은 근무평가를 받기 위해 뇌물을 주었다. '인사청탁'이다. 얼마나 뇌물이 심하였으면 세종대왕이 "관리들이 관가의 물건을 공공연하게 뇌물로 주고도 태연하게 여기면서 조금도 괴이쩍게 생각하지 아니하고, 그 중에 주는 것을 받으려고 하지 아니하는 자는 도리어 기롱과 조소를 받는다."라고 말할 정도였다. 그래서 세종대왕은 조정의 관리나 대신 중에 뇌물을 받는 자가 많아 이를 엄하게 금지하는 법과 뇌물을 받은 자와 준 자 모두를 처벌하는 법을 만들도록 지시했다.

> 「전조(前朝)의 말년에 뇌물을 공공연하게 왕래하더니, 구습이 아직도 남아서 경외(京外)의 관리들이 관가의 물건을 공공연하게 뇌물로 주고도 태연하게 여기면서 조금도 괴이쩍게 생각하지 아니하고, 그 중에 주는 것을 받으려고 하지 아니하는 자는 도리어 기롱과 조소를 받으니, 이로 말미암아 장물죄를 범하는 관리들이 계속해서 죄를 짓게 되니, 내가 매우 민망하게 여기는 바이다. 법률 조문을 보면, 다만 관가의 소유물을 남에게 준 죄만 있고, 보내 준 것을 받은 죄에 대한 율이 없으므로, 이제 법을 세워, 준 자나 받은 자에게 다 같이 죄를 주고자 하니 특별히 교지를 내려야 할 것인가, 유사(攸司)를 시켜 아뢰게 하여 법을 세울 것인가.」

《세종실록》06/07/14

여기서 웃지 못할 일은 정승들의 대답이다. 영의정 유정현은 임금의 말을 희롱하듯 "나같은 늙은 자가 음식이나 향포(香脯: 특별히 건조하여 만든 어육의 포)를 받는 것이 무엇이 해로울 것이 있겠소."라고 했고, 대제학 변계량과 이조판서 허조는 "먹는 물건을 주고받는 것은 해로울 것이 없을 것 같은데 하필 모두 금할 것이 있겠소"라며 동조했다.

> 「유정현이 희롱하여 말하기를, "나같은 늙은 자가 음식이나 향포(香脯)를 받는 것이 무엇이 해로울 것이 있겠소."하고,
> 변계량과 허조도 또한 말하기를, "먹는 물건을 주고받는 것은 해로울 것이 없을 것 같은데 하필 모두 금할 것이 있겠소.」
>
> 《세종실록》 06/07/14

얼마나 조정 신료들이 뇌물에 익숙해졌는지를 알 수 있다. 공평과 공정을 위해 혼자서 고군분투한 세종대왕의 리더십을 생각해 볼 수 있는 대목이다. 하지만 세종대왕은 사헌부에 명령을 내려 뇌물을 준 자와 받은 자는 모두 벌주도록 엄중하게 고시하도록 하였다. 이후에도 세종대왕은 수령들의 평가가 사심에 따라 이루어져 공정하지 못한 경우가 있으면 그때그때 고치도록 하였고, 의정부에 시정할 수 있는 방안을 논의하도록 하였다.

> 「수령은 그 직임이 백성과 가까움으로, 민생의 평안과 근심 걱정이 매여 있어 중하지 않을 수 없는데, 각도의 감사가 전최(殿最)할 때에 수령으로서 최(最: 인사고가에 상을 받음)에 해당하는 자가 자못 많으니, 어찌 모두 칠사(七事: 수령이 행하여야 할 일곱

가지 일)를 다 행하여 공론에 합당한 사람들이겠는가. 혹은 두 차례에 연달아 중(中)이 된 자가 그 다음 평가에 반드시 상등이 되고, 또 그 아버지가 재상인 자와 이미 빛나는 요직에 있었던 자는 하등에 있지 않으니, 이것은 곧 수령들의 포상과 평가가 거의 개인적인 좋아함과 미워함에 따라 고하의 등급을 매긴 것이므로 심히 공평하지 못하다. 그 성적을 자세히 조사하여 올리고 내리는 방법을 고전을 상고해 보고, 시기에 맞추어 참작하여 아뢰도록 하라.」

《세종실록》 18/05/12

또한 공정하지 못한 관리에게는 엄한 벌을 내렸다. 세종대왕은 전라도 감사 장윤화를 파면시켰다. 장윤화는 수령의 성적 평가를 공정하게 하지 못했고, 뇌물을 받는 등 자기 이익만 노려 도내의 백성들이나 수령들로부터 미움을 샀기 때문이다.

「전라도 감사 장윤화를 파면시키고, 예조 참판 하연으로 대신하였다. 장윤화가 성질이 험악하고, 또 술에 빠져서 자기의 미워하고 좋아하는 것으로 남에 대한 옳고 그름을 판정하여, 지방관의 성적 평가가 공정하지 아니하며, 터놓고 뇌물을 바쳐서 권세 있는 자의 환심만 얻으려 하고, 공사(公事)라 핑계하여 자기 이익만 노리고 있어, 한 도내에 백성들이나 수령들이 모두 미워했다.」

《세종실록》 03/10/19

과거나 현재나 조직을 이끄는 리더는 아랫사람들의 승진과 포상 등을 위하여 근무성적을 평가하게 된다. 이때에 좌로나 우로나 치우침 없이 평가하는 공정이 무엇보다도 중요하다.

형벌을 공정하게 하다.

백성에게 가해지는 형벌은 법에 따라 공정(公正)하게 시행되어야 한다는 것은 시대를 초월한 이치이다. 그래서 군주들은 형벌을 가볍게 하고 공정하게 하여 백성들의 억울함이 없게 하려 부단히 애를 섰

「조신시대 법정변송」　수령들은 행정권과 사법권을 가지고 해당 고을을 다스렸다. 세종 대왕은 이러한 수령들에게 형벌을 가볍게 하고 공정하게 할 것을 명하였다.

다. 맹자는 양혜왕에게 "땅이 사방 백리만 되면 왕자 노릇을 할 수 있습니다. 왕께서 만약 백성들에게 인정(仁政)을 베풀고, 형벌을 가벼이 하며, 세금은 적게 거두고, 밭을 깊이 갈고 밭 손질과 김매기를 잘 하도록 하고, 젊은이들에게 여가를 이용하여 효도와 공경과 충성과 신의를 닦은 다음, 들어가서는 그들의 부형들을 섬기게 하고, 나아가 서는 그들의 윗사람들을 섬기게 한다면, 몽둥이를 들고라도 진(秦)나 라 초(楚)나라의 튼튼한 갑옷과 예리한 무기들을 쳐부수게 할 수 가 있을 것입니다."라고 말하였다(《맹자》 양혜왕상편). 인자무적(仁者無敵) 을 말한 것이다. 인(仁)한 사람에게는 적이 없으므로 승리한다는 이야 기다. 인정 중 한 가지는 형벌을 가벼이 하는 것이다.

세종대왕 역시 형벌이 가볍고 공정해야 한다고 강조했다. 형벌을 공정히 하고 가볍게 하면서, 더 나아가 중한 죄에 대해서는 가볍게 할 수 있는 단서를 찾으라고 하였다.

「옥사(獄事: 반역, 살인 등의 중대한 범죄를 다스리는 일)를 듣는 법 은 진실로 마땅히 공정한 마음[虛心(허심)]으로 물어야 할 것이 며, 죽을 죄에 대하여는 살릴 수 있는 도리를 구할 것이요, 중한 죄에 대하여는 가볍게 할 수 있는 단서를 찾을 것이니, 실정을 살펴 죄를 처단한다 하여도 오히려 실수함이 있거든…」

《세종실록》 04/10/24

그리고 세종대왕은 늘 '나처럼 백성을 보살펴라'고 하였다. 세종대 왕이 얼마나 공평을 생각하였는지 알 수 있는 말이다. 그래서 세종대왕은 조정에 있는 관리와 지방 관리들에게 옛일을 거울 삼아 지금 일을 경계하며, 자기의 의견에 구애됨이 없고, 남의 말에 현혹되지 말고 맡은 업무를 공평무사하게 처리할 것을 당부하였다. 또한 세종대왕은 수령들이 옥사와 송사에 가혹함이 없게 하고, 지체함이 없게 하며, 공정한 마음으로 밝게 판단하도록 하여, 자신이 깊이 백성을 생각하는 뜻에 맞게 하라고 명하였다.

「대저 형벌과 옥사의 일은 실정을 알기는 어렵고 공정을 잃기는 심히 쉬운지라, 내 일찍이 교서를 내리어 알려 이르기를 조금도 틀림없이 하게 하였으나, 그러나 많은 고을의 여러 수령 중에 형벌을 쓰기에 공정을 잃거나 살펴 판단하기에 밝지 못하여, 무고한 백성으로 하여금 억울한 옥살이를 오래 하게 하여 몸과 마음을 상하게까지 하는 일이 없을 줄을 어찌 알 것인가. 내 심히 걱정 하노니, 경은 그런 줄을 잘 알고 각 고을 수령들에게 깨우쳐 일러서 모든 여러 옥사와 송사에 가혹함이 없게 하고, 지체함이 없게 하며, 공정한 마음으로 밝게 판단하도록 하여 나의 깊이 백성을 생각하는 뜻에 맞게 하라.」

《세종실록》27/01/18

조세를 공평하게 거두다.

　　조세의 첫번째 원칙은 공평이다. 조세의 공평은 고전학파 경제학의 창시자인 영국의 아담 스미스(Adam Smith)가 《국부론》에 조세부과의 4원칙 중 하나로 공평의 원칙을 제시하면서 조세의 기본 원칙으로 강조되었다. 그러나 조세의 공평은 아담 스미스 이전 고대로부터, 국가에서 조세를 부과하고 징수하는데 지켜야할 기본 원칙이었다. 아담 스미스(1723~1790)는 백성들이 군주에게 수탈당하는 것을 방지하기 위하여 조세의 공평을 강조하였지만, 세종대왕은 군주 스스로 백성을 보호하기 위하여 공평을 명하였다. 아담 스미스보다 300년 전의 사람인 세종대왕은 실질적으로 공평과세를 확립하고 실현하였다.

　　세종대왕은 정사에서 조세의 공평을 가장 많이 강조하였다. 특히 수령 등 지방관을 임명하여 보낼 때, "수령의 직임이란 농상을 권장

「아담 스미스」　아담 스미스는 군주가 백성들에게 수탈당하는 것을 방지하기 위하여 조세의 공평을 강조하였지만, 그보다 300년 전의 군주인 세종대왕은 스스로 공평과세를 확립하고 실현하였다.

하고, 조세와 부역을 공평하게 하여, 백성들로 하여금 각기 그 살 바를 얻게 함에 있는 것이니 그대들은 힘쓰라."고 명하였다(《세종실록》08/07/17). 공평과세를 위해 세종대왕은 법과 제도를 혁신하였다. 답험손실법을 공법으로 개정한 것도 공평을 위한 것이다. 세종대왕이 공법을 만든 핵심적 이유는 공평과세였다. 논리적으로 본다면 공평한 조세를 부과하는 데는 공법보다 답험손실법이 훨씬 좋은 법이다.

> 「우리 태조께서 즉위하여 먼저 토지의 경계를 바루고 조세 받는 수량을 정하셨다. 논 1결마다 쌀 30두(斗), 밭 1결마다 잡곡 30두로 하니, 곧 옛날 10분의 1을 받던 수량이다. 또 가을철 추수기에 손실의 제도를 세웠는데, 곧 주나라의 국운이 융성하였던 시대의 연사를 보아서 조세를 거두던 뜻이다. 태종조에서도 또 조관을 보내서 답험하는 법을 세워서, 제도가 지극히 세밀하여 실로 아름다운 법이었다.」
>
> 《세종실록》19/07/09

그런데 왜 세종대왕은 25년 동안 공법을 만들기 위해서 모든 힘을 쏟았을까? 그것은 답험손실법으로 조세를 징수하기 위해서는 일일이 관리들이 들에 나아가 수확량을 조사해야 하는 단점 때문이다. 관리들이 논밭에 가서 답험한 수확량 대로 공평하게 세금을 징수한다면 논란의 여지는 없다. 그런데 과연 관리들이 공평무사하게 수확량을 조사하고, 조세를 징수 할 수 있었을까? 어림없는 일이다. 조세의 징수가 현대화되고 철저히 체계적으로 처리되는 지금에도 탈세가 발생하고, 세무공무원들의 부정부패는 매년 발생한다. 그런데 매년 수확량이 기후에 따라 들쑥날쑥한 조선시대에 수령 혼자서 군단위 행정 구역안의 논밭을 사심없이 조사하여, 공평하게 조세를 징수한다는 것은 거의 불가능한 일이다. 더구나 양반들이 부와 권세를 독점하고 있는 그 시대에 일반 백성에게 공평과세를 한다는 것은 뜬 구름 잡는 이야기에 불과하였다. 그 때의 상황을 《세종실록》은 다음과 같이 생생하게 묘사하고 있다.

「봉행하는 관리들이 능히 답험손실법의 아름다운 뜻을 체득해서 지당하게 행하는 자가 대개 적었다. 답험할 때에 으레 시골에 항상 거주하는 사람을 위관으로 삼는데, 이들은 대개 용렬하고 지식이 없어, 혹은 허실을 요망스럽게 헤아리고, 혹은 사정을 끼고 더하기도 하고 감하기도 하며, 또 그 하인들의 접대도 모두 민간에서 나오고, 논밭의 두둑에 함부로 급히 다니고 여염을 시끄럽게 한다. 그 농민들은 다투어 가면서 술과 음식을 가지고 후하게 대접하면서 청탁하므로, 명색 없는 비용이 거의 보통 조세의 수효에 맞먹으며, 문서가 복잡하고 관가에서 일이 많아지는 것도 역시 이 때문이다. 공사간에 이롭지 못하며 여러 해 쌓인 폐단이 되었다.」

《세종실록》19/07/09

세종대왕은 관리들의 가렴주구가 너무 싫었고, 착취당한 힘없는 백성들이 너무나 불쌍했다. 그래서 관리들이 들에 가서 조사하지 않고,

공평하게 조세를 징수 할 수 있는 법을 만들고자 하였다. 공법이다. 앞에서도 몇 번 이야기 하였지만 세종대왕이 처음에 생각한 '중국식 공법'은 매년 수확량을 조사하지 않고 일정한 조세를 징수하는 것이었다. 하지만 이 문제 또한 간단하지 않았다. 세율은 얼마로 해야 할지, 비옥도에 따라 1결의 수확량은 어떻게 정해야 할지, 재해를 입었을 때에는 어떻게 해야 할지 등 고려해야 할 복잡한 문제가 너무 많았다. 하지만 세종대왕의 생각은 변함이 없었다. 관리들이 재량권을 남용할 수 없는 조세법을 만들어, 백성들이 수탈당하지 않고 조금 더 넉넉하고 행복하게 살게 하고 싶었다. 그러나 대부분의 대신들은 공법을 세우면 "조세가 차츰 무거워져서 백성들의 생계가 날로 어려워질 것이다."라고 상소를 올려 반대하였다.

「국가에서 답험손실법이 공평하지 못한 것을 염려하여 하삼도에 공법을 세우고자 하니 그 본의는 나쁘지 않으나, 그러나 이 법이 한 번 세워지게 되면 조세가 차츰 무거워져서 백성들의 생계가 날로 어려워질 것입니다.」

《세종실록》26/윤7/28

이에 세종대왕은 한 계층의 한 사람도 피해 보지 않는 공평한 조세법을 만들기 위해 전국적인 여론조사를 실시하면서, 무려 25년 이상의 세월 동안 의견을 수렴하고 보완하여, 전분6등·연분9등제라는 조선만의 공법을 입법하였다. 세종대왕이 실시한 공법은 과거 중국의 한나라와 당나라에서 사용한 것을 그대로 답습하는 것이 아니라, 우리나라의 실정에 맞는 백성을 위한 조세제도를 창안한 것이다. 최종 공법은 전답을 비옥도에 따라 6개의 등급으로 나누어 1결의 면적을 계산하여 1차적인 공평을 실현하고, 다시 그 해 농사의 풍흉에 따라 9개의 등급으로 나누어, 1결당 20말에서 4말까지 차등 있게 세액을 산정하고 징수하게 하여 2차적인 공평을 실현하고자 하였다. 백성이 소유한 각 토지의 조세등급을 무려 54단계로 세분화하여 공평과세를 실현하고자 한 것이다.

뿐만 아니라 세종대왕은 조세를 거두는데 과학적인 방법을 도입하여 공평성을 강화하였다. 전답을 측정하는데 수지척이 아닌 주척을 사용하게 하였으며, 조세를 거두는 도구인 말과 되를 표준화시켰으며, 측우기를 이용하여 강우량에 따른 연분을 결정하게 함으로써 공평과세를 도모하였다.

또한 조세 부정에 대한 처벌을 친분과 신분에 구애됨이 없이 공정하게 하였다. 한번은 사헌부에서 효령대군 이보의 집사 신유정과 장예생 및 노예 등이 조세를 불법하게 거둔 죄를 갖추어 아뢰니 이에 벌을 내렸다.

> 「유정의 직첩을 회수하고, 예생은 장 60대를 치고, 그 종은 태 40대를 치게 하였다. 유정은 공신의 아들이었다.」
>
> 《세종실록》10/02/19

효령대군은 세종대왕의 둘째 형인데 집에 있는 하인들이 세금을 불법으로 거둔 것에 대해서, 집사의 경우 관직을 삭탈케 하고 곤장을 치게 할 만큼 법의 집행을 공정하게 처리하였다. 이와 같이 세종대왕의 공평과세는 국정운영의 이념이자 실천 목표였다. 조세의 공평만이 백성을 행복하게 할 수 있다고 생각한 것이다.

3
섬김의 리더십

보살핌의 정치는 섬김의 정치이다.

목민은 섬김이다.

　우리들은 목민(牧民)하면은 다산 정약용을 떠올린다. 그는 《목민심서》에 수령이 지켜야 할 지침을 말하면서 잘못된 목민을 책망하였다. 이 책의 머리말에서 다음과 같이 "치민(治民)하는 것은 목민이다."라고 하면서, 목민하는 자들이 고운 옷과 맛있는 음식으로 자기만 살찌우고 있음을 한탄하였다. 잘못된 치민을 지탄한 것이다.

　"치민하는 것이 목민하는 것이다. 그런즉 군자의 학(學)은 수신이 그 반이요, 나머지 반은 목민인 것이다. 성인의 시대가 이미 멀어졌고 그 말씀도 없어져서 그 도가 점점 어두워졌으니, 오늘날 백성을 다스리는 자들은 오직 거두어들이는 데만 급급하고 백성을 기를 바는 알지 못한다. 이 때문에 백성들은 여위고 시달리고, 시들고 병들어 서로 쓰러져 진구렁을 메우는데, 그들을

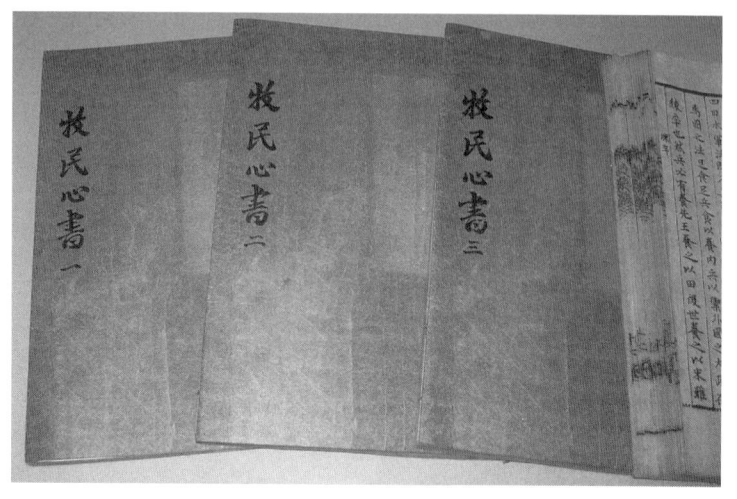

《**목민심서**》 조선후기의 실학자 정약용이 저술한 저서로 수령이 지켜야 할 지침을 밝히면서 관리들의 폭정을 비판하였다.

> 기른다는 자는 바야흐로 고운 옷과 맛있는 음식으로 자기만 살
> 찌우고 있으니 어찌 슬프지 아니한가.”

올바른 치민은 무엇인가? 올바른 치민은 권력으로 백성을 지배하기보다는 그들의 삶을 보살피는 일이다. 즉, 치민은 백성을 기르고 부양하는 목민이다. 한마디로 백성을 섬기는 일이다. 백성을 섬기는 군자는 리더로서 백성들의 아픔을 감싸주고 그들의 고통을 덜어 주기 위해 부단히 애를 써야 한다. 자기의 호의호식을 위해 목민하는 것이 아니라 백성들의 넉넉함을 위해 애를 써야 올바른 치민이 되는 것이다. 이러한 목민은 애민에서 나온다. 정약용은 목민은 양민(養民)·위민·교민(敎民)·치민·휼민(恤民)·구민(救民)하는 일인데, 이 모든 것은 애민에서 시작된다고 하였다.

그래서 세종대왕은 수령들에게 백성을 보살피고 섬기는 목자로 애민할 것을 명하였다. 세종대왕이 수령을 임명할 때 당부하는 첫마디는 백성을 사랑하여 돌보라는 것이다.

> 「평양판관 이지를 임명할 때 임금이 불러서 이르기를, "평양부는 땅은 넓고 일은 번거로우며, 또 중국 사신이 왕래할 때 경과하는 곳이어서 다른 주·군에 비할 바 아니다. 수령의 직책은 백성을 사랑하는 것이 중하다." 하였다.」
>
> 《세종실록》 07/12/16

세종대왕은 목민하는 자는 어질어야 한다고 강조하였다. 어질다는 것은 "마음이 너그럽고 착하며 슬기롭고 덕행이 높다."는 말이다. 목민의 첫째 덕목이다. 세종대왕이 영유 현감 박거완에게 임명장을 주면서 "너의 형제 중에서 오직 네가 어질기에 목민의 임무를 주는 것이니, 가서 백성들의 숨은 고통을 구제하며 또 형벌을 삼가라."고 하여(《세종실록》 14/02/04), 어질기 때문에 수령으로 임명하였다고 하였다.

세종대왕이 수령을 임명할 때 또 하나의 빼놓지 않고 하는 말은 "수령들은 나의 뜻을 잘 받들어서[守令仰體予意(수령앙체여의)] 백성을 돌보라."라는 것이다. 세종대왕은 백성을 사랑하여 돌보고 있으며, 또한 그러한 생각이 너무도 간절하다는 것을 표현한 것이다. 특히 세종대왕은 수령의 직분이 백성과 가장 가까운 관원이기 때문에 왕인 자신을 대신하여 백성을 섬길 것을 지시하였다.

「감사나 수령으로 무릇 백성과 가까운 관원은 나의 지극한 뜻을 몸받아 밤낮으로 게을리 하지 말고 한결같이 그 경내의 백성으로 하여금 굶주려 처소를 잃어버리지 않게 유의할 것이며, 궁벽한 촌락에까지도 친히 다니며 두루 살피어 힘껏 구제하도록 하라.」

《세종실록》01/02/12

세종대왕은 약 400년 후 정약용이 《목민심서》에 기록한 목민의 지침을 실천해 보이면서 백성을 섬긴 최고의 치자이자 군왕이다. 세종대왕은 섬김의 리더란 조직을 이끌어 갈 때, 그 조직안의 구성원들이 평안함을 느낄 수 있도록 육체적 또는 정신적으로 도움을 주면서, 조직을 사랑으로 보살피는 자라고 생각한 것이다. 목민은 바로 섬김이다. 섬김이란 강한 이타적 윤리의식을 가지고 추종자들의 관심에 유의하여 아랫사람들의 입장을 느끼고 생각하며 동시에 그들을 보살피고 양육하는 일이다. 이러한 섬김은 아름다운 마음의 여유에서 비롯되는 사랑과 신뢰에 따른 리더십이다.

소외계층을 먼저 섬기다.

백성을 감동시키는 일이 무엇인가? 백성을 편안하게 보살피는 것이다. 백성의 의식(衣食)이 부족하지 않게 하고, 외적으로부터 침략

당하지 않게 하면 백성은 감동할 것이다. 세종대왕은 백성을 감동시키기 위하여 최선을 다하였으며, 그 결과 위대한 역사를 창조한 것이다. 세종대왕은 백성에게 불행이 닥쳤을 때에 보살피지 못한 죄책감에 밤잠을 이루지 못할 정도였다. 수령에게는 이러한 임금의 뜻을 받들어 백성을 사랑하는 마음으로 섬길 것을 명하곤 하였다.

> 「하늘의 꾸지람이 여러 번 나타나 밤에도 잠을 편히 자지 못하니, 그대들은 나의 지극한 심정을 받아들이어, 백성을 사랑하는 것으로 마음을 가지며, 백성의 힘을 해치지 말고 사람으로서의 할 일을 닦도록 하라.」
>
> 《세종실록》 08/02/26

세종대왕은 "수령은 반드시 백성을 돌보아 주는 마음을 가져야 한다."고 강조하였다. 그래서 고을 수령들을 임지로 보낼 때에 "그대는 어질고 인자한 마음을 갖고 백성을 사랑하고 돌보라."라고 명하였다. 세종대왕은 백성들이 감동할 수 있는 정치를 펴고자 한 것이다. 세종대왕은 재해로 흉년이 들면 제일 먼저 환과고독과 궁핍한 자를 생각하였으며, 농사를 짓는 백성들이 굶주림을 면치 못한 일을 늘 가련하고 민망하게 생각하였다. 그래서 호조로 하여금 창고를 열어 구제하게 하고, 관리들을 파견하여 수령으로서 백성의 아픔을 돌아보지 않는 자를 처벌하도록 하였다. 다음 글에서 이러한 세종대왕의 섬기는 마음을 엿볼 수 있다.

「슬프다, 한 많은 백성들의 굶어 죽게 된 형상은 부덕한 나로서 두루 다 알 수 없으니, 감사나 수령으로 무릇 백성과 가까운 관원은 나의 지극한 뜻을 몸받아 밤낮으로 게을리 하지 말고, 한결같이 그 경내의 백성으로 하여금 굶주려 처소를 잃어버리지 않게 유의할 것이며, 아주 후미진 촌락에까지도 친히 다니며 두루 살피어 힘껏 구제하도록 하라. 나는 장차 다시 조정의 관원을 파견하여, 그에 대한 행정 상황을 조사할 것이며, 만약 한 백성이라도 굶어 죽은 자가 있다면, 감사나 수령이 모두 나의 명을 위반한 것으로써 죄를 논할 것이라.」

《세종실록》01/02/12

특히 '환과고독' 즉, 가난하고 힘없는 일반 백성은 물론이지만 외롭고 의지할 데 없는 홀아비·과부, 어리고 부모 없는 고아, 늙고 자식이 없는 사람과 병약한 노인들을 돌볼 것을 수없이 강조하였다. 환과고독은 《효경(孝經)》에서 섬김의 대상으로 하고 있는 사궁(四窮)이다. 이들은 궁핍하여 스스로 일어날 수 없어 다른 사람의 힘을 빌어야만 일어설 수 있는 불쌍한 네 부류의 사람들이다. 세종대왕은 이러한 직무를 수행하지 못한 수령들을 다음과 같이 처벌하도록 하였다.

「환과고독과 나이 많고 병든 노인·장애인은 왕도의 정치에서 마땅히 불쌍히 여겨야 될 바이니, 중앙에서는 한성부의 5부와 지방에서는 감사와 수령이 상세히 조사하여, 환곡과 구휼미를 우선 나누어 주어 그들의 처소를 잃지 말게 할 것이다. 더구나 지금 흉년을 만났으므로, 농사를 잃은 백성이 혹시 굶주림을 당할까 염려되니, 각 고을의 수령이 만약 구휼할 때를 놓쳐 가난하고 힘 없는 남녀가 굶어서 구렁에 죽어 있다면, 반드시 견책과 형벌을 행할 것이다.」

《세종실록》 즉위/11/03

《경제육전》에도 환과고독으로 입을 옷과 먹을 것이 없으며 의탁할 곳도 없는 자는 의당히 구휼해야 될 것이니, 한양에서는 호조가 지방에서는 감사가 책임지고 수시로 방문해서 보고하여 시행하도록 하라고 법으로 정했다. 하지만 세종대왕의 백성에 대한 섬김의 자세는 이러한 법에 머무르지 않았다.

세종대왕은 가난하여 아무 것도 없는 집에서 시집보낼 나이가 이미 지났는데도 시집보내지 못한 사람과, 장사지낼 날짜가 이미 지났는데도 매장하지 못한 사람은 감사와 수령이 관아에서 비용과 식량을 주어 때를 놓치지 말게 하라고 지시하였다(《세종실록》 즉위/11/03). 더욱이 이러한 경우 다음과 같이 친척들이 함께 나누어 해결하게 하였다.

「혼인의 예는 인륜으로서 소중한 것이다. 혹 가난한 남녀들이 때가 지나도록 혼인하지 못한 자가 있으니, 서울에서는 한성부에서, 지방에서는 감사가 힘을 다해서 방문하여, 내외친본가와 외가의 친족으로 사촌 이상의 친척들이 함께 혼수를 갖추어 때를 잃지 아니하도록 하고, 이 법에 어기는 자는 죄를 주라.」

《세종실록》 02/11/07

그래서 《목민심서》에서도 과년토록 결혼을 못한 자는 관에서 마땅히 이를 성혼시키도록 해야 한다고 하였다. 세종대왕은 항상 백성들을 돌보고자 한 마음으로 가득 차 있었다. 가뭄이 들거나 풍수해 등 재해가 있을 때마다 백성들의 삶을 진심으로 걱정하는 기사가 《세종실록》에는 참으로 많이 있다.

> 「내가 전일에 건원릉(조선 태조의 능)에 나아갈 때에 길에서 보니 화곡의 결실이 잘되지 못하였은즉, 필연 기근의 근심이 있을 것이다. … 정부와 육조로 하여금 구제할 방책을 의논하도록 하라.」
>
> 《세종실록》 즉위/08/16

세종대왕은 백성들의 삶의 현장에 늘 귀를 기울이고, 백성들의 소리를 듣고자 하였다. 섬김의 실천적 자세이다. 세종대왕은 가난한 시골 가운데에서 한 백성이라도 굶어 죽은 자가 있다면 바른 정치라 할수 없다는 섬김의 자세로 나라를 다스렸다.

전사자에게 보훈으로 섬기다.

동서고금을 막론하고 위국헌신(爲國獻身)의 정신은 국가존립을 위한 가장 존엄한 가치로 인식되어 왔는데, 이는 단순히 애국사상을 고취하는 차원을 넘어서 온 국민 모두에게 나라를 위한 공동체 의식을 심어 화합과 단결의 구심점이 되게 하는 정신이다. 하지만 이러한 정신은 '국가를 안전하게 지킨다.'는 호국정신과 '국가를 지키기 위한 희생에 대해, 국가가 책임을 지겠다.'는 보훈이념이 상호작용을 할 때 강하게 유지될 수 있다. 그래서 현대에서는 '국가를 위해 헌신한 사람들을 끝까지 책임진다.'는 책임론에 입각하여, 국가를 위하여 희생하거나 공헌한 사람의 숭고한 정신을 선양하고, 그와 그 유족 또는 가족의 영예로운 삶을 도모하는 보훈정책을 시행하고 있다. 즉, 보훈대상자에게 물질적 보상과 정신적 예우를 보장하여 보훈의식을 함양시키는 것은, 나라를 유지하는데 가장 근본적인 정신이고 국가의 결속에 필요하기 때문이다.

우리나라는 고대부터 침략을 많이 받아왔다. 조선시대에도 북방의 오랑캐와 일본의 왜구들은 우리나라를 침입하여 약탈을 일삼고 많은 인명 피해를 일으켰다. 그래서 세종대왕은 원년(1419)에 이종무로 하여금 대마도를 토벌하게 하여 항복을 받았으며, 재위 15년(1433)에는 최윤덕에게 명하여 파저강 일대의 야인들을 토벌하여 사군을 설치하게 하였고, 재위 16년(1434)에는 김종서로 하여금 동북 변경 지방의 여진을 토벌하여 육진을 설치하게 함으로써 동북과 서북쪽의 국경을 압록강과 두만강으로 확장하여 우리 강토의 방비를 튼튼히 하였다.

하지만 북방의 여진족과 왜구들의 침략은 그치지 않았다. 이를 방어하고 물리치는 데에는 많은 군사들의 희생이 따랐다. 그래서 세종대왕은 중앙과 지방의 신료들에게 마땅히 행해야 될 조목들을 유시하면서 이러한 군사들과 그 가족의 아픔을 돌보도록 하였다. 보훈에 따른 섬김을 실시하도록 한 것이다.

「바다와 육지에서 전쟁에 죽은 군사의 자손들은, 있는 곳의 수
령이 그 집의 요역을 면제하고, 특별히 구휼하고, 그 재능이 있
어 임용할 만한 자는 위에 아뢰어 벼슬을 주도록 할 것이다.」

《세종실록》즉위/11/03

한번은 전라도 수군도절제사가 아뢰기를, "병선 한 척이 풍랑을 만
나 선군(船軍) 21명이 익사하였습니다." 하니, 세종대왕은 익사한 선
군들의 조세와 부역을 면제하게 하고, 쌀과 콩을 잘 헤아려 주어서
초상 비용에 쓰게 하였다(《세종실록》01/09/04). 전사자에게 조세와 부
역를 감면하고, 부조로 쌀과 콩 등을 지급하여 보훈하도록 한 것이
다. 세종대왕은 군사들의 어려움을 자신의 일처럼 여겼다. 특히 배를
타는 선군(船軍)은 다른 군사보다도 힘들기 때문에 다음과 같이 군역
을 부담하는 중에는 요역을 감면하도록 하였다.

「선군은 본시 물 위에서 살아가고 있으므로, 다만 일신이 곤고
할 뿐만 아니라, 만약 배가 노후하여 파손되면 선박 재료의 운
반에 모두 자기 집 소를 사용하여 운반하므로 농사철을 헤아리
지 않기 때문에, 농사는 그 때를 잃어서 그 노고가 적지 않은데
다가 전토의 세금과 부역을 혹은 아울러 배정하고 있으니, 원컨
대 다시 굳게 금단하고, 더욱 위로하며 물질로 도와 주며, 요역
을 감면하도록 할 것이다.」

《세종실록》05/12/20

그리고 군인이 집으로 돌아가는 길에 병을 얻은 경우 각기 그 고을

의 수령과 역참의 관리들이 친히 나와서 보고, 약물과 죽·밥으로써 간곡히 구하여 치료하라고 명하였다. 보훈으로 섬김을 실천케 한 것이다.

> 「도성의 공사에 나왔던 군인이 집으로 돌아가는 길에 병을 얻었으나, 병든 사람을 치료하는 사람이 없어서, 혹은 목숨을 잃게 되었으니, 진실로 민망한 일이다. 각기 그 고을의 수령과 역참의 관리들이 친히 나와서 보고 약물과 죽·밥으로써 간곡히 구료하라.」
>
> 《세종실록》 04/02/26

관노비에게 출산휴가를 주다.

정도전은 《조선경국전》에서 "인군은 천공(天工: 하늘이 하는 일)을 대신하여 천민(天民: 하늘이 낸 백성)을 다스리니, 혼자의 힘으로는 할 수 없는 일이다."라고 하여, 임금을 지상에서 하늘을 대신하여 하늘이 내린 백성을 다스리는 존재로 생각하였다. 세종대왕 역시 "임금은 하늘을 대신하여 만물을 다스리니[人君代天理物(인군대천리물)], 마땅히 하늘의 뜻을 순응해야 할 것이다."라는 말을 자주 언급하여(《세종실록》 12/03/02), 백성을 하늘에서 내린 존재라고 생각하였다. 그래서 세종대왕은 천민(天民)사상으로 백성들을 섬겼다. 즉, 백성은 하늘이 자신에게 위임한 존재인 '천민(天民)'이므로 노비·양민 구분없이 그들

「경직도」 노비들이 탈곡하고 지붕을 잇는 것을 주인이 손자를 데리고 구경하는 모습이다. 조선시대에 사노비는 상전의 토지·가옥과 더불어 중요한 재산으로 간주되었으며, 상속·매매·증여의 대상이 되었다.

을 섬기고 보살피고자 한 것이다. 현대적인 평등개념으로 백성을 섬긴 것이다. 그것도 양반과 천민이 존재하고, 노비가 있는 신분사회인 조선왕조에서 세종대왕은 천민사상을 실천한 군주이다.

《세종실록》에는 세종대왕이 노비를 함부로 구타하거나 죽이지 말 것을 형조에 명한 사건이 있다. 이때 조정 대신들은 "우리나라의 노비의 법은 상하의 구분을 엄격하게 하기 위한 것이다. 사람이 지켜야 할 도리가 이것으로 말미암아 의지한다."고 하면서, "노비가 죄가 있어서 그 주인이 그를 죽인 것을 마치 좋은 일을 한 것으로 여겨 그 주인을 치켜 올리고, 그 노비를 억누르면서 이것은 진실로 좋은 법이고 아름다운 뜻이다."라고 하였다. 그러나 세종대왕은 이를 옳지 않게 여겼다. 세종대왕은 "노비는 비록 천민(賤民)이나 하늘이 낸 백성이[天民] 아님이 없으니, 신하된 자로서 하늘이 낳은 백성을 부리는 것만도 만족해야 할 것인데, 그 어찌 제멋대로 형벌을 행하여 무고한 사람을 함부로 죽일 수 있느냐"고 하였다.

「상주고 벌주는 것은 임금 된 자의 대권(大權)이건만, 임금 된 자라도 한 사람의 죄 없는 자를 죽여서, 선한 것을 복 주고 지나친 것을 화 주는 하늘의 법칙을 오히려 함부로 하지 못하는 것이다. 더욱이 노비는 비록 천민(賤民)이나 하늘이 낸 백성[天民]이 아닌 자가 없으니, 신하된 자로서 하늘이 낳은 백성을 부리는 것만도 만족해야 할 것인데, 그 어찌 제멋대로 형벌을 행하여 무고한 사람을 함부로 죽일 수 있단 말인가. 임금된 자의 덕은 살리기를 좋아해야 할 뿐인데, 무고한 백성이 많이 죽는 것을 보고 앉아서 아무렇지도 않은 듯이 금하지도 않고 그 주인을 치켜올리는 것이 옳다고 할 수 있겠는가. 나는 매우 옳지 않게 여긴다. … 지금부터는 노비가 죄가 있건 없건 간에 관에 고발하지 않고 구타 살해한 자는 일체 옛 법에 따라 죄를 판정할 것이다.」

《세종실록》 26/윤7/24

이에 세종대왕은 노비의 경우에도 최소한의 삶의 질을 보장하도록 하였다. 그래서 관가의 노비가 아이를 낳을 때 이전에 7일 주던 출산휴가를 100일로 늘렸으며, 출산하기 전에도 1개월간의 근무를 면제하게 하였다. 세종대왕은 노비들 또한 하늘이 내린 백성이므로 인권을 지닌 사람으로서의 기본적인 보살핌은 받도록 한 것이다.

「옛적에 관가의 노비에 대하여 아이를 낳을 때에는 반드시 출산하고 나서 7일 이후에 복무하게 하였다. 이것은 아이를 버려두고 복무하면 어린 아이가 해롭게 될까봐 염려한 것이다. 일찍 1백 일 간의 휴가를 더 주게 하였다. 그러나 출산에 임박하여 복무하였다가 몸이 지치면 곧 미처 집에까지 가기 전에 아이를 낳는 경우가 있다. 만일 출산하기 전에 1개월 간의 복무를 면제하여 주면 어떻겠는가. 가령 그가 속인다 할지라도 1개월까지야 넘을 수 있겠는가. 그러니 이에 대한 법을 제정하게 하라.」

《세종실록》 12/10/19

또한 관노의 아내가 아이를 낳으면 그 남편도 30일 뒤에 일을 시키게 하였다. 남편에게도 1개월의 출산 휴가를 주게 한 것이다. 세종대왕은 노비 또한 진정한 '천민(天民)'으로 생각하여 섬김의 정치를 실천한 것이다.

「중앙과 지방의 여종이 아이를 배어 출산에 임박한 자와 산후 1백 일 안에 있는 자는 일을 시키지 말라 함은 일찍이 법으로 세웠으나, 그 남편에게는 전연 휴가를 주지 아니하고 그전대로 근무를 하게 하여 산모를 구호할 수 없게 되니, 한갓 부부가 서로 돌봐주는 뜻에 어긋날 뿐 아니라, 이 때문에 혹 목숨을 잃는 일까지 있어 진실로 가엾다 할 것이다. 이제부터는 관노의 아내가 아이를 낳으면 그 남편도 만 30일 뒤에 일을 하게 하라.」

《세종실록》16/04/26

　일반적으로 출산하면 그 가족들이 산모의 산후조리를 해주고, 아기를 돌보아 주지만 노비는 그러하지 못했다. 노비 또한 인간이란 생각을 하지 않은 것이다. 그 누구도 노비에게 최소한의 인간적인 삶을 보장해야 한다고 생각하지 못하였지만, 세종대왕은 노비 역시 하늘이 낸 백성이므로 인간으로서 최소한의 인권을 보장받아야 한다고 생각하였다. 세종대왕은 백성은 누구나 다 빈부귀천 없이 하늘로부터 내린 존재이므로, 모든 백성을 감동시키는 섬김의 정치를 위해서 밤낮으로 노심초사했다.

　[오히려 나의 정성과 공경이 천심(天心)을 감동시키지 못할까 염려하여 밤낮으로 두려워하니,」

《세종실록》08/01/17

죄인들을 공평무사하게 보살피다.

　세종대왕은 죄인을 신문하고 처벌하는데 심중을 기할 것을 항상 말하였다. 세종대왕은 "옥사(獄事: 반역, 살인 등의 중대한 범죄를 다스리는 일)란 것은 사람의 생사가 매인 것이니, 진실로 참된 정상을 얻지 못하고 매질로 자복을 받아서, 죄가 있는 자를 면하게 하고, 죄가 없는 자를 허물에 빠지게 하면, 형벌이 적당하지 못하여 원망을 머금고 억울함을 가지게 하여, 마침내 원통함을 풀지 못하게 되면 천지의 좋은 기운을 상하게 하고 수재와 한재를 부르게 되니, 이는 고금의 공통되는 걱정이다."라고 하였다(《세종실록》 13/06/02).

그래서 세종대왕은 나의 법을 맡은 내외 관리들은 옛 일을 거울로 삼아 지금 일을 경계하여 정밀하고 명백히 하고, 마음을 공평하게 하여, 자기의 의견에 구애됨이 없고 선입된 말에 위주함이 없으며, 부화뇌동으로 따르는 것을 본받지 말고, 구차하게 낡은 구습에 따르지 말며, 죄수가 쉽게 자복하는 것을 기뻐하지 말고, 소송사건의 판결이 빨리 이루어지기를 발하지 말며, 여러 방면으로 물음을 되풀이해 찾아서, 죽는 자로 하여금 구천에서 원한을 품지 않게 하고, 산 자로 하여금 마음속에 한탄을 품음이 없게 하며, 모든 사람의 심정이 서로 기뻐하여 감옥에 죄수가 없게 하고, 화사한 기운이 널리 펴져서 비오고 볕나는 것이 시기에 순조롭게 되도록 할 것을 명하였다. 한마디로 억울하게 죄를 받은 백성이 없도록 하라는 것이다. 공평무사(公平無私)해야 한다는 것을 말한 것이다.

「죄인을 심문하는 법은 진실로 마땅히 공평무사한 마음으로 공정하고 명백히 물어야 할 것이며, 죽을 죄에 대하여는 살릴 수 있는 도리를 구할 것이요, 중한 죄에 대하여는 가볍게 할 수 있는 단서를 찾을 것이니, 실정을 살펴 죄를 처단한다 하여도 오히려 실수함이 있다. 하물며 이제 사헌부에서는 말이 윗사람에게 누가된다 하여, 죽이고자 하는 마음을 가지고 실정과 거짓을 잘 살피지 않고 위엄으로써 핍박하여, 죄가 없는 사람으로 하여금 극형에 처하게 하니, 만약 이를 믿고 죄를 처단한다면, 이 어찌 무고한 사람을 함부로 죽이는 것이 아니겠느냐.」

《세종실록》 04/10/24

더욱이 세종대왕은 죄를 지어 감옥에 있는 사람들에 대해서도 불쌍히 여겨 보살필 것을 명하였다. 세종대왕은 "감옥을 설치함은 죄가 있는 자를 징계하기 위함이요, 사람을 죽을 곳에 두고자 함이 아니거늘 중앙과 지방의 관리들은 이들을 불쌍히 여기지 아니하여 옥을 더럽고 습기가 많게 하며, 또 굶주리고 춥도록 구박하고 병에 걸리게 하여 일찍 죽게 한다."고 하면서(《세종실록》 12/04/28), 감옥을 맡은 관리들은 이들을 조심하여 돌보아 죄수들로 하여금 억울한 죽음이 없도록 하라고 명하였다. 세종대왕은 죄수들의 감옥살이에서 일어난 일을 본인이 직접 체험한 것처럼 자세히 말하면서 이들을 보살피도록 한 것이다.

「감옥에서 고생함이 하루가 1년 같은데, 죄를 범한 사람이 여러 해나 옥에 얽매어 있으면서 상시로 차꼬와 수갑을 차고 있으니, 자기의 몸만이 고통스러울 뿐 아니라, 또한 부모와 처자들에게도 걱정을 끼치게 되어, 옥살이로 인해 대어 주는 비용이 살림을 파하고 집을 잃게 되어 화기를 불러서 상하게 한다.」

《세종실록》 18/05/26

뿐만 아니라 세종대왕은 죄수들 중에 병이 난 자는 죄의 경중을 논하지 말고 모두 활인서로 옮겨서 치료를 소홀히 하지 않도록 명하였다. 죄수이기 전에 인간으로서 섬기게 한 것이다.

「지금 감옥에 역질이 크게 번졌으니 의원을 정하여 구제하라. 약 재료 같은 것은 반드시 병 증세를 살펴서 보고하기를 기다리면, 시기에 늦어져서 미치지 못할 것이다. 각종 약 재료를 미리 혜민국에서 받아, 때에 따라 요량해 주는 것이 마땅하며, 시기에 맞추어 치료하여 죽는 자가 없도록 하라.」

《세종실록》19/11/09

세종대왕이 "근래에는 감옥의 죄수가 오랫동안 갇히어 여러 번 생명이 끊어지는데 이르게 되니 내가 매우 슬퍼하노라." 하는 애타는 마음으로 죄수들을 보살피고자 하는 이유는 무엇일까? 죄인이기 이전에 하나의 인격체로서 섬김을 받을 가치가 있는 존재라는 것을 인식케 한 것이다. "죄는 미워하되 사람은 미워하지 말라."는 섬김의 자세로, 《공총자(孔叢子)》에 나와 있는 "옛날 재판을 하는 사람은 죄를 범한 그 마음은 미워해도 그 사람을 미워하지는 않았다.[惡其意不惡其人(오기의불오기인)]"라는 말을 실천케 한 것이다.

세종대왕은 이처럼 죄를 지어 감옥에 갇힌 죄수까지 인권을 존중하여 살피도록 함으로써 백성에 대한 섬김을 실천하게 하였다. 좁은 감옥을 넓히고, 겨울에는 따뜻하게 하고, 여름에는 서늘하게 하여 죄인들이 병나지 않도록 하였다.

「비록 이미 만든 감옥이라도 매우 좁아서, 죄수들이 함께 생활하면 매양 추운 겨울과 더운 여름을 만나면 병이 발생하여 상하게 된다. 지금부터 각 고을에 감옥이 없는 것은 새로 짓고, 좁은 것은 고쳐 수리하고, 남자·여자와 경하고 중한 죄수가 거처하는 데를 구별하여, 겨울에는 따뜻하게 하고, 여름에는 서늘하게 하여 흠휼지인(欽恤之仁: 죄를 범한 사람을 심의하여 신중히 처리하는 어진 행위)을 넓히도록 하라.」

《세종실록》14/07/11

조세의 감면은 섬김의 시작이다.

정도전은 《조선경국전》의 부전에서 "조세의 출처를 안다면 백성을 후하게 하지 아니할 수 없고, 주군을 다스리지 않을 수 없으며, 호적을 상세하게 하지 않을 수 없다."고 하였다. 조세의 근원이 백성이므로 백성을 넉넉하게 하여야 한다는 것이다. 백성을 넉넉하게 하기 위해서는 그들의 살림살이를 보살피는 것인데, 이는 섬김의 시작이라 할 수 있다. 그래서 정도전은 "조세를 가볍게 하여 백성들의 식생활을 풍족하게 해 주어야 한다."고 하였다. 특히 백성이 홍수·한발·서리·곤충·바람·우박 등으로 피해를 입었을 때에는, 그 피해의 다과에 따라서 조세를 차등 있게 감면시켜 주어 나라의 근본인 백성을 후하게 해 주어야 한다고 하였다. 조세의 감면이 백성을 보살피는 섬김의 시작인 것을 말한 것이다.

세종대왕 역시 백성을 편안하게 하는 핵심은 부역을 가볍게 하고, 조세를 적게 하는 일이라고 하였다. 조세를 적게 거두는 것을 섬김이라고 생각한 것이다.

「왕도의 정치는 백성을 편안하게 함을 근본으로 삼는 것이며, 백성을 편안하게 하는 핵심은 부역을 가볍게 하고 조세를 적게 하는 일에 지나지 않는 것이다.」

《세종실록》26/07/09

그래서 세종대왕은 가뭄 등 재해가 발생하면 "내가 변변하지 못한 몸으로 신민(臣民)의 위에 있으면서 밝음을 비추어 주지 못하고, 덕은 능히 편안하게 하여 주지 못하여, 수재와 한재로 흉년이 해마다 그치지 아니하여, 백성들은 근심과 고통으로 백성이 거리를 떠돌고, 창고도 텅 비어서 구제할 수 없다."라고 자책하면서, 백성을 돌보기 위해 그때 그때마다 다음과 같이 조세를 면제하게 하였다.

「임금으로 있으면서 백성이 주리어 죽는다는 말을 듣고 오히려 조세를 징수하는 것은 진실로 차마 못할 일이다. 하물며 지금 묵은 곡식이 이미 다 떨어졌다고 하니, 창고를 열어 곡식을 나누어 준다 해도 오히려 미치지 못할까 염려되거늘, 도리어 주린 백성에게 조세를 부담시켜서 되겠는가. 더욱이 감찰을 보내어 백성의 굶주리는 상황을 살펴보게 하고서 조세조차 면제를 안 해 준다면, 백성을 위하여 혜택을 줄 일이 또 무엇이 있겠는가.」

《세종실록》01/01/06

그 당시 백성이 굶주리는 상황에서 백성을 위하여 나라에서 해 줄 수 있는 혜택은 오르지 조세를 면제시키는 일이라고 생각하였다. 물론 나라의 재정도 걱정되지만, 조세를 경감하여 백성의 생계를 넉넉하게 하는 것이 먼저라고 생각한 것이다.

「가뭄은 예로부터 있었지만, 그러나 지난 겨울부터 금년 봄에 이르기까지는 기후가 고르지 못하고, 눈이 올 때 눈이 오지 않으며, 비가 올 때 비가 오지 않았다. 무릇 시행함에 힘써 이를 생각하였지마는, 그러나 어찌 일을 미처 생각하지 못한 것이 없겠는가. 내가 부역을 가벼이 하고, 조세를 경감하여 백성의 생계를 넉넉하게 하고자 하니, 호조에서는 국가의 재정이 넉넉하지 못하다고 말하지 말고 공물을 감면하여 마감하여 아뢰라.」

《세종실록》08/04/09

《목민심서》에서는 "불구자와 중환자에 대해서는 신역을 면제해 주어야 하는데 이것을 관질(寬疾)이라 한다."고 하였다. 여기서 관(寬)이란 신역을 너그럽게 면제해 준다는 의미이다. 그래서 정약용은 귀머거리는 자신의 노력으로 생계를 이어갈 수 있으며, 장님은 점을 치고 절름발이는 그물을 떠서 또한 살아갈 수 있겠지만, 오직 중환자와 불구자는 돌보아주어야 한다고 하였다. 불구자와 중환자에게 조세를 감면하여 섬김의 도리를 다하란 말이다. 세종대왕은 조세를 감면하게 하여 이러한 백성들의 삶을 보전하게 하였다.

4
덕치 리더십

덕치는 사람을 모은다.

세종대왕의 덕치는 현실정치이다.

　공자는 "정치[政]라는 것은 바로 잡는 것[正]이다."라고 하였다. 여기서 말하는 바로 잡음은 바르지 못한 것[不正]을 시정하는 것으로 사회의 공동체적 덕(德)을 실현해 나가는 과정을 말한다. 공자는 사회의 공동체적 덕을 실현하기 위해서 단순히 강제적인 힘에 의지하려는 법치에 대해서는 반대하였고, 개인의 자발적인 참여를 유발하는 덕치를 주장하였다. 그래서 공자는 "자기 자신이 바르면[正身] 명령하지 않아도 행해지고, 자신이 바르지 못하면 비록 명령한다 하여도 따르지 않는다."라고 하여 법치주의보다는 덕치주의를 강조하였다. 덕으로 남을 복종하게 하면 마음속으로 기뻐서 진실로 복종한다는 것이다.

　공자가 이상으로 여기는 덕치는 백성들을 덕(德)과 예(禮)의 감화를 통해, 백성들의 양심을 불러일으킴으로써 죄를 지으려는 마음조차 없애려는 것이다. 곧 덕으로 이끌고 예로 다스려 백성들이 옳고 그름을 알게 하고 부끄러워 하는 수치심을 갖게 해서, 죄를 짓지 않을 뿐만 아니라 인격의 자각과 개인의 존엄성을 살리자는 것이다. 그래서 공자는 《논어》 위정(爲政)편에서 다음과 같이 말하였다.

"바로 잡는 일을 덕으로 하면, 마치 북극성은 제자리에 있고 뭇 별들이 북극성을 중심으로 질서 있게 움직이는 것과 같다. … 법령과 금령으로 이끌고 형벌로 다스리면 백성들은 형벌을 면할 수 있으나 부끄러워하는 마음이 없어질 것이다. 그러나 덕으로 이끌고 예로써 다스리면 백성들이 부끄러워하는 마음이 생겨 바르게 될 것이다."

《논어》 위정편

「공자」 공자는 덕(德)으로 이끌고 예(禮)로써 다스리면 백성들이 부끄러워하는 마음이 생겨 바르게 된다고 하였다.

이는 윗사람이 바르면 백성들도 바르게 된다는 것이다. 본보기가 바른데 그 무엇이 바르지 않겠는가? 위정자나 지도자가 먼저 나서서 선하게 모범을 보이면 백성들은 풀이 바람에 따라 쓰러지듯이 자연스럽게 선하게 된다는 덕치의 리더십을 말한 것이다. 이와 같은 공자의 덕치는 유학의 이상적인 정치이념으로 계승되어, 맹자에 이르러 왕도정치(王道政治)로 구체화되었다. 항산(恒產: 안정된 재산이나 생업)으로 대표되는 민생의 안정과 항심(恒心: 사람이 늘 지니고 있는 착한 마음)으로 대표되는 도덕적인 삶을 이룩하려는 왕도정치는 인의(仁義)를 통해서 이루어진다는 것이다.

맹자는 공자의 인(仁)에서 비롯되는 예치를 한걸음 더 발전시켜 덕치를 왕도정치의 바탕으로 삼았다. 이것은 한나라 이후의 중국을 비롯하여 유교문화권에 속하는 동양 각국에서 통치자의 으뜸 정치사상이 되었다. 그래서 맹자를 중심으로 한 유가계통의 정치 사상가는 통치자에게 덕을 최고의 리더십으로 생각하였다.

조선은 유교국가로 유교가 통치의 근본이 되면서 왕도정치는 조선 정치의 이념이 되었으며, 세종대왕 역시 왕도정치를 행하여 백성을 행복하게 다스리고자 한 최고의 리더였다.

「하늘의 뜻을 받들어서 왕도를 행하고, 곁으로 변함 없는 인(仁)을 베풀고, 천자의 가르침을 펴서 민생을 구휼하여, 영원히 풍요롭고 태평한 세상을 이루려 한다.」

《세종실록》 06/10/15

세종대왕은 일찍부터 유교적 민본정신에 충실한 성군을 지향하는 내성외왕(內聖外王: 안으로는 성인이고 밖으로는 임금의 덕을 갖춘 왕)의 구도 아래, 왕세자에게도 철저한 학문적 수련을 강조하는 성리학의 전통에 따른 리더십 훈련을 받게 하였다. 다음 글은 원자 이향을 왕세자로 책봉하면서 내린 책문이다. 하늘은 오직 덕이 있는 자만을 도와준다는 말이다. 덕치를 강조한 말이다.

「오직 하늘은 친한 데가 없고, 오직 덕(德)이 있는 자를 도와주는 것이다.」

《세종실록》 03/10/27

정도전은 《조선경국전》의 부전에서 "토지가 있고 인민이 있은 뒤에 조세를 얻을 수 있고, 덕이 있은 뒤에 그 조세를 보존할 수 있다."라고 하였다. 덕이 있어야만 조세의 근원인 백성을 보존할 수 있다는 말이다. 이 말은 《대학(大學)》의 전(傳)에 있는 "덕이 있으면 이에 인민이 있고, 인민이 있으면 이에 토지가 있고, 토지가 있으면 이에 재물이 있고, 재물이 있으면 이에 용도가 있다."는 말을 인용한 것이다. 덕으로 백성을 다스려야만 국가에서 필요한 재물을 얻을 수 있다는 것이다. 덕치의 리더십을 강조한 것이다.

하지만 세종대왕은 덕치에 앞서 백성들의 의식(衣食)이 먼저 해결되어야 한다고 생각하였다. 의식이 넉넉하면 백성들 스스로 예의를 알게 되어 형벌에서 멀어질 것이지만, 의식이 부족하면 예의로 백성을 다스리는 것이 어렵다고 생각한 것이다. 그래서 수령들의 임무에 있어서도 의식이 먼저임을 강조하였다.

> 「금년은 여름은 가물고 겨울은 더워서, 명년의 농사가 어떨지
> 알 수 없다. 이제 들으니, 각도 군·읍에 식량이 떨어진 백성이
> 꽤 많다고 한다. 백성을 구제할 방법을 항상 가슴에 생각하라.
> 옛날에는 백성에게 예의와 염치를 가르쳤으나, 지금은 의식이
> 부족하니 어느 겨를에 예의를 다스리겠느냐. 의식이 넉넉하면
> 백성들이 예의를 알게 되어, 형벌에서 멀어질 것이다. 그대들은
> 나의 지극한 마음을 본받아 백성들을 편안하게 기르는 일에 힘
> 쓰라.」

《세종실록》07/12/10

세종대왕은 이상정치도 중요하지만 현실정치가 더 중요함을 말 한
것이다. 백성이 배부르지 않으면 '소귀에 경 읽는 꼴이 된다'는 것을
말한 것이다. 리더는 이상과 현실을 조화시킬 필요가 있다. 그래서
세종대왕의 덕치는 만세에 본이 되었다. 율곡 이이는 《석담일기(石潭
日記)》에서 세종대왕이 얼마나 덕으로 신하들을 대하였으면, "신하들
이 은혜에 감복되고 덕(德)을 사모하여 각기 죽을 힘을 다해 섬겼다."
라고 하였는데, 이는 세종대왕의 덕치를 높이 찬미한 것이다.

> "우리 조선의 세종대왕 같은 분도 뭇 신하들과 친밀하심이 마
> 치 한 집의 부자 같았습니다. 그래서 신하들이 은혜에 감복되고
> 덕(德)을 사모하여 각기 죽을 힘을 다한 것입니다."

《석담일기》

효행을 솔선수범하다.

 덕치란 백성의 생활을 먼저 보살피고 법률과 제도로써 백성을 먼
저 생각하며, 관리로 하여금 핍박함이 없도록 나라를 다스리는 것이
다. 이러한 의미에서 세종대왕의 정치로 덕치가 아닌 것이 없다. 한
마디로 세종대왕의 정치는 덕(德)으로 시작하여 덕으로 끝났다고 말
할 수 있다. 세종대왕이 행하고 남긴 모든 업적이 덕치의 결과이기
때문이다. 따라서 앞에서 살펴본 세종대왕의 다양한 리더십은 덕치
리더십의 넓은 범주에 모두 포함된다고 볼 수 있다. 다만 여기에서
살펴볼 세종대왕의 덕치는 왕이지만 한 자식으로서 실천한 도덕의
근본인 효행을 이야기하고자 한다.
 조선시대는 유교를 근본으로 하여 덕으로 백성을 가르치고 깨우치
도록 하였다. 조정에서도 나라를 다스리는 길은 삼강·오상(五常:
인·의·예·지·신)을 바로잡는 것보다 더 큰 일이 없다고 할 정도로
덕을 바로 세우는 것을 중시하였다.

> 「나라를 다스리는 길은 삼강(三綱)·오상을 바로잡는 것보다 더
> 큰 일이 없사오니, 천하 국가의 치란(治亂: 잘 다스려짐과 어지러
> 움)과 흥망이 실로 이에 매어 있는 까닭입니다. 그러하므로 사
> 람으로서 삼강·오상을 어지럽게 한다면 천지에 용납될 수도
> 없거니와, 왕법으로도 용서할 수 없사오니, … 이로써 왕법을
> 엄하게 하시고 삼강·오상을 바로잡히게 하소서.」
>
> 《세종실록》 즉위/10/06

세종대왕은 백성들에게 삼강의 덕목을 가르치기 위해 죄를 짓는 사람에게 벌을 주는 것보다 세상에 효행 등의 풍습을 널리 알리는데 주력하였다. 그 일환으로 《삼강행실도》를 편찬케 하였다. 《삼강행실도》는 우리나라와 중국의 서적에서 군신·부자·부부의 삼강에 모범이 될 만한 충신·효자·열녀의 행실을 모아 판화로 만든 그림책이다. 《삼강행실도》의 서문을 보면 세종대왕이 편찬을 명하였음을 알 수 있다.

> 「"삼대의 정치가 훌륭하였던 것은 다 인륜(人倫)을 밝혔기 때문이다. 후세에서는 교화가 점점 쇠퇴하여져서, 백성들이 군신·부자·부부의 큰 인륜에 친숙하지 아니하고, 거의 다 타고난 천성에 어두워서 항상 각박한 데에 빠졌다. 간혹 훌륭한 행실과 높은 절개가 있어도, 풍속·습관에 옮겨져서 사람의 보고 듣는 자의 마음을 감동시키지 못하는 일도 또한 많다. 내가 그 중 특별히 남달리 뛰어난 것을 뽑아서 그림과 찬을 만들어 중앙과 지방에 나누어 주고, 우매한 남녀들까지 다 쉽게 보고 느껴서 분발하게 되기를 바란다. 그렇게 하면, 또한 백성을 교화하여 풍속을 이루는 한 길이 될 것이다."고 하시고, 드디어 집현전 부제학 신 설순에게 명하여 편찬하는 일을 맡게 하였습니다.」
>
> 《세종실록》14/06/09

세종대왕 역시 효행을 솔선수범하였음을 《연려실기술》의 세종조 고사본말(世宗祖故事本末) 편에서 볼 수 있다. 재위 2년 7월 여름 어머

《삼강행실도》의 충개단지 부모님의 병 치료를
위해 자기의 손가락을 잘라 끓여서 바치니 부모
님의 병이 곧 나았다는 효도에 관한 그림이다.

니 원경왕후가 돌아가시니 세종대왕이 옷을 갈아 입고, 머리를 풀고,
발 벗고, 부르짖어 통곡하고, 음식을 들지 않으니 아버지 태종이 눈
물을 흘리며 울면서 권하였다고 한다.

「상례는 한결같이 옛 예법에 따랐다. 부르짖고 슬퍼하여 수일
동안을 음식을 들지 않았으며, 때마침 날씨가 덥고 습했으나 평
상을 버려두고 짚자리에 엎드려 밤낮없이 통곡하였다. 모신 이
들이 몰래 기름종이를 그 밑에 깔았더니, 세종이 이를 알고 걷
어버리라 명하였고, 큰 비가 와서 물이 여막에 스며들었으나,
임금은 그래도 자리를 옮기지 않았다. 신하들이 굳이 옮기기를
청하여 드디어 다른 곳으로 옮겼지만, 날이 밝자 곧 여막으로

돌아왔다.」

《연려실기술》 세종조고사본말

또한 세종대왕은 아버지 태상왕의 병환이 있을 때 약과 음식 등을 모두 손수 받들었다고 한다. 《연려실기술》에는 이를 다음과 같이 기록하고 있다. 밤이 세도록 태종을 간호한 것이다.

「병세가 위독해지자 밤이 새도록 그 곁에서 뫼시되 일찍이 옷끈을 풀고 눈을 붙인 적이 없었으므로 신하들이 모두 근심하였다. 태상왕이 돌아가신 뒤, 흙이 날리는 비바람이 심하여 대신들이 술을 드시기를 청했으나 허락하지 않고, 정원에 꾸지람을 내려 이르기를, "상중에 술을 마심은 예법이 아닌데, 너희들은 어찌 감히 무례의 말을 아뢰는가." 하니, 김익정이 아뢰기를, "전하께서 태상왕 병환이 심하시던 날로부터 음식을 드시지 않은 지 이제 이미 20여일이 되었습니다. 이에 신들은 어쩔 줄을 몰라서 옳고 그름을 헤아리지 못하고 감히 말씀을 드린 것입니다."」

《연려실기술》 세종조고사본말

《세종실록》에도 세종대왕이 아버지 태종에게 효행을 다하는 기사가 많이 있다. 세종대왕은 임금에 오른 후에도 하루 이틀 간격으로 태종에게 문안을 드렸으며, 병환이 있을 때에는 잠을 자지 않고 직접 약품이나 음식과 반찬을 모두 친히 받들어 올리고 간호하였다. 또한 부왕의 병환이 여러 날 계속될 때에는 세종대왕은 고기 반찬을 들지 아니하는 등 효행을 보였다.

「태상왕과 임금이 동교(東郊)에 나가 매사냥하는 것을 구경하고, 낙천정에서 점심을 들고, 태상왕은 신궁으로 돌아오고, 임금은 환궁하였는데, 조금 있다 태상왕이 편치 못하였다. 임금이 급히 신궁으로 나아가, 이내 머물러서 간호하고,… 」

《세종실록》 04/04/22

「태상왕의 병환이 여러 날 끌고 가므로, 임금이 고기 반찬을 들지 아니하였다.」

《세종실록》 04/04/25

「임금이 태상왕을 간호한 이래 약품이나 음식과 반찬을 모두 친히 받들어 올리고, 병환이 심할 때에는 밤새도록 간호하여 잠시라도 옷을 벗고 자지 아니하므로, 여러 신하들이 모두 걱정하였다.」

《세종실록》 04/05/08

이처럼 세종대왕 자신도 몸소 효행을 실천했으며, 사대부를 포함한 모든 백성이 삼강오륜을 실행하기를 교훈하였다. 일상적인 삶의 원리로 작동하는 삼강오륜을 통하여 사회적 질서를 유지하고자 한 것이다. 다시 말해 세종대왕이 삼강오륜을 강조한 것은 유교적 이상사회를 건설하기 위해서이다. 삼강오륜을 통해 나라의 질서를 바로잡아,

나라를 안정시키고 성장과 발전을 지속시키기 위한 것이다.

현대인에게 삼강오륜은 곰팡이네 나는 고리타분한 이야기로 치부되고 있다. 그래도 우리 사회는 성장하고 발전하고 있으며, 물질적인 풍요가 우리의 삶을 이끌고 있다. 하지만 안정은 부족하다. 우리의 삶이 편안하지 않다는 말이다. 원인은 여러 가지가 있겠지만 그 중 하나는 우리가 터부시한 삼강오륜의 예절이 사라져 가고 있기 때문이라고 본다. 물론 세종대왕이 실천한 삼강오륜을 지금 똑같이 이행하도록 한다면 역작용이 발생할 것이다. 그러나 삼강오륜의 기본적인 질서 이념은 필요하다.

예절 없이 나 혼자서는 살 수 있지만, 우리 모두 함께 살 수 없다. 조선시대의 삼강오륜에서 권위주의적인 것만 빼면 된다. 상하관계를 수평관계로 바꾸는 것이다. 소금이 우리 몸에 좋지 않다고 하여 먹지 않을 수는 없다. 소금이 적게 들어가는 식단을 만들면 된다. 삼강오륜이 구식이다고 하여 예절을 버릴 수는 없다. 아랫사람이 윗사람에게 하는 예절을 많이 줄이고, 수평적 관계에서 하는 예절과 윗사람이 아랫사람에게 하는 예절을 많이 늘리면 된다. 리더가 받으려고만 하지 않고 먼저 아랫사람들에게 덕을 실천한다면 조직은 안정과 함께 성장과 발전을 할 것이다. 이것이 현대적인 덕치이다. 그리고 세종대왕이 솔선수범한 효행은 현대에도 필요하다.

효자에게 벼슬을 주고 조세를 감면하다.

맹자의 왕도정치는 무력이나 강압과 같은 물리적인 강제력으로 다스리는 패도정치와 대비되는 것으로서, 도덕적 교화를 통해서 순리대로 정치를 하는 것을 뜻한다. 맹자는 인을 가장하여 실제로는 무력으로 다스리는 것을 패도라 하고, 덕으로 어진 정치를 실시하는 것을 왕도라 하였다. 힘으로 사람을 복종시키면 마음으로는 복종하지 않게 되고, 덕으로 사람을 복종시키면 사람들은 진심으로 따르게 되므로 덕에 의한 왕도정치를 해야 한다고 하였다. 세종대왕은 이를 실천하였다.

세종대왕은 즉위하면서 왕의 교서에서 의부(義夫)·절부(節婦)·효자 등을 표창하기 위하여 전국에서 이에 해당 하는 자의 사실을 자세히 적어 아뢰라고 명하였다. 효행 등의 표창으로 사회를 교화하여 범죄를 막고 인륜 질서를 세우고자 한 것이다.

> 「의부·절부·효자·순손(順孫)은 의리상 표창해야 될 것이니,
> 널리 방문하여 사실을 자세히 적어 아뢰어 표창하게 할 것이다.」
>
> 《세종실록》즉위/11/03

약 1년 후 그 결과가 보고되었다. 전국적으로 효자·절부(節婦)·의부(義夫)·순손(順孫: 조부모를 잘 받들어 모시는 손자)으로 아뢴 사람이 수백인이 되었으며, 그 중에 남보다 뛰어난 자를 예조와 조정에서 논의하여 추리니 무릇 41명이 되었다. 세종대왕은 그 중 대부분에게는

마을에 정문을 세워 표창하고, 그 집의 요역을 면제하게 하고, 몇몇 사람들에게는 벼슬을 주라고 하였다. 효자에게 벼슬을 제수할 때 백신(白身: 벼슬을 하지 못한 사람)이면 종9품으로 제수하고, 원래 벼슬이 있는 자이면 한 계급 올려 주었다.

> 「해당 마을에 정문을 세워 표창하고, 그 집의 요역을 면제하게 하고, … 권경 등은 요량하여서 벼슬을 주라고 하였다.」
>
> 《세종실록》 02/01/21

이후에도 세종대왕은 효행 등의 가르침을 주고, 이들을 표창하도록 하여 나라 전체에 덕을 세우도록 하였다.

> 「근본에 보답하는 데에는 부모를 높이는 것보다 클 것이 없고, 정치를 하는 데에는 효도를 세우는 것보다 더 할 것이 없다.”
>
> 《세종실록》 06/07/12

> 「사람의 자식으로 부모가 살았을 때는 효성을 다하고, 죽어서는 슬픔을 다하는 것은 천성이 저절로 그렇게 되는 것이고, 직분으로서 당연히 해야 할 것이다.」
>
> 《세종실록》 11/04/04

그리고 세종대왕은 해마다 연말이 되면 전국의 감사들로 하여금 효자들을 보고하게 하고, 이들에게 정문을 세워주고 군역을 면제해 주는 혜택과 함께 그 자손에게는 부역을 견감해 주었다. 만약 효행이

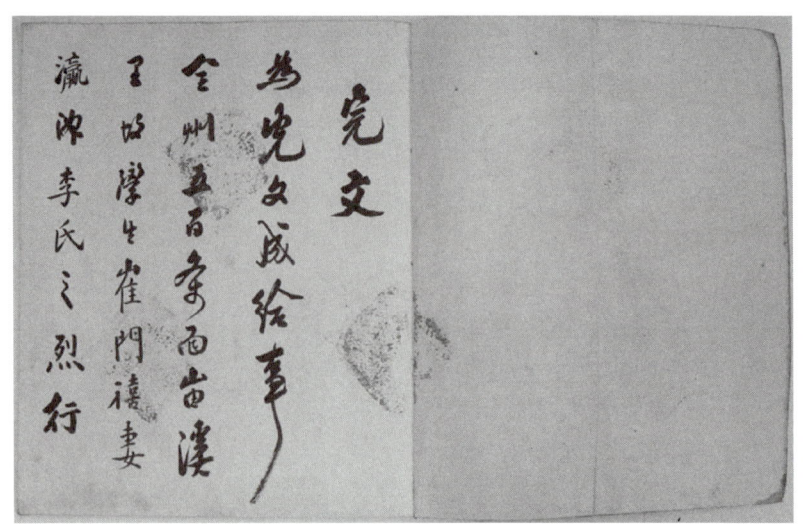

　완문(完文)이란 관에서 개인 등에게 발급하는 문서로서 어떠한 사실의 확인 또는 특권에 대한 인증 및 확인서이다. 본 완문은 영주이씨의 후손들에게 열행으로 부역과 호포 등을 일체 면제시켜주기 위하여 발급된 것이다.

있는 사람을 천거하지 아니하거나, 혹 실적이 없는 자를 천거하는 자가 있으면, 천거한 향리 사람이나 관리를 캐물어 죄를 주게 하였다.

　효행에는 신분의 고하나 남녀를 따지지 않고 표창하였다. 한번은 경성의 관노 연이가 나이 14살에 손가락을 끊어서 가루를 내어 급질을 앓은 아버지를 간호하니 요역을 면제하고 정문을 세우며, 복호하여 군역을 면제하게 하였다.

> 「경성의 관노 연이는 나이 14세인데, 그의 아비가 급질을 앓게 되었을 때에 곧 제 손가락을 끊어서 가루를 만들어 올렸다고 하오니, 청하건대, 그에게 요역을 면제하고 정문을 세우며, 복호

하도록 하옵소서." 하니, 그대로 따르고, 특히 쌀 5섬과 면포 5
필을 하사하였다.」

《세종실록》26/윤7/08

세종대왕의 연표와 혁신 업적

연대	월	내용
1397년(1세)	4월 10일 (양력 5월 7일)	태종의 셋째아들로 한양에서 탄생하다.
1408년(12세)	2월	충녕군에 책봉되고, 심온의 딸과 결혼하다.
1412년(16세)	5월	충녕대군에 진봉되다.
1418년 (22세, 세종 즉위년)	6월	왕세자로 책봉된다.
	8월	• 10일 왕위에 오르다. • 사전도 경차관이 답험하게 하다.
1419년 (23세, 세종 원년)	6월	이종무가 대마도를 정벌하다.
1420년 (24세, 세종 2년)	3월	집현전의 기구를 확장, 궁중에 설치하다.
1421년 (25세, 세종 3년)	3월	주자소에서 인쇄술을 개량하다.
1423년 (27세, 세종 5년)	6월	수령의 임기를 6기(60개월)로 정하다.
	9월	'조선통보'를 주조하다.
1426년 (30세, 세종8년)	5월	국둔전과 관둔전을 혁파하다.
1427년 (31세, 세종 9년)	3월	인정전에 나아가서 과거시험 문과 책문에 공법의 문제를 내다.
1428년 (32세, 세종 10년)	1월	황희와 공법의 논의를 시작하다.
	11월	《신속육전》 5권과 등록 1권을 완성하다.
1429년 (33세, 세종 11년)	5월	《농사직설》을 전국에 펴내다.

연대	월	내용
1430년 (34세, 세종 12년)	3월	공법(1결에 조세 10말)에 대한 전국적인 여론조사를 명하다.
	8월	호조에서 공법에 대한 여론조사 결과를 보고하다.
	9월	수차의 보급을 명하다.
	10월	관노비에게 100일의 출산휴가를 주게하다.
	12월	《아악보》를 완성하다.
1431년 (35세, 세종 13년)	3월	《태종실록》의 편찬을 마치다.
	4월	광화문을 완성하다.
1432년 (36세, 세종 14년)	1월	《팔도지리지》를 편찬하다.
	?	목재 간의(簡儀)를 제작하다.
	6월	《삼강행실도》를 편찬하다.
1433년 (37세, 세종 15년)	1월	《신찬경제속육전》을 완성하다.
	4월	최윤덕이 파저강 일대의 여진족을 토벌하다.
	6월	사군을 설치하여 국경이 압록강에 이르게 하다.
	8월	혼천의(천문관측기)를 제작하다.
	9월	장영실이 자격궁루를 제작하다.
1434년 (38세, 세종 16년)	4월	관노비의 남편에게 30일간의 출산휴가를 주게하다.
	7월	동활자 갑인자와 자격루를 사용하다.
	10월	앙부일구(해시계)를 제작하다.
1435년 (39세, 세종 17년)	7월	경복궁 안에 주자소를 설치하다.
1436년 (40세, 세종 18년)	윤 6월	공법상정소를 설치하다.

연대	월	내용
1437년 (41세, 세종 19년)	4월	일성정시의(주야측의기)를 만들다.
	9월	야인을 정벌하고 6진을 설치하여 국경이 동북으로 두만강에 이르게 하다.
1438년 (42세, 세종 20년)	7월	공법을 경상ㆍ전라양도에 시험실시하다.
1441년 (45세, 세종 23년)	8월	측우기를 제작하다.
	11월	왜인이 남해안에서 고기잡을 경우 세금(왜선세)를 징수하게 하다.
1442년 (46세, 세종 24년)	5월	측우하는 제도를 정하여 실시하다.
	8월	• 《고려사》를 편찬하다. • 첨사원을 설치하여 세자가 업무를 보게하다.
1443년 (47세, 세종 25년)	11월	전제를 정하는 관서(전제상정소)를 설치하다.
	12월	《훈민정음》을 창제하고 언문청을 설치하다.
1444년 (48세, 세종 26년)	11월	'공법'을 완성하다.
1445년 (49세, 세종 27년)	3월	• 《칠정산내외편》을 편찬하다. • 대장간을 행궁옆에 설치하고 화포 주조법을 연구하게 하다.
	4월	《용비어천가》를 짓다.
1446년 (50세, 세종 28년)	9월	《훈민정음》을 반포하다.
1447년 (51세, 세종 29년)	7월	《석보상절》, 《월인천강지곡》을 편찬하다.
	8월	숭례문(남대문)을 개축하다.
	9월	《동국정운》을 편찬하다.
1449년 (53세, 세종 31년)	12월	《석보상절》, 《월인천강지곡》을 간행하다.
1450년 (54세, 세종 32년)	2월 17일 (양력 3월 16일)	승하하다.